高等教育政策与管理研究丛书

主编:陈学飞　副主编:李春萍

初　编

第 **1** 册

教育研究影响政策制定的路径和机制

刘妍 著

花木兰文化出版社

国家图书馆出版品预行编目资料

教育研究影响政策制定的路径和机制／刘妍 著 -- 初版 -- 新
北市：花木兰文化出版社，2016〔民105〕
目 4+222 面；19×26 公分
（高等教育政策与管理研究丛书 初编 第1册）
ISBN 978-986-404-702-4（精装）
1. 教育政策
526.08   105012932

ISBN- 978-986-404-702-4

9 789864 047024

高等教育政策与管理研究丛书
初编 第一册   ISBN：978-986-404-702-4

教育研究影响政策制定的路径和机制

作　　者 刘　妍
主　　编 陈学飞
副 主 编 李春萍
总 编 辑 杜洁祥
副总编辑 杨嘉乐
编　　辑 许郁翎、王筑　美术编辑 陈逸婷
出　　版 花木兰文化出版社
社　　长 高小娟
联络地址 台湾 235 新北市中和区中安街七二号十三楼
　　　　 电话：02-2923-1455 ／传真：02-2923-1452
网　　址 http://www.huamulan.tw 信箱 hml810518@gmail.com
印　　刷 普罗文化出版广告事业
初　　版 2016 年 9 月
全书字数 202265 字
定　　价 初编 5 册（精装）台币 9,000 元　　　　版权所有 请勿翻印

教育研究影响政策制定的路径和机制

刘妍 著

作者简介

刘妍 中国教育科学研究院，讲师，北京大学教育学博士。主要从事教育政策研究、教育改革规划研究和退役军人教育研究。主要参著作有《教育政策研究基础》、《学术的力量——教育研究与政策制定》，编译《教育漫话》、《蒙台梭利分段育》、《学校运营——从行政型与学习型组织视角分析》等。讲授"区域教育改革"、"教育政策评估"等课程。

提　　要

　　本书通过描述、探索和分析"教育经费占国民收入的合理比例，即占 GDP4%"（简称"4% 研究"）、"高等学校内涵式发展"（简称"内涵式发展"）以及"退役军人教育资助"三个对我国教育政策制定有重大影响的研究案例，详细揭示了教育研究成果影响教育政策的真实过程和特征，并从研究融入政策过程的不同阶段入手，阐述了每个阶段遭遇到的障碍、冲突和存活下来的缘由，概括和界定了研究影响政策的路径和机制，同时也探讨了政策过程中"政策机会"的重要作用。正是由于"政策机会"的客观存在，导致了研究影响政策的非预期效果和方式。本书对研究成果利用中的"政策机会"给出了具体和阶段性的解释，将"政策机会"视作研究影响政策的三条路径、四个坐标、三种机制的"关键因素"，分析了政策机会出现、捕捉、行动的基本逻辑，并对"政策之窗"理论中的"政策机会"进行了深入的反思和讨论。

　　本书可作为教育政策与管理及相关专业本科生、研究生、相关研究人员和教育政策制定人员的参考用书。

序　言

　　这是一套比较特殊的丛书，主要选择在高等教育领域年轻作者的著作。这不仅是因为青年是我们的未来，也是因为未来的大师可能会从他们之中生成。丛书的主题所以确定为高等教育政策与管理，是因为政策与管理对高等教育的正向或负向发展具有重要、甚至是决定性的意义。公共政策是执政党、政府系统有目的的产出，是对教育领域社会价值的权威性分配。中国不仅是高等教育大国，更是独特的教育政策大国和强国，执政党和政府年复一年，持续不断的以条列、规章、通知、意见、讲话、决议等等形式来规范高等院校的行为。高等教育管理很大程度上则是政治系统产出政策的执行。包括宏观的管理系统，如党的教育工作委员会及各级政府的教育行政部门；微观管理系统，如高等学校内部的各党政管理机构及其作为。

　　这些政策和管理行为，不仅影响到公众对高等教育的权利和选择，影响到教师、学生的表现和前途，以及学科、学校的发展变化，从长远来看，还关乎国家和民族的兴盛或衰败。

　　尽管高等教育政策和管理现象自从有了大学即已产生，但将其作为对象的学术研究却到 19 世纪和 20 世纪中叶才在美国率先出现。中国的现代大学产生于 19 世纪后半叶，但对高等教育政策和管理的研究迟至 20 世纪 80 年代才发端。虽然近些年学术研究已有不少进展，但研究队伍还狭小分散，应然性研究、解释性研究较多，真实的高等教育政策和管理状况的研究偏少，理论也大多搬用国外的著述。恰如美国学者柯伯斯在回顾美国教育政策研究的状况时所言："问题是与政策相关的基础研究太少。最为主要的是对教育政策进行更多的基础研究……如果不深化我们对政策过程的认识，提高和改进教育效果是无捷径可走的。仅仅对政策过程的认识程度不深这一弱点，就使我们远远缺乏那种可以对新政策一些变化做出英明预见的能力，缺乏那种自信地对某个建议付诸实施将会有何种成果做出预料的能力，缺乏对政策过程进行及时调整修正的能力"。（斯图亚特.S.纳格尔.政策研究百科全书，北京：科学技术文献出版社，1990:458）这里所言的基础研究，主要是指对于高等教育政策和管理实然状态的研究，探究其发生、发展、变化的过程、结果、原因、机理等等。

编辑本丛书的一个期望就是，凡是入选的著作，都能够在探索高等教育政策和管理的事实真相方面有新的发现，在探究方法方面较为严格规范，在理论分析和建构方面在前人的基础上有所创新。尽管这些著作大都聚焦于政策和管理过程中的某个问题，研究的结果可能只具有"局部"的、"片面"的深刻性，但只要方向正确，持续努力，总可以"积跬步以至千里,积小流以成江海"，逐步建构、丰富本领域的科学理论，为认识、理解、改善政策和管理过程提供有价值的视角和工具，成为相关领域学者、政策制定者、教育管理人员的良师和益友。

主编 陈学飞

目

次

第一章　研究问题和文献述评

第一节　研究问题

在中国，中央领导的"批示"也就意味着"重视"、"采纳"、"处理"等公共政策行为的发生。研究者的研究报告获得"领导批示"是最直接表征其政策影响力的主要标志之一。很多学者因此把"研究报告获得领导批示"作为以文字为载体的政策影响力指标[1]。全国教育规划领导办公室在描述研究被"决策采纳"、具有政策价值时所使用的指标也是中央和省部级领导的批示。据该办公室公示统计，从1980年至2010年的30年中，从"六五"到"十一五"约6072项全国教育规划课题中，仅有少数几项研究得到领导批示，仅约占全部科研项目的千分之一[2]。在国际上，研究在政策决策中被摒弃的情况比比皆是。决策者事实上很少采用社会科学研究成果进行政策制定，知识运用的效果非常有限[3]。许多政策研究成果被认为基本上没有对决策产生明显影响[4]。

国内外诸多学者对研究为什么不能影响政策进行了大量的研究，总结了纷繁复杂的"否定性"因素。如有的学者指出研究群体和政策群体分属于不

1　朱旭峰.中国思想库——政策过程中的影响力研究[M].北京：清华大学出版社.2009：23-25.

2　全国教育规划办公室网站[FB/OL]. [2011-03-02].http://onsgep.moe.edu.cn/edoas2/website7/index.jsp.

3　S.Neilson. Knowledge Utilization and Public Policy Processes: A Literature Review[J]. Evaluation Unit [R], IDRC, Ottawa, Canada, 2001:23-29.

4　罗伯特·F·里奇、尼尔·M·古德史密斯.政策研究的利用[A].（美）斯图亚特.那格尔.政策研究百科全书[M].北京：科学技术文献出版社.1990:55-57.

同的两种文化，一个群体遵循的是知识和科学，另一个群体遵循的是权力和政治，双方不同的文化和价值标准使得二者之间存在永远的隔阂[5]。另外一些学者提出政策背景因素的重要性。他们认为研究是否能够得到利用并不是研究自身的问题，而是由当时的政策背景和环境所决定[6]。还有一部分学者强调研究者和决策者之间信息的传播，联系和交换，行为互动的维度受到越来越多的关注[7]。研究究竟"为什么不能？"影响政策，这是一个答案难以穷尽的问题，根据具体的政策背景，研究者能够找出无数条"否定性"的因素。可是这些因素的归纳，并不能帮助研究者们去更深地探讨研究究竟是如何影响政策的路径和机制。

在中国，教育研究和教育政策之间的隔阂状况也已引起了一些决策者和学者深入的反思。教育决策部门认为"决策者要的东西，你不去研究；你研究的东西，决策者用不上。"[8]。而科研人员认为教育决策部门缺乏"依靠"意识，不注意发挥"科研先行官"的作用，不出题目，不给条件，指责多于指导、扶持和支持。归根结底，还是"行政决策与科研工作'两层皮'相互脱节"[9]。要解决"两层皮"的现象，不在于从既有两层皮的失败案例中寻找"否定性"的因素，因为既然政策影响没有凸显，研究者们就无从判断研究是否真的具有政策价值，更无从判断谁应该对这种分裂的状况负责。反而，转变思路从那"千分之一"的"正向"案例入手，从"积极性"的视角来分析那些极少数影响了教育政策的研究，从一个政策行为已经根据相应的研究进行了调整的情境中来探讨研究影响政策的因素可能会更好地帮助研究者们理解这种现象。

尽管研究利用在整体上看此较悲观，但事实上，也的确有一些教育研究在教育政策中发挥了很大的影响。本书选择了三个这类案例。第一个案

5　亨利・基辛格.大外交[M].北京：人民出版社.2010:9.

6　Lester, James and Leah Wilds. The Utilization of Public Policy Analysis: A Conceptual Framework [J].Evaluation and Program Planning.1990.13（3）.

7　Lomas, Jonathan. Diffusion, Dissemination, and Implementation: Who Should Do What? In Doing More Good than Harm: The Evaluation of Health Care Interventio [J], New York: New York Academy of Science. 1993: 226-370.

8　邓晓春.关于地方教育科研院（所）发展之路的探索[J].吉林教育科学・高教研究.1994（5）

9　袁振国.袁振国在 2009 年全国教育科学规划工作年会暨全国教育科研管理专业委员成立大会上的讲话[R].2009 年 6 月 17 日.

例为"教育经费在国民收入中的合理比例研究"（简称"4%"研究），它的研究成果直接影响了中国近20年来的教育拨款政策。第二个案例为"高校规模效益研究（简称"内涵式"发展研究），这个研究结果转变了80年代末通过新建大学发展高等教育规模的外延式状况，它提出的"内涵式"发展在长达10年里成为中国高等教育规模发展的主要方式。第三个案例是"退役军人教育资助研究"，这个研究结果把一个学界鲜有人及的退役军人的教育问题送入了政府的政策议程。本书试图通过对中国教育政策制定产生直接影响的几个研究案例的具体考察和分析探索中国教育研究影响政策的路径和机制。

本书主要研究问题包括：（1）三个具体的案例中，研究影响教育政策的过程。（2）研究影响教育政策的路径。（3）研究影响教育政策的机制和政策机会。简而言之，本书要探讨的是中国教育研究影响教育政策的事实、路径、机制和机会。

第二节　国内外研究综述

本研究是在国内外相关研究成果的基础上进行的。根据研究问题的表述，相关文献综述的范围涉及"研究的政策价值"、"研究影响教育政策的现状分析"、"研究影响政策的路径"和"研究影响政策的机制"等四个方面。**关于研究的政策价值，**研究相关文献主要集中在以下几个方面：第一，对研究的政策价值存在的理由和范围的研究。第二，对衡量研究的政策影响标准的研究。这两类文献集中回答了研究者关注研究政策价值的原因和关注的范围。**关于研究影响教育政策的现状分析，**相关文献对研究与政策的分裂状态进行了详细的描述。在这类文献中，本书尤为关注对研究与教育政策关系进行实证调查的研究成果以及对国内现状描述的研究。**关于研究影响政策的路径，**研究文献比较丰富，尤其集中在"知识利用(Knowledge Utilization)"研究领域，这里主要关注的是不同研究人员划分路径所依照的不同标准和不同路径的特征分析。**关于研究影响政策的机制，**相关文献讨论了不同政策过程的影响，以及制度约束和相关变量。**关于研究机会，**相关文献主要集中讨论了政策制定过程的随机性和偶然性，研究将要运用到的相关理论和概念会在"理论基础"部分详述。

一、教育研究的政策价值

在探讨实然状况之前，价值立场，无从回避。为什么我们要探讨教育研究的政策价值？政策价值是否是每一个研究都需要追求的价值？哪些研究应该属于本书讨论的范围？如何来衡量一个研究的政策价值？所有这些问题都离不开对教育研究政策价值的探讨。这种探讨能够回答我们的研究"为什么在这里以及将要去哪里？"。事实上，在选择研究视角之前，大多数学者都会对自己所秉持的价值立场进行阐述，以此作为自己的研究起点，本书也不例外。尽管对应然状态的探讨不是本书的重点，但是本书还是选择了自己的价值立场并对此进行了说明。简而言之，本书对教育研究的政策价值持肯定立场，认为政策价值是一种教育研究值得追求的价值。

（一）研究的政策价值存在的合理性和范围

研究者和决策者分别是知识与权力的载体，任何权力关系都离不开与它相连的某一领域的知识，同样，任何知识也必然同时需要和构成权力关系[10]。已有文献中关于教育研究的政策价值讨论的范围有两种基本观点，第一种是从广义的角度出发，认为政策价值是任何教育研究都具有的一种价值。社会科学研究的功能理论认为，社会科学研究具有三个功能：理论进展、方法论贡献以及实用性。就教育研究而言，通常有三项功能也被普遍认同：影响政策、改进教育实践、发展教育学学科知识。前两者被视为教育研究的实用性价值，后者谓为学术功能。此三者中，尤其是教育研究的政策价值是近些年来我国学者颇为关心的重点之一[11]。第二种是从狭义的角度来定义教育研究的价值，认为只有具有政策取向的教育研究才应该把发挥政策影响作为自己追求的价值。这一种观点认为，教育研究是以实际问题为研究对象，实际问题分为三种：非政策问题、与政策相关的非政策问题、政策问题。因此教育研究也可相应分为政策导向（policy-oriented）的教育研究，知识导向（intellectually-oriented）的教育研究，我们谈论教育研究的政策价值，应该只针对前者，即以政策为导向的教育研究[12]。相比两种观点，狭义的划分更

---

10 米歇尔·福柯.规训与惩罚：监狱的诞生.刘北成,杨远婴译.北京：生活.读书.新知三联书店.1999：27.

11 孟卫青.冲突与合作：教育研究与教育决策.天水师范学院学报，2008（6）.

12 张力.两载寒暑，历经艰难，求取真经——《国家中长期教育改革和发展规划纲要（2010-2020 年）》起草组 10 人谈[J]，中国大学生就业.2010:17.

能帮助我们聚焦研究对象，定位自己的研究，因为两种不同取向的教育研究具有不同的前提假定与评价体系，各自在知识生产的劳动分工中占据不同位置，并不相互否定，如果用一种价值取向来评价另一类别的研究，就会失之偏颇。

（二）政策价值在教育研究的重要性

一方面，大家基本上都认可教育研究对于制定教育政策的价值。这是因为教育决策环境与决策因素越来越复杂，决策的难度越来越高，为了使我们的决策更科学、更民主、更有效，必须发挥教育研究的作用[13]。另一方面对于教育研究在教育政策中的定位，大家观点不一。有的研究者认为教育研究应该是教育政策制定的基础，这是因为一方面教育政策的"合法性"依赖于其"合理性"，要取得民众对于政策的信任、支持和认同，就必须取得政策的"合法性"，而政策内容的科学性、合理性是政策获得"合法性"的前提和基础。要确保政策制定的合理性，需要制度的、程序的、技术的等多方面的保障，教育研究正是确保政策制定合理性的一项相当重要的活动[14]。有的研究者认为，教育研究只是教育政策制定中众多信息源的一种，并不比其他相关因素具有更大的独特性或更重要的作用。公共政策不是技术问题，它是政治问题。公共政策最重要的一点就是要考虑它在政治上是不是可行，不是说你政策本身是否完善，是否很科学[15]。还有的研究者认为与其说是教育政策基于教育研究，不如说教育研究是基于教育政策，政策制定最核心的考虑是政治的权衡，而不是理性的设计，因此研究的政策价值就是一种合法化的符号价值[16]。深入分析。综上所述，尽管对教育研究发挥政策功能的程度众说纷纭，然而不管教育研究在教育政策中是决定性的基础，是信息流之一还是只是形式化的符号，它的复杂性及其在教育政策中日益重要的位置都不容忽视。

13　袁振国.中国教育政策评论[C].北京：教育科学出版社.2000.

14　孟卫青.冲突与合作：教育研究与教育决策.天水师范学院学报，2008（6）.

15　岳经纶.公共政策的价值取向[J].中国审计.2003（10）.

16　曾荣光.理解教育政策的意义——质性取向在政策研究中的定位.北大教育评论[J].2011（1）.

（三）衡量政策价值的标准

用什么样的方式来衡量教育研究的政策价值目前没有统一的标准。衡量研究的政策影响在整个知识利用研究领域都是一个难题。难在选取何种指标来进行评价，目前并不存在一种系统的，指标明确的实证研究框架来分析，也不存在有意义的统计方式来解释知识利用问题。在缺乏一种占主导地位的解释模式时，针对研究影响评价标准的问题，各个文献中提出的自变量更像是一种罗列变量的清单，而不是一套富有解释功能的系统[17]。我国也有不少研究者进行了这方面的尝试。如用文章转引率作为指标，通过对学界内影响力较大的新华文摘、高校文科学报文摘、中国社会科学文摘、人大复印资料、教育文摘周报等转摘情况进行统计，显示出重要学术论文同行认可程度，从而论证其科研成果影响力[18]。但是学术界的同行认可并不能表征其在实践领域的影响力，更不能表征其对政策的影响力。另一个常被使用的指标即科研项目的领导批示，相关学者认为在中国，"批示"也就意味着"重视"、"采纳"、"处理"等政策行为的发生。所以，在中国，研究者的内部研究报告获得"领导批示"是最直接表征其影响力的标志。因此可以把"研究报告获得领导批示"作为以文字为载体的政策影响力指标[19]。在教育领域。如全国教育规划办公室对于研究的政策影响有专门项目"决策采纳"来进行描述。虽然依据领导批示来判断政策影响具有片面性和狭窄性，很多政策影响不一定是通过领导人批示才能发挥，但是因其客观性、可计算性及中国政治的特殊性，还是有很多学者在衡量智库或专家影响时采用这一指标。

（四）关于教育研究政策价值的述评

就"教育研究是否具有政策价值"来说，现有的文献多的是先入为主地对研究成果没有转化作思辨性的反思和批评。从人员素质、组织环境，组织制度等一系列外围因素进行考察，提出一些科研成果转化的建议。然而却较少讨论政策价值是否是每个研究必须具备的价值，每个研究是否都有能力来发挥这种价值，即使所有这些发生转化的条件都具备，那么是否研究就一定

---

17 Lester, James and Leah Wilds. The Utilization of Public Policy Analysis: A Conceptual Framework [J] .Evaluation and Program Planning.1990: 13（3）

18 曾天山、高宝立.我国教育科研成果现状及其影响力分析[J].教育研究.2009（8）.

19 朱旭峰.中国思想库——政策过程中的影响力研究[M].北京：清华大学出版社.2009. 22-23

能发挥其政策影响，并且是积极的影响？在研究中，过多的价值判断和对应然状况的理所当然的接受可能会阻碍我们进一步思考研究影响政策的偶然性、矛盾性及其对于历史和环境的依赖。同时，通过文献，可以发现对研究的政策价值，大部分学者持肯定态度。在本书的逻辑起点上，对政策价值同样持肯定态度，认为研究能够发挥政策价值是一个值得努力的目标。上述文献综述中对研究影响教育政策的理由、考察的范围和衡量影响的方式进行了较为详细的说明，这是下文从实然的状况来描述研究与政策二者之间关系的基础。在具体分析研究影响政策的路径和机制之前，通过上述文献考察，揭示出以下几个方面值得进一步反思和完善。

第一，如何确立研究是否影响了政策？相关研究多是从同行评议来衡量研究的价值，却很少以实际的证据来说明研究影响了政策。由于政策影响的长效性和渗透性，研究者很难判断一个政策的出台是否是出于相应研究的影响，并且由于双方各自对自己所发挥的作用存在"自我高估，互相贬低"的情况，通过访谈也难以找到影响的证据。但是"文本对应"（即研究文本直接转化为政策文本）和"批示"是一个解决证据很有意义的方式，在选择案例时可以借鉴。

第二，影响动因难以追溯。社会科学的挑战在于社会是复杂的，有诸多因素和条件影响变化发生。通常都是多样的且大多是未知的令人困惑的变数，复杂的系统成为辨识动因的重大障碍[20]。正因为如此，很多研究文献对于研究到底是如何影响政策的过程没有进行深入的说明和明确的归因。但正如弗莱夫伯格所指出的："由于缺乏'硬'理论，社会科学很难找到证据，可了解其过程则是完全可能的"[21]。如果追溯因果承接，一直无法解释，那么就应该不再局限于因果论。这里意味着一种过渡，从追求纯粹的"循证政策"（Evidence-Based）转为探讨"研究影响的政策"（Evidence-influence）或者更进一步，仅仅是"研究启示的政策"（Evidence-Informed）。不再执着于建立因果联系，而更作重描述这个过程，解释这个过程。

第三、什么时候来对一个研究的政策影响进行评估也是个很大的问题。有时研究具有超前性，在当时的决策者看来可能价值不大，甚至是错误的，

---

20 弗雷德.卡登.怎样评估科研对政策的影响[J].国际社会科学杂志.2005（8）.

21 Flyvberg.B. Making Social Science Matter: Why Social Inquiry Fails and How it Can Succeed Again [M]. Cambridge:Cambridge University Press. 2001：73

可是也许它的价值十年后才能被人认识，如马寅初的"人口论"。还有的研究在当时影响很大，可后来证明它完全是个错误。面对这样的问题，评估人员就很难确立什么时候来对其政策影响进行评估。目前，更多的研究者往往从已经实施完成的，十年以上的研究案例中选择案例。萨巴蒂尔指出"关于一个政策问题的科学知识的积累，可能要 20 至 40 年的时间[22]。选择一些有一些历史距离的案例，能够更好地帮助研究者来进行分析。

二、现状分析和实证研究成果

尽管对于我国研究与政策之间的隔阂存在诸多诟病，但是不能否认二者之间的沟通还是在不断地深化之中。通过学者们对二者之间沟通现状的描述和实证的研究成果，可以帮助我们辨清"我在哪里？"，使得我们的研究能够迅速找准自己的定位和发展空间。

（一）现状分析

二十世纪九十年代以后，随着经济活动越来越复杂、研究领域的专业分工也越来越精细，国内越来越多的研究机构开始积极地卷入政策研究和咨询工作。这些机构即包括行政系统内的科研机构，也包括中国科学院、中国社会科学院等独立的研究机构[23]。除此之外，高级知识分子聚集的各民主党派也不甘寂寞，纷纷利用其"直通车"的便利向政府高层建言、反映社情民意[24]。与此同时，中央领导人还从各领域特选了一小批"中央直管专家"，作为最高决策的咨询对象。这些与中央保持直接联系的智囊对中央决策的影响相当之大[25]。思想库一般都会出版诸如"简报"、"参阅"之类的内部报告。这些发行量很小的内参，往往可以直达天庭，最高领导人则几乎每天都会圈阅、批示、转发一些报告[26]。在正规渠道之外，部分研究人员还凭借自己的学术声望和人脉关系通过非正常程序向最高当局递交密札或进谏。

22 Sabatier, Paul.The Acquisition and Utilization of Technical Information by Administrative Agencies [J]. Administrative Science Quarterly ,2003: 23（3）: 396-417.

23 林双川.中南海倾听"科学思想库"进言[J].半月谈.2004（20）.

24 洪绂曾.开创参政议政、社会服务工作的新局面——在九三学社中央参政议政和社会服务工作会议上的讲话》[R].2003 年 10 月 23 日.

25 玉米.易纲入选中央直管专家[EB/OL].南方网．.http://www. southcn. com/finance/zhixing/200503150885.htm。2005 年 3 月 15 日.

26 王绍光.中国公共政策议程设置的模式[J].开放时代.2008（3）.

尽管研究对公共政策的影响范围越来越大，但是具体到教育政策领域，目前还是存在很大的问题。无论是学者还是决策人员，对于我国教育研究与教育政策之间关系的主要判断都是认为隔阂大于沟通。对于教育研究和教育政策之间隔阂的原因，很多学者进行了比较深入的探讨，提出了单因素说、双因素说、主体差异说等因素分类[27]，在这些归纳的因素中，比较具有共识的有两种因素，一个是学术研究群体和政策制定群休两个群体的差异[28]，另一个是中国现行的教育决策机制的阻碍。

（二）实证研究

对研究的利用途径进行实证的研究国外居多，国内的比较少。国外经典的研究包括：卡普兰（Caplan，1977）《国家层次政策制定过程中社会科学研究成果利用的条件》，对 204 位联邦政府官员进行访问，甄别出那些以经验为依据的社会科学知识对政策决定的影响实例，从实例中归纳出研究影响政策的因素。韦斯（Weiss，1980）《把社会科学研究运用于公共政策制定》，访谈了 155 个高级的官员，得出决策经常是在缓慢的形成，在没有议程、深思熟虑和选择中形成，这就是缺乏研究应用和分析的原因。兰德（Landry）等人的《社会科学研究在加拿大的运用》（2001），把研究对政策的"影响"具体化为三类自变量，并用精确的方式赋值，利用问卷来收集信息，把评估研究的政策影响议题往前推动了一大步。勒斯里.桑德斯（Lesley Saunders，2007）主编的《教育研究与政策制定》重点分析了英国教育政策制定过程中对研究的利用策略和方式，以个案研究的方式对过程赋予了特别的关注。弗雷德.卡登（Fred Carden，2010）《从知识到政策：发挥研究的最大作用》，组织了加拿大国际发展研究中心对其资助的研究中进行政策影响评估，从中选取了 23 个对政策有较大影响的案例进行深入分析。他的研究揭示了为何案例研究是分析影响路径较佳的选择以及为何发展中国家的研究更具有分析价值，对本书启发较大。菲德雷克.M.赫斯（Frederick M.Hess，2010）《何时研究有用：学者如何影响教育政策？》，以美国几个著名的教育政策为例，详细介绍了美国的政治体制对与研究影响政策的约束，并探讨了当前美国研究与教育政策之间的沟壑和整体的建议。从整体趋势来看，国外的实证研究开始慢慢放

27 赵宁宁.寻找教育政策的研究基础[D].博士论文.北京师范大学.2007.

28 袁振国.中国教育政策评论[C].北京：教育科学出版社.2000.

弃大规模的访谈和大规模的问卷的研究方式，反而越来越注重本土的案例分析，注重对具体情境的描述和解释，不再把具有普遍性的因果因素作为研究利用领域的核心主题。

国内实证研究较少，主要包括《教育决策与制度创新——以"99高校扩招政策为案例的研究"》（康宁，2000）、《寻找教育政策的研究基础：以 R 市初中招生政策改革为个案》（赵宁宁，2007）、《学术的力量》（闵维方、文东茅，2010）等等。都是选定一个或多个政策，以政策机制和政策制订过程为出发点，来探讨如何使政策更加科学化。国内研究面对的困境是，研究者作为"局外人"，往往只能从政府外部观察政府决策行为的表面现象，而学术界对那些"局内人"——政府内决策者的决策行为和心态的了解并不多[29]。因此，研究者始终无法判断在国内教育政策过程中，决策者到底在多大程度上愿意听取来自政府内部和外部各种声音的状况。这一类研究多采用从政策文本入手观察，可是这种探索仅限于官方的文本，整个过程可能就真的只能像赵宁宁所说的那样，"去努力寻找政策的研究基础"[30]。这种零散地观察和搜寻教育政策中教育研究痕迹的方式，能从实证的角度为我们提供一些路标，可是究竟这个过程如何，有哪些规律性的因素，遵循何种机制，大部分研究还是没有给出答案。

（三）关于问题现状和实证研究的述评

通过相关文献，我们可以看出，第一，国内对研究是如何影响政策的实证研究很少。少数的研究成果或是在理论层面上介绍西方研究进展[31]，或是在操作层面上对专家参与中国政策制定中的问题及对策进行一般层次上的探讨[32]，且多集中于社会科学专家（如思想库）的政策参与问题。很少看到通过具体案例对研究转化路径的实证的描述，更少见对其路径背后机制进行的深入探讨。尤其缺乏能够结合中国现实进行理论创新、以一个清晰的理论框架描述与解释研究人员在公共决策中的政策行为的研究。现有研究成果中，很多都是以提建议为主。缺乏一定的实证研究基础，容易抛开政策制定者，对研

---

29 朱旭峰."司长策国论"：中国政策决策过程的科层结构与政策专家参与[J].公共管理评论.2008（7）.

30 赵宁宁.寻找教育政策的研究基础[D].博士论文.北京师范大学.2007.

31 朱旭峰."思想库"研究：西方研究综述[J].国外社会科学，2007（1）.

32 刘海波.论科技政策决策过程的专家参与[J].自然辩证法研究.1998（7）.

究者及研究群体提出大量的要求和建议。实际上研究成果是否被采纳在很大程度上不应该是研究者的问题。在研究发挥政策影响的过程中，研究者的角色不是要去做决定，确定值得去冒哪种风险，或者决定应该采纳什么选择，而是致力于表明可能的选择、限制和可能性，最后采纳什么建议，制定出什么政策都是政策制定者的责任[33]。同时，这类研究把视角仅仅局限在研究者和决策者两类人群身上，也有失偏颇。研究能否发挥影响并不仅仅是人的问题，还有时机、环境和制度背景的问题。机会之窗的开启，需要政治、经济、文化等多种因素的汇聚。在什么情况下，是什么样的研究，产生了怎样的政策影响，这些问题在实际案例没有描述清楚前很难作出回答，也很难提出适切性的建议。再者，建议究竟提给谁？对"国家"这个宏观的大概念开药方、提建议，很容易流入一种无主的建议，即针对'整个政府体制或者整个决策部门'提出建议，实际上，是针对'空气'提建议。'谁'应该改革决策体制？'谁'应该整合大众的利益？'谁'又应该对理性的决策负责呢？所以，如果能把真实的政策和研究之间的关系说清楚，描述一种现象和趋势，其意义也许会大于作出价值性的判断和理想的设定。

第二，国外的相关研究虽然开始从具体案例的层次来深入探讨研究转化的机制，但是其研究多是对发达地区或者受发达地区资助的科研项目的研究，少对发展中国家自己的科研项目影响政策的研究。西方学者在这个领域研究的"空白"有以下几个原因。第一，国外学者要在当地建立研究关系非常困难，一方面他们需要了解当地的研究者和研究过程，另一方面他们还要了解相应的决策者和决策过程，能够同时和双方建立联系需要极大的努力，并且这种努力是为了"衡量他人的影响"，为"他人作嫁衣"。这较之衡量和证明自己的研究所具有的政策价值显然成本更高，收益更低。其次，作为一个外来者，很难对所获得的证据进行判断。即如何衡量"双方都说研究是自己的贡献"自我高估的现实？如何获得涉及他国重要决策信息的核心文件？如何评价"爱国"情绪下，对待外来者，被访者都极力证明本国研究"科学化""合理化"的现实？最后，国外研究者的困难也体现在对当地研究利用情境和所使用的本土概念的理解之上。尽管我国教育研究本身亟待发展，但是也有其优势和超越的可能性。对发展中国家本土研究发挥政策影响的路

---

33 Lee, Robert, and Raymond Staffeldt. Executive and Legislative Use of Policy Analysis in the State[M] .Oxford University Press, 1973:125.

径和机制的分析对于中国本土的教育政策研究者而言具有极大的研究潜力和价值，能够大大丰富整个知识利用领域的研究成果。

第三，在研究方法方面。首先，国外的很多研究都是采用访谈的方法获得决策者的资料，如维斯访谈了 155 名决策者，卡普兰访谈了 220 位决策者，可是在中国访谈到如此多的决策者是个非常大的挑战。所以西方研究很少讨论具体的研究方法。因为在其政治体制下，从决策方收集信息并不是一种无法克服的困难。但是在中国，这是个必须要讨论的问题。因为要获得知识利用的实证数据，需要决策者的访谈和调查，这都是需要研究资本，也是需要讨论研究策略的内容。所以，在本书的研究方法中，应该专门针对研究的社会资本进行反思。其次，鉴于目前对具体应用机制越来越多的关注，研究的方向从抽象的思辨，走向实践的经验，我们应该更加重视案例研究，尤其是关注本土的案例，解释本土案例中特殊的情境和影响因素。最后、也应该从历史变迁的角度来分析中国整个教育研究影响教育政策的历史。目前尚无这方面的研究，而历史的背景是一切互动不能抛开的背景。正如如叶海卡·德罗尔在《逆境中的政策制定》中提出：政策研究不能局限在狭小的时间范围内进行，要认识各种结构模式和各种实际情况，一种历史的视野是必不可少的[34]。言下之意，只有在历史的视野下，对政策制定的理解和改进才得以可能。这种观点提示在考察具体案例时，必须兼顾历史的视野。

三、研究影响政策的路径分析

对路径的影响因素研究大致可以分为三个阶段。第一个阶段，主要关注研究成果的特征，核心的观点是研究作为一种产出，其质量和特征与其是否采纳及其采纳的路径息息相关[35]。第二个阶段，有一部分学者开始关注政策背景因素的重要性。他们认为研究是否能够得到利用并不是研究自身的问题，而是由当时的政策背景和环境所决定，当地政策过程的特征决定了其研究影

---

34 叶海卡·德罗尔著.逆境中的政策制定[M]. 王满传等译.上海：上海远东出版社.1996 :435.

35 Caplan,N and Rich,R.F.Open and closed knowledge inquiry systems:the process and consequences of bureaucratization of information policy at the national economic and social development research results[M].Bogota,Colombia. 1976:312. Knorr, Karen. Policymakers' Use of Social Science Knowledge: Symbolic or Instrumental? In Using Social Research in Public Policy Making[A]. MA: Lexington Books. 1977.165-82.

响政策的路径和方式[36]。最近，行为互动的维度受到越来越多的关注[37]，对路径的分析也越来越聚焦到微观层次，加大了对具体案例路径的考察，也对研究发挥政策影响的不确定性给予了大量的关注[38]。下文中将依据目的、人物、过程的视角来探讨具体的路径的界定及分析成果。

（一）目的视角

在知识利用领域内，探讨研究利用的路径分析中最著名的莫过于维斯[39]所提出的七种路径。但是现有的大多数文章都只是列举这七种路径，而对其背后的假设和局限谈得很少，本书认为恰恰有必要对这七种模式背后的假设、发生作用的条件以及背后的机制进行较深入的介绍，才能真正扩展我们对研究利用路径的思考。维斯区分了知识驱动、解决问题、交互、政治、战术、社会知识产业等其七种知识运用模式[40]。实际上，这些区分在很大程度上还是出于利用的目的来进行的区分。

1、知识驱动模式

这是一种直线式影响路径,基本路径是基础研究——应用研究——发展——应用。这种影响往往在自然科学中很常见，但是维斯认为在社会科学中这种例子极少。原因是：（一）社会科学知识并不具备足够的强制性或权威以推动行动者必须得去行动。（二）社会科学知识不能简单地复制，无论是材料还是环境，都不能复制。（三）更重要的是，除非某个问题变成当时社会条件下必须解决的问题，除非行动的政治条件完全具备，行动的其他参数条件都比较一致，否则政策制定部门很少接受社会科学的研究成果。

---

36 LeeC.Deighton. The encyclopedia of education[M]. New York ： Macmillan Co., 1977.Sabatier, Paul.The Acquisition and Utilization of Technical Information by Administrative Agencies[J]. Administrative Science Quarterly ,2003: 23 （ 3 ）: 396-417.Lester, James. The Utilization of Policy Analysis by State Agency Officials[J]. Knowledge: Creation, Diffusion, Utilization,1993: 14 （3）.

37 Lomas, Jonathan. Diffusion, Dissemination, and Implementation: Who Should Do What? In Doing More Good than Harm: The Evaluation of Health Care Intervention[J], New York: New York Academy of Science. 1993:226 -237.Landry, Réjean, Nabil Amara, and Moktar Lamari. Utilization of Social Science Research Knowledge in Canada.Research Policy[J].2001:30 （2）: 333-49.

38 Fred Carden. Knowledge to policy: making the most of development research[M]. Sage publication.2010:28.

39 C.H.Weiss.The ManyMeanings ofResearchUtilization[J].SocialScience and SocialPolicy [M]. Lodon: Allen&Unwin, 1986:30-40.

40 同上.

2、问题解决模式

最常见的研究利用路径之一，直接应用某个具体的研究成果来解决待定的问题。其他学者所提到的工程模式，工具模式等都应属于这一路径。这种路径仍然是一种直线路径，但是前者是知识驱动决策，后者是决策驱动研究。这种路径背后潜在的假设是：政策制定者和研究者对于最终的目标意见一致，研究方案有意义。研究者最大的贡献就是寻找到最适合的方法来实现决策者的目标。**机会**在问题解决模式中是很重要的一个因素，因为合适的研究可能不会直接被人发现来解决问题。

3、交互模式

这种路径认为研究人员不是唯一在寻找政策所需信息的人，其他的人如行政官员、实践者、政治家、规划者、记者、顾客、利益群体、助手、朋友等都是信息的提供者。因此这个过程不是一条从研究到决策的直线过程，而是一种无序的、交互的、来回返复的过程。它否定了那种清晰的范式。在交互模式中，研究仅仅是复杂过程中的一个环节，其他还包括：经验、政治观点、压力、社会技术和判断等。应用不是在面对面的环境中进行，而是在通过多元的渠道，智力汇聚。

4、政治模式

这种模式认为在一般情况下相关政治问题的利益群体预先决定了决策者的立场。如果问题争论了很多年，立场已经相当坚定，决策者就很难接受来自社会科学研究人员提供的新证据。他们的政策会从利益、意识形态或自身才智出发，他们的立场很少会因为研究而动摇。即使这样，研究仍然有用。它可以成为与研究结论一致一方的弹药，为其提供支持。党派需要大量的证据来否定对手，使摇摆不定的人信服，鼓励支持者。即使结论尽量置身事外（压缩品质或证据仅利于某一方），研究结论仍然还是会慢慢利于某一方。

5、策略模式

有时研究的利用与研究本身内容一点儿关系也没有。研究本身有用，而不是研究结论有用。政府官员在面临某个问题时会说："我们正在研究这个问题"研究成为政府看到问题的证据。如果面对不受欢迎的要求，政府可以以研究为借口拖延决策（我们正在等待研究结果……）。政府有时会用研究结果来抵御批评，他们会说自己的政策是建立在研究的基础之上，从而逃避责任。政府也可以通过支持研究项目，与科研机构结盟，来提高机构的声誉和威望。这些都是官僚政治中的策略。

6、启发模式

启发模式也许是研究进入政策领域最常见的模式。这种模式认为社会科学研究生产的概念和理论的视角慢慢渗透入决策过程，从而使研究得到应用。这种模式假设决策者从不会去寻找某个政策问题或事件的答案，他们也不会接受或觉察到某个具体的研究结论。真实的图景是社会科学的结论和方向慢慢地影响公众，从而形成人们思考社会问题的方式。社会科学研究是通过迂回曲折，多重的轨道慢慢扩散——专业文献，大众媒体，与同事的谈话——经过很长一段时间，它要求解决的问题以及它提供给决策者的方案才会慢慢使决策者形成关于这个问题自己的认识。

7、研究作为社会中个人的智力资产

这种观点认为社会科学研究是社会的智力资产。它并不是一个影响政策的独立变量。和政策一样，社会科学也反映了当代的思想，一段时期时髦的观念。社会科学和政策相会影响，同时又受到更大范围的社会思想范式的影响。通常某个社会问题引起资助者的兴趣来资助相应的研究，而社会研究者也只有在拥有资助的条件下来研究这个问题。一开始研究这可能局限在政策制定者制定的范围进行研究，慢慢地，研究者开始拓宽视野，他可能会重新定义政策制定者认定的政策问题。同时，双方可能会相互有意识，无意识地交谈，通过对时髦观点的闲聊（市民参与，地方控制，螺旋式通胀，个人特权）等。从这视角看，研究是智力资产的内在组成部分[41]。

维斯认为，上述所有的模式在某些情境下可能特别有用，但是谁也不能解释为什么某个团体能够以最佳的方式利用研究成果来制定政策，理解这种多元性，可以帮助我们从问题解决的模式中醒悟过来。

（二）行动者视角

布尔默[42]描述了社会科学家在政府决策过程中扮演的六种角色，实际上也是描述了六条路径。第一，研究人员并非政府工作人员，只是与政府签订了研究合同。在这种角色下，路径主要是项目研究的路径。第二，社会科学家

41　C.H.Weiss.The ManyMeanings ofResearchUtilization[J].SocialScience and SocialPolicy [M]. Lodon: Allen&Unwin, 1986:30-40.

42　同上.

作为顾问和专家被邀来就某一个政策问题提出建议。影响路径是通过外部顾问提供一般性政策看法。第三，社会科学家充当政府的内部顾问。他们受雇于政府部门，既要进行科学研究，又要就政府本部门的问题提出政策建议。这是一种内部顾问的路径。第四，社会科学家被指定进入政府工作，成为决策机构内部人员。但是这时在决策者的位置上，他的身份已不再是学者。此时影响路径中更重要的决定因素与其说是他头脑的学识，不如说是职位。第五，社会科学家在某些准政治的知识团体和智囊团，与资深的政治家交往，并对他们施加影响。这时影响路径主要是社会科学家通过私人交往来施加影响。第六，社会科学家通过压力群体和大众传播工具来施加影响，这一路径实际上就是通过传媒工具来发挥影响。

皮尔克[43]提出了四种科学在政策与政治中的理想化角色。第一种是纯粹的科学家（Pure Scientist）。他们完全不考虑研究的使用和效用。他们把研究结果放入一个知识的蓄水池中，所有的人包括决策者都可以随时汲取需要的知识以澄清和辩护他们的利益。在这样的情况下，研究是否得到应用完全取决与决策者是否偶然识别了研究的政策价值。第二种是科学的仲裁者（Scientice Arbiter）。研究者是一种决策的资源，随时准备回答决策者认为是相关的各种实际问题，然而他们只是提供答案，并不告诉决策者应该更偏向何种选择。第三种角色是观点的辩护者（Issue Advocate）。研究者聚焦于一个特定的政治议程。他们与一个寻求通过政策和政治增进其利益的集团（党派）结盟，研究者坚信研究必须与决策者结合并努力参与到决策过程中去。第四种角色是政策选择的诚实代理人（Honest Broker of Policy Alternatives）。研究者通过澄清和扩展决策者可用的选择范围来参与决策。他们会努力提供所有相关信息，备选方案以及每种方案的利弊，努力扩展（或至少阐明）决策选择的范围，决策者可以根据自己的偏好和价值观去决策。

（三）过程视角

1、过程动力的角度

当前知识运用学派的领军人物之一、加拿大学者兰德（Landry）根据知识运用的动力机制，划分了四类知识运用模式[44]。第一，科学推动型。这一模式

---

43 R. A. Jr. Pielke. Who Has The Ear of The President.[J],Nature, 2007（450）.

44 R. Landry, N. Amara, M. Lamar. Utilization of Social Science Research Knowledge in Canada[J] .Research Policy, 2001（2）.

强调科技进步产生的知识"供给"是知识运用的主要决定因素。知识由研究者自主的创造出来，然后直接传递给政策决策者和实践者，知识运用过程是简单的和线性的；第二，需求拉动型。这也是一种线性的运用模式，但知识运用（乃至知识创造）的驱动力来自使用者。决策者首先根据需要界定研究问题，研究者随后就其进行研究。实践中大量存在的科技委托研究项目便属此类；第三，传播型。为了促进知识运用，研究者应该明确什么是有用的知识，识别潜在的知识使用者，并改进研究成果的可读性、操作性，在向决策者阐述时使用易懂和有吸引力的语言和手段，而使用者也应为获取知识做出努力，如遇问题主动求助于科学、积极与研究者讨论研究项目的主题、范围和结果等；第四，互动型。知识的运用取决于研究者和使用者之间所发生的互动活动，而不是取决于由研究需求或使用需求发端的线性过程；在供给、扩散和使用等不同知识阶段，研究者和使用者的联接机制越健全，交流活动越频繁和深入，则知识运用的规模越大、效果越好。

2、阶段的角度

通常而言，一项完整的公共政策的制定过程包括五个环节：议程设置、政策规划、政策采纳、政策执行和政策评估[45]。在这些环节当中，学者都有可能获得参与、介入的机会，在不同的环节，学者扮演的角色、承担的职能与发挥的作用各不相同，其选择影响政策路径也各不相同。

第一，在议程输入阶段，学者扮演的是议程塑造者的角色。"学者应该注意，大多数决策者没有时间读书，基本上不读学术文章。他们绝对读社论……"学者们可以通过写社论、接受采访和在有政策影响力的期刊上发表文章来建立自己的影响力，此外还应该面对面地拜访你试图影响的对象，从而把自己的问题送入决策者的议程[46]。第二，方案规划的研究者。政策方案的规划过程固然是一个政府体制内的活动，但又是一个科学性要求比较高的活动，因此是专家学者通过长期学术研究积累的专业知识和智能得到最大程度发挥的环节。第三，政策采纳的"决策者"。政策采纳主要是一个政治行为，学者和体制外人员很难施加影响，而且这种影响本身就不具备合法性。不过如果学者通过"旋转门"进入政府体制内获得了决策的权力，他的专业素养

---

45 威廉·邓恩著.公共政策分析导论[M].谢明等译.北京：中国人民大学出版社.2002:14.

46 Kenneth Lieberathal. "Initiatives to Bridge the Gap" [J],Asia Policy, 2006（1）.

也可以在政策采纳中发挥作用。第四，政策执行的协助者。在这个阶段学者能够发挥比较独特的作用：其一，学者的专业知识可以为国家的政策提供更加深入的解读和宣传，协助官方向外界传播国家的政策立场；其二，学者的身份可以比较方便的展开对外交流，承担沟通信息和搜集情报的功能。第五，政策评估的评议者。学者的科学研究可以为政策提供更加深入、全面的评估。学者远离决策部门，具有相对独立的学术地位，也有助于保证政策评估的客观性和中心性。不过，学术的超脱地位也会带来另一方面的问题，由于缺乏与决策者沟通的渠道，政策评估人员难以充分了解决策背景，无法体会决策中的微妙。这样的评估意见当然不能切中要害[47]。

3、信息流动的角度

耐维尔·珀斯特威尔[48]批判了沾满灰尘的文件摆在沾满灰尘的桌子上的研究利用现状。通过总结自身的经历，举了 7 个例子，依据两个要素：研究人员和决策者之间连接的纽带、以及政策制定者是否有反应来推导模型，从教育政策制定的模式来总结教育研究利用的几种路径（图1-1）：

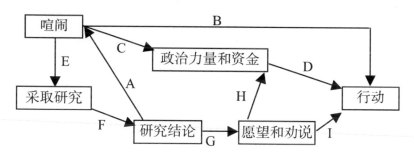

图 1-1　研究利用的路径[49]

研究结果引起了喧闹（A），然后导致了行动（B），A-B；有时喧闹直接可以吸引政治力量和资金，从而导致行动。C-D；此处喧闹，可以理解为群体事件，或者焦点的冲突，或某个引起公众大范围讨论的问题。喧闹进入政策制定者的视野，实际上是议程的建立过程。喧闹还可以反过来迫使研究人员来采取研究，通过研究结果来施加影响。E-F；如果是这样，有以下几条路径；

47 余万里. 学者参与决策的五种角色[J].国际政治研究（季刊）.2009（3）

48 R. A. Jr. Pielke. Who Has The Ear of The President[J].Nature, 2007（450）.

49 Kenneth N. Ross,T. Neville Postlethwaite.Planning the Quality of Education: Different Information for Different Levels of Decision-making[J]. PROSPECTS. 1988: 18（3）.

A-B；　　A-C-D；G-H-D；　G-I；在这些路径中，作者把 G-H-D;G-I 称之为贵族路线，指没有纳入普通的公众。而把 A-C-D；或者 A-B；称为平民路线，指主要靠普通公众的推动。

（四）关于研究影响路径的述评

第一，相关研究主要还是从影响路径的因素来入手分析，恰恰缺少对路径本身是什么的回答。造成这种研究状况的原因有两个。首先，过于关注宏观层面的抽象，试图整理出整个知识利用领域普遍的真理，这是为何大多数研究者热衷于整理"研究利用模式"的根本原因。然而事实上，每个研究影响政策的路径都有其特色，我们不能用它们最终都会影响政策的结果和目的来求同，也不能用每条路径都会遇到的障碍和促进因素来求同，进而进行抽象和归类，反而以此抹杀了不同路径的特征，及这种特征之下真正关键的机制。如果要进行抽象，必须首先回答这到底是一条什么样的影响路径，显然，这部分研究不管是国内，还是国外都比较缺乏。其次，尽管有一部分研究者关注到了具体案例中路径，在描述路径时，也往往容易止于对路径的影响因素进行归纳。路径是什么这个问题在这里好似一个不言自明的问题，随着案例的描述会自动展现。然而，事实并非如此，案例展现的是过程，过程本身包含有无数的信息岔道，复杂的影响网络，研究影响的路径不会自动浮现在读者的眼前，而是研究者清理、展现、勾画的结果。

第二，缺乏结合具体政策过程讨论路径的研究成果。知识利用的研究始终和学术界对政策过程理论的认识紧密相联。虽然学者们在研究知识利用时并不总是刻意去套用某个基本理论，但如果将他们的研究成果进行梳理就会发现，这些关于教育研究的政策价值的分析都是依附于某个政策过程的理论框架下进行的。正如卡登所言："要分析研究的发展对政策的影响，第一步最好是先分析在这个系统中政策的制定过程以及信息是在系统中流动的过程。"[50]。毕竟研究也只是决策系统众多信息流中的一种。分析政策制定过程之所以重要，还有另外一个重要的原因。因为在知识利用的研究领域，大量的著作都是直接把西方的理性决策模式当作前提条件加以接受，都认为研究是在一个稳定和可预测的决策系统中发挥作用，然而实际上发展中国家，决策的环境更复杂也更动荡。"尽管发挥研究对政策的影响对于任何国家都不

---

50 Fred Carden. Knowledge to policy: making the most of development research, [M]. Sage publication.2010:28.

是易事，但是对于发展中国家，这种困难尤为突出[51]"。正因为这样，在我们讨论研究的影响途径时，有必要思考国内的政策制定过程特色，构建新的考虑到研究作用的政策过程框架，进而进一步分析较适合解释中国研究影响政策的路径。

四、研究影响政策的机制分析

"机制"（mechanism）一词，现在使用比较含混，指谓的对象包括关系、规律、组织规则等。事实上机制原指机器的构造和动作原理。探讨研究影响政策的机制实际上即在探讨研究在政策过程中发挥的作用和作用的方式。然而现有探讨机制的文献中，大部分都是把机制等同于制度，分析的结论多是制度建设方面的内容。如国内学者早在 90 年代就提出教育研究成果转化的"机制"问题，要求建立课题导向机制、行政保障机制、政策激励机制、反馈调节机制等[52]。当代也有学者指出我国教育研究之所以不能更好的发挥教育政策影响，是因为缺乏相应的研究转化机制所致，这种转化机制即教育决策咨询机制[53]。国外学者中，对研究转化机制的探讨比较深刻的学者主要是美国学者皮尔克。皮尔克[54]在 2005-2006 年间对美国 20 世纪 60 年代以后的 8 位总统科技顾问进行了系列访谈，并在 2007 年 11 月的《自然》杂志上撰文认为，虽然科技专家在政府高层中的参与越来越广泛和活跃，但是缺乏"**将建议转化为观点、把观点变为行动**"的有效机制。

如何将建议转化为观点，继而又将观点转化为行动呢？皮尔克并没有进一步详细阐述，然而在他的另一部专著《诚实的代理人：科学在政策与政治中的意义》中，他对信息在政策制定中的角色和特征的描述对于我们进一步探讨机制具有很大的启发。皮尔克区分了两种政治决策情境，一种被他成为龙卷风政治。在这种情境下，决策过程的参与者们有着共同的目标，具有价值共识，即安全撤离危险情境，保存生命。而研究（信息）的作用在于提供系统的证据说明危险的程度、范围和躲避的安全场所。在这种情境下，科学

---

51 Fred Carden. Knowledge to policy: making the most of development research[J]. Sage publication.2010:28.

52 金宝成，刘冷眉.关于教育科研成果转化问题的若干思考[A].国家教委"八五"重点课题"教育科研体制、规划与管理的研究"课题组.教育科研体制、规划与管理[C].上海：上海教育出版社.1995.

53 周洪宇.健全教育咨询制度推进决策科学化民主化[J]. 中国高等教育.2011（17）.

54 R. A. Jr. Pielke. Who Has The Ear of The President.Nature[J], 2007:450.

是提供的是理性和证据。另一种被他称为堕胎政治。由于众人对于是否允许堕胎具有不同的价值判断，研究（信息）在这里成为决策过程的参与者们极力举证论证自己合理性的证据，目的在于各种利益之间达致共识。

表 1-1　信息在政策制定中的角色和特征[55]

龙卷风政治	堕胎政治
评估	合理性
评估可选择的决定	证明决定承诺的合理性
综合性	选择性
理性	感性
逻辑性	陈述性
启发性	权力性
技术统治论	多元论

（一）以研究降低不确定性

研究的作用在于评估决策的问题和情境。通过对问题紧迫程度的判断，帮助决策者作出可选择的决定。所有被认为对解决问题有关的研究信息和建议都会被纳入考虑。所尊崇的是理性原则，讲究研究的逻辑性和严密程度。背后隐藏的逻辑是研究被视作高度可靠的信息来源，是有启发性的资源。这种研究与决策结合的方式一种技术统治论的方式。即决策者可以"选择最有效的工具或途径以实现政策目标"[56]。

在技术统治论的视角下，研究是一种技术理性行为，人们期待研究可以提供正确的信息，提高决策的水平。"学术技术性的目的，是为了按照学术经验提示的期望，调整我们实际活动的取向。"[57]。"科学的"决策者必须遵循的程序是[58]（一）针对待解决的问题建立目标；（二）探索可以达到目标的全部策略，列举出来作为备选方案；（三）分别预测每个备选方案的重要

55　R. A. Jr. Pielke. Who Has The Ear of The President[J] Nature, 2007:450.

56　HowlletMichael and Ramesh,M ,Studying Public Policy：Policy Cycles and Policy Subsystems[M]，　Oxford University Press，1 995:47.

57　韦伯.学术与政治[M].桂林：广西师范大学出版社.2008:183.

58　郭巍青.政策制定的方法论：理性主义与反理性主义[J].中山大学学报（社会科学版）.2003（6）.

后果，并且估算各种后果发生的概率；（四）选择最可能解决问题的方案，或者能以最低成本解决问题的方案。即使实际上研究并不能真正解决"不确定性"的决策问题，决策者们还是希望通过研究成果证明自己的决策是"科学的"和"合理的"，是理性论证的产物。"我们经常期望研究——对知识的系统追求——能够洞察问题的实质、决策的选项及其与想要的结果之间的因果关联。关于决策，技术统治论者相信，通过寻求可选择的行动路线及其结果之间关系的更清晰的概念，必然将形成关于何种行动路线更合适的更大的共识[59]。

（二）以研究促进共识

在价值共识没有建立起来的政策情境中，政策的争论者们希望研究能够帮助他们论证自己利益的合理性。决策者对研究的利用是一种选择的结果，是从自己感性的需要出发。他们注重的是研究结果陈述性的特征，利用研究潜在的逻辑是为了权力争斗的需要。斗争成败的结果取决于研究结果是站在哪一边。因此，研究常常被当作战略和战术上的资源。那些持特定立场的辩护者"编造"、精挑细选甚或错误地使用研究，来作为陈述他们偏爱行为的最好根据，这是他们政治争论的主要内容。当既得利益集团有大量值得信赖的科学家可以选择用以支持他们的立场时，他们就赢得了改革的合理性。政治场中的各个争论者之间的政治见解相当不同，但是他们毫无例外共享这样一个信念，那就是科学是合理的战场[60]。

（三）两种机制之间的冲突

研究在影响的过程中，时刻面临着两种深层机制的冲突，即政策的相关性和学术的独立性。英国学者克里斯多弗.希尔[61]（Christerphor Hill）曾质疑道：如果学者寻求政策相关性，哪怕只是用来向社会大众证明我们学者存在的价值，也会使我们学术的独立性变得更难维持。所以研究和政策之间的隔阂是一件好事。他认为，学者越追求政策相关性，就可能越难以维持"知识的正直"（intellectual integrity）。这里隐含的一个假定是真理与权力、理论与政策之间存在天然的紧张关系。在任何体制环境下，政策制定背后主导的政治意志和目

59 R. A. Jr. Pielke. Who Has The Ear of The President[J].Nature, 2007：033.

60 R. A. Jr. Pielke. Who Has The Ear of The President.[J]Nature, 2007：59.

61 Hill and Beshoff eds.,Two Worlds of International Relations: Academics, Practitioners and the Trade in ideas[M]. New York : Routledge,1994:56.

标都有可能会和学术性理论研究追求真理的目标产生差异、龃龉甚至碰撞。这一观点基本上与我们的常识相符，它揭示了我们在追求研究发挥政策价值时一个潜在的危机，即学者根据政治风向，见风使舵，牺牲学术诚实的危险。

另一种观点认为，尽管二者之间存在冲突，但是我们应该想办法来消除这种隔阂，促使双方更好的沟通。要解决这种冲突就是在两对关系之间寻找平衡，即在政策相关性和学术堕落之间，在研究的精确性和政策相关性之间的权衡。第一对关系的平衡，重点是防止学者根据占据主导的政治风向调整其政治立场的危险；第二对关系的平衡重点是防止即研究人员出于短期的政策相关性而放弃有时对学术进步来说十分重要的理论抽象层次和研究结果的精确性。尽管这种平衡很难，但是政策相关性和学术堕落之间的权衡却不一定要如此尖锐不可。在适当的议题上不妨采取中间立场，"平衡投资组合"取向。最贴切的是很多人能够在不同的时刻充当两者之间的桥梁[62]。

第三节　本章小结

不可否认，国内知识利用领域对于教育研究与政策关系的探讨和西方学者存在一定的差距。在对现状分析和实证研究进行综述时对这一差距进行了详细的说明，在此不再赘述。可是，这种差距却不是绝对的。中国研究与政策之间有些重要的特征在西方文献中没有被认识和分析，中国学者具有独特的研究优势。简而言之，中国教育研究与教育政策关系命题面临与西方不同的问题与挑战。譬如，从一定意义上来说，我们的教育研究不是在政策制定"被滥用"，而恰恰是"利用不够"。西方一度面临政策制定过程中研究滥用的情况[63]，可是我国"教育研究"本身就是一个亟待发展的领域，还不够"成熟而独立"，遑论其"成熟而独立"地发挥对政策的影响。如果说我们还处于桥梁建设阶段，那么西方就属于桥梁上跑的车太多，出现了交通拥堵。显然我们要解决的重点问题不一样，我们现在更需要思考的是如何从偶然的例子中找寻出自己的规律，继而把它建设成为一种恒常性的机制，以促进我们研究成果更好的发挥其政策价值。

---

62 Joseph S. Nye, J r. International Relations: The Relevance of Theory toPractice[A], TheOxford Handbook ofInternational Relations. New York: Oxford University Press, 2008:77.

63 Martyn Hammersley, John Scarth. Beware of wise men bearing gifts: a case study in the misuse of educational research[J]. British Educational Research Journal, 1993:19（5）.

　　并且尽管我们处于后发地位，我们也有一些自己的优势。深入分析可以看到中国的教育研究的问题不是政策相关性不够。尽管学术和政策文化意义上的隔阂显然是仍然存在的，但是两者却不像在美国那样具有方法论和认识论的鸿沟。这或许是因为中国教育研究领域"理论化"水平不高，尚没有生产大量决策者看不懂的形而上的"知识"。事实上；恰恰由于学科发展处于相对不成熟和不完善的阶段，中国的教育研究尚未出现像美国那样"高度工业化"所带来的隔阂与冰冷。相对较小的"知识共同体"使得学术界与政策圈之间不但没有美国那么大的鸿沟，反而多少有点"鸡犬之声相闻"的味道，具有"前工业社会"的温情色彩。长期以来中国宏观教育政策研究更是直接服务于政策需求。因此，中国教育研究的学者对于政策的关注度可能平均来说超过美国的学者，甚至可以说普遍具有强烈的"政策情节"[64]。这种研究与政策的"天然"更加紧密的联系，可以成为实现双重超越的比较优势。一方面，我们要积极发展教育政策研究，另一方面也要结合自己的优势，巩固目前这种紧密的状态。但是，中国情景下"回归政策"命题有两个潜在陷阱需要避免：第一，去"研究化"，回到"自然状态"，为了研究的普及，而放弃更深刻的学术探讨；第二，被政治意志影响乃至主导；成为官方政策的注解、诠释或辩护。

---

64 王栋.双重超越的困境——中国国际关系理论与政策刍议[J].国际政治研究（季刊）.
　2009（3）.

第二章　研究设计

第一节　核心概念界定

一、教育政策制定

　　关于政策制定，政策科学界有广义和狭义两种定义。广义的政策制定理论包括从"问题出现"到"问题解决"的全过程，涵盖面很广，几乎整个公共政策都是研究的对象[1]。例如，叶海卡·德洛尔（Yehezhel Dror）将政策制定理解为整个政策过程，把政策执行、政策评估等环节视为后政策制定阶段，他强调政治研究的核心是"把政策制定作为研究和改革的对象，包括政策制定的一般过程以及具体的政策问题和领域"[2]。詹姆斯.安德森（James E.Anderson）政策制定包括问题界定和议程建立、政策形成、政策采纳、政策实施、政策评估等五个环节[3]。但大多数学者对政策制定做了狭义的理解，即政策制定只是政策政策过程的其中一个阶段，是从政策议程建立到政策输出的形成过程。比如，张金马将政策过程分为制定过程、合法化、执行、评估和终结等阶段[4]。这两种看法均有各自的针对性，本书针对具体问题采用狭义

1　陈振明.政策科学[M].北京：中国人民大学出版社.1998：6.

2　叶海卡·德洛尔.逆境中的政策制定[M]. 王满船、尹宝虎、张萍译.上海：上海远东出版社.1996:4.

3　[美]詹姆斯.E.安德森著，公共政策制定（第五版）[M].谢明等译，北京：中国人民大学出版社，2009：33-35.

4　张金马主编，公共政策分析：概念、过程、方法[M].北京：人民出版社 2004: 312-482.

的界定，并试图扩展议程建立的前阶段内容，具体政策制定的阶段划分可见后面的理论框架部分。另，由于教育政策属于公共政策研究领域的一个分支[5]，本书对于教育政策制定的主要论点不涉及教育政策与其他公共政策的细微差别。主要是基于政策制定的理论基础来对教育政策制定过程进行分析。

二、教育研究

研究也有广义和狭义的定义。英国统计学家、科学哲学家卡尔·皮尔逊认为有关"科学的本质在于研究方法而不在于研究内容"的观点被"科学派"广泛接受："科学的领域是无限的；其材料是无尽的；每一组自然现象，社会生活的每一阶段，过去与当前发展的每一个舞台，这些都是科学的材料。把各类科学统摄起来的只有方法，而不是材料。"[6]从这个观点出发，所有用科学方法进行的观察都是研究。但是从狭义来看，只有经过科学的论证，具有有效性和真实的分析才叫做研究。

本书根据研究问题取狭义的研究概念。但是需要解释的是本书所指的教育研究，主要指与教育政策相关的教育研究。在教育大百科全书中对教育研究的定义是：对教育采取系统研究的活动及其符号化的成果[7]。本书之所以不直接用教育政策研究是因为，很多教育研究本身并非一个以政策影响为目的的研究，但是它的研究结论影响了政策，这一类教育研究也在本书讨论的范围之类。所以本书主要是从结果的角度定义，本书所指的教育研究即那些教育领域内对某个教育政策具有较大影响的研究。

三、研究应用

"用"是个不定形（amorphous）的词。给研究利用进行一个精确的定义，并列出可供参考的要素和指标向来是知识利用学派的一根难啃的骨头。因为人们很难根据某个定义来给评价一个教育研究的政策价值。尽管如此，学者们还是进行了多种尝试来确定这个无法确定的概念，因为任何人要判断利用的程度，首先就需要明确利用的概念，即什么是利用[8]。

5　袁振国.教育政策学[M].江苏教育出版社，1998:2.

6　Karl Pearson,The Grammar of Science[M]. London:J.M. Dent & Sons, Ltd. 1892: 16.

7　LeeC.Deighton. The encyclopedia of education[M]. New York : Macmillan Co., 1977:511,519.

8　CaplanN. The Use of Social Science Information by Federal Executives[J]. In Social Science and Public Policies, NH: Dartmouth College, Public Affairs Center. 1975:47-67.

关于利用的定义，有两种观点，一种观点认为利用是个结果，一种观点认为利用是个过程。首先，从结果的视角来看，如果我们认为利用的结果是某个特殊的产品（如政策话语）或者一系列产品，那么我们就需要在产品和某些信息的利用之间建立确切的联系[9]。我们能在多大程度上把某个具体的产出和信息的利用关联在一起呢？从这个角度上，这意味着一种归因，而归因意味着：1、信息直接导致某个特定目标的出现；2、信息以某种积极的或者消极的方式直接推动了目标实现的过程；3、信息'致使'某个目标或者产出被实现；

在这个定义中核心的问题是：我们如何来证明信息的利用和信息的影响？要回答这个问题，研究者似乎在头脑中要有一个输入和输出系统。在这个框架内，人们认为：1、一个人能够追踪信息的流动，从信息流入组织到采纳行动（预测或者被信息影响），都能看到信息的流动。2、人们可以通过某个或一系列的信息来衡量影响。3、通过分析信息对于个人处理问题的过程来衡量某些信息的作用和影响是恰当的。简而言之，出于概念化和衡量的需要，研究者/分析人员需要对知识传播和利用的观点，持决定性的态度。有一些学者对这种定义持批判态度。他们认为这个定义相当狭窄，很难直接找到证据来论证这种因果关系，从评估的角度讲，也很难把某个具体的产出以原因/结果的方式和具体的信息联系起来[10]。比如信息可能会对使用者的思维带来很大的影响，可是他很可能不能从因果的维度来解释这种影响。

从这个角度来衡量知识的利用，无论是对于学者还是实践者而言都非常艰难，但是为了衡量利用结果，我们需要把影响操作化。我们需要问的问题是：如果利用的程度最高，会出现什么结果？推到极端，就是一种证据。在公共政策领域内，沟通与交往都是以正规的文字表达为依据，如政策声明、政策文件、政策指令以至法令；因此，政策研究中对参与各方的主观意义的阐释理解与探究，很多都是从政策文本入手，因为它代表了参与各方对有关政策的主观意义的"外在化"、"客体化"、及"文本化"。如果能从政策文本直接看到研究报告，那么这种利用就确证无疑。如果找得到证据，那么从结果的角度来证明其利用的事实，无疑是非常具有说服力得。

9　Larsen,A.&Bundesen,C.A.Template-matching pandemonium recognizes unconstrained hand written characters with high accuracy[J].Memory and Cognition, 1996:24（2）.

10　Lee, Robert, and Raymond Staffeldt. Executive and Legislative Use of Policy Analysis in the State[M].　.Oxford University Press, 1973:116.

　　第二种视角是把利用视作一个过程。邓恩[11]认为，要提高知识的实用价值，我们首先需要审视知识利用的这个过程。如我们把利用视作一个过程，而不是结果时，下列区分非常必要。我们要分清楚：1、"use"，仅仅指人们收到信息，阅读信息；并不能意味着人们理解了信息；也不意味着人们会在阅读或者理解信息后，采取行动。2、"utility"，恰恰相反，意味着人们对信息作出了判断，决定哪些信息可能是相关的或者有价值的，那些信息还没有明确。但是这也不意味着会采取某些行动。3、"influence"，正如上文所说，意味着信息对决策、行动或者对问题的思考方式有影响；在这种情况下，利用者相信通过利用信息，他们能够做出更好的决策。4、"impact"，更加是行动导向。在这种情况下，人们受到信息，理解信息，并且直接导致具体的行动，即使某些行动拒绝信息，在这种情况下，信息直接被采纳，并且直接导致决策和行动。

　　为了更深入地探讨这个过程，维达斯基（Knott andWildavsky）从"利用"过程化的视角出发，来划分互动的过程。他提出[12]：利用不仅仅是一个具体的事件，而是一个过程，我们必须从不同的层次或阶段来考察知识利用问题，所以，在研究中，我们不仅测量决策者认知的信息范围，还测量其在整个政策过程中的影响。维达斯基认为我们可以从决策者的认知出发，来划分互动的时间阶段，他提出决策者对研究的利用是一个累积过程，他们的认知建立在接受上，讨论建立在认知上，引用建立在讨论上，努力建立在引用上，影响建立在努力上。我们可以从决策者不同的认知阶段来分析整个互动过程。"研究利用"视作一个动态的过程，而不是一个静态的事件，可以帮助我们从具体的阶段来考察研究人员的影响程度和范围。同时，我们可以把政策阶段和决策者知识接受阶段，以及研究者可能影响的阶段结合起来，来决定分析的重点阶段。从而把复杂的信息沉浮过程简化成可以分析的单元，加深我们对整个互动过程的理解。

　　还有一些学者在过程和结果的思考之外，提出了一些非常有意义的观点。如拉尔森（Larsen）和威尔纳（werner）在思考研究利用情况时，更进一步思考了什么不是研究利用。他们指出利用包括[13]：1、完整地使用信息，根

11 威廉·邓恩.公共政策分析导论[M]. 谢明等译.北京：中国人民大学出版社.2002:89.

12 Knott, Jack, Aaron Wildavsky. If Dissemination is the Solution, What is the Problem? [J]. Knowledge: Creation , Diffusion, Utilization,1980（1）.

13 Larsen,A.&Bundesen,C.A.Template-matching pandemonium recognizes unconstrained hand written characters with high accuracy[J].Memory and Cognition, 1996:24（2）.

据信息作出调整。2、部分使用信息，尽管没有全部按照信息行动，但是还是按照其中部分信息行动了。非利用包括1、潜在的用户考虑信息，但是拒绝了。2、没有依据信息作出什么行动。3、尽管考虑了信息，但是并没有按照信息采取任何行动。

维斯（Weiss）和布库瓦纳（bucuvalas）从知识利用的不同目的上来对其进行定义。他们认为研究利用包括[14]：1、提出问题。2、形成新的政策或项目。3、评估备选方案。4、提高既有方案的质量。5、根据需要调整支持。6、改变思维方式。7、计划新研究。扎德曼（Zaltman）和德斯庞德（Deshpande）用更简单的话指出利用的两种类型[15]：1、研究结果论证了决策者的信仰。2、结果挑战了决策者的信仰。

更有学者对利用定义的背后假设进行了分析，他们指出在利用的文献中，一直存在一种绝对的"理性化的偏见"，在这种偏见下，无论是收集、传递或者利用信息都是有益于所有利益相关者的，并且，那些不试图寻找或利用信息的人都不是按照'理性'的原则行事。如果一个人接受了上述观点，就会忽略或者拒绝一下几个重要的观点：1、人们收集信息有很多的理由，并不一定是为了有用；可能仅仅只是为了存货[16]。2、使用信息可能会有一些消极的，意愿外的后果。3、忽略信息或者主动拒绝信息可能完全是出于理性[17]。

综上所述，本书认为利用即是一个结果也是一个过程，文中将结合结果和过程两种视角，从结果的视角来定义利用，即找出一个能够从文本互证的角度看到信息流动且能确证其政策价值的案例之后，再从过程的视角来分析其具体的过程。

14 C.H.Weiss.The ManyMeanings ofResearchUtilization.In M. Bulmer eds.SocialScience and SocialPolicy.Lodon: Allen&Unwin, 1986.

15 Christine Moorman· Gerald Zaltman ·Rohit Deshpande.Relationships Between Providers & Users of Market Research: The Dynamics of Trust Within and Between Organisations[J].Journal of Marketing Research.1992（8）.

16 赫伯特.西蒙著.詹正茂译.管理行为[M].北京：机械工业出版社.2004：25.

17 威廉·邓恩著.公共政策分析导论[M].谢明等译.北京：中国人民大学出版社.2002:25.

第二节　理论基础

一、宏观视角：政策制定过程理论

知识利用的研究始终和学术界对政策过程理论的认识紧密相联。虽然学者们在研究知识利用时并不总是刻意去套用某个基本理论，但如果将他们的研究成果进行梳理就会发现，这些关于教育研究的政策价值的分析都是依附于某个政策过程的理论框架下进行的。正如卡登所言："要分析研究的发展对政策的影响，第一步最好是先分析在这个系统中政策的制定过程以及信息是在系统中流动的过程。"[18]。毕竟研究也只是决策系统众多信息流中的一种。分析政策制定过程之所以重要，还有另外一个重要的原因。因为在知识利用的研究领域，大量的著作都是直接把西方的理性决策模式当作前提条件加以接受，都认为研究是在一个稳定和可预测的决策系统中发挥作用，然而实际上发展中国家，决策的环境更复杂也更动荡。所以卡登提出"尽管发挥研究对政策的影响对于任何国家都不是易事，但是对于发展中国家，这种困难尤为突出"[19]。正因为这样，在我们讨论研究的影响途径时，有必要以这些涉及的相关政策过程理论框架进行剖析和对比，找出较适合解释中国知识应用路径的政策过程模式。因在本章的理论谈论中，将从理性决策模式，垃圾桶模式和基于证据的政策模式三个维度来进行理论的探讨。

（一）理性决策：研究是决策的基础

理性决策模型中的"理性"一词，是指决策者可以"选择最有效的工具或途径以实现政策目标"[20]。按照理性决策模型，公共政策的制定表现为一组规定好的步骤，它是"科学的"决策者必须遵循的程序：1. 针对待解决的问题建立目标；2. 探索可以达到目标的全部策略，列举出来作为备选方案；3. 分别预测每个备选方案的重要后果，并且估算各种后果发生的概率；4. 选择最可能解决问题的方案，或者能以最低成本解决问题的方案。建立在理性基础上的决策过程模型如下：

---

18 Fred Carden. Knowledge to policy: making the most of development research[M]. Sage publication.2010:28.

19 同上.

20 Howllet Michael and Ramesh.M, Studying Public Policy：Policy Cycles and Policy Subsystems[M]. Oxford : Oxford University Press，1 995:37.

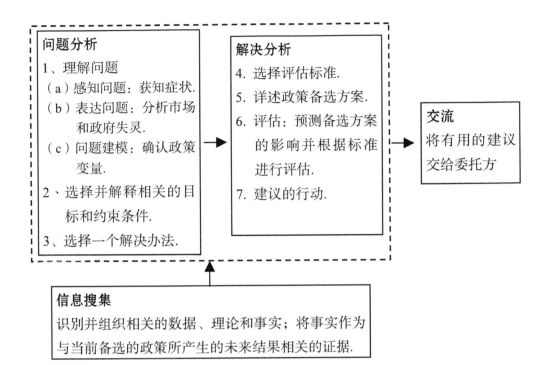

图 2-1 理性主义模型的决策过程[21]

在理性政策制定模式中，研究是一种技术理性行为，可以提供正确的信息，提高决策的水平。它不仅是政策制定的基础，同时也是从事研究人员的追求，"学术技术性的目的，是为了按照学术经验提示的期望，调整我们实际活动的取向。"[22]在理性决策的视角下，公共政策成为一个可以通过计算因果关系，得出实现途径的事物。在基于因果关系考量的基础上，一些学者试图从输入——输出的对应关系，直线式影响模式来探讨政策中研究的工具性利用，如韦斯（Weiss）提出的研究和发展模式及问题-解决模式以及迈克.吉尼斯伯格和乔尔.格罗斯提格（Mark B.Ginsburg and Jorge M.Gorostiaga）在韦斯基础上提出的知识利用的工具模型（instrumental model）都是线性，直接利用研究成果的代表模式。

因为可以通过提供答案来制定政策，所以在理性模式下，研究影响政策的途径被简化成直线的、简单的、有逻辑的过程。但是这种观点在现代受到

21 Weimer, David L. and Aidan R. Vining , "Toward Professional Ethics," in Policy Analysis: Concepts and Practice, Prentice Hall, 1992.

22 马克斯·韦伯. 学术与政治[M]. 钱永祥译. 桂林：广西师范大学出版社.2010:183.

很多人的质疑和批判。首先，手段-目的的理性计算 *means-end rational calculation*）存在很大的限制和困境。其中最主要困境在于信息不足，用于手段-目的理性计算的适切的或有规律的重要信息可能是不完整的、难于获得的。其次还存在交流问题，可获得的信息可能不能让所有的决策方得到，或者信息对他们来说难于理解。第三，变量太多，难于穷尽。变量之间的关系太复杂，难于理解。面对这样的质疑，提倡技术理性的学者提出的解决的途径是："通过系统的观察解决信息问题，通过发展精确的和逻辑的语言（通常包括数学语言）解决交流的问题，通过采用实验、量化、严密而系统的分析以及排除不易控制的现象的方法解决变量过多和变量之间过于复杂的关系的问题。"[23]正是在这样的认识上，现在的教育研究愈来愈推崇量化分析方法。但是越严格的量化分析，越可能简化鲜活的现实，忽略掉很多重要的情境要素。

理性决策的理论框架给研究者的启示是：首先它提供了基于研究的政策制定这样的理想类型。在基于研究的政策制定模型的视角下，政策的作用就是解决问题，而研究是有效提高政策效率的工具，是发展新决策或者改善旧决策的重要资源。研究对政策的影响遵循一条直线的逻辑，政策科学把这种类型称之为"科学推动"或"技术推动"的问题解决方式。我们可以在这一理想类型的参照下，来观看现实的政策制定过程。

第二，在工具视角下的研究，主要是关注研究本身的内容，它的假设是，当研究者的研究项目建立在更高深的学术知识上时，知识利用程度更高，知识利用不过就是应用高级的研究产出。在这种视角下，考虑研究影响政策的因素包括（1）所涉及研究的内容：如研究的效率、适切性、复杂性、可观察性、实验能力、有效性、可信性、可分性、应用性、随机性。（2）研究的类型：基础，理论/应用；一般/抽象，质性/量化，特殊/具体以及研究的领域和学科。我们可以从通过对得到利用的研究成果进行分析，从而判断什么样的研究证据更容易受到决策者的信赖。

第三，这一研究视角可以帮助研究者从输入，输出的角度来判断政策的影响。把利用转变为事件，从事件来看，如果我们能在政策的输入端（研究议程的开启）看到密切相关的研究，在政策的输出端（政策文本）看到研究文本的转换，那么我们就可以依据系统理论，选择适切的案例，来探讨中间

---

23 Dahl, Robert A; Lindblom, Charles E. Politics, Economics, and Welfare[M]. Transaction Publishers.1992:78.

的过程，"利用""影响"这些难以衡量的概念，转换为易于观察的事件，有利于进行实证的分析。

（二）垃圾箱决策：研究是漂浮的价值

随着人们对理性限度的了解，越来越多的学者认为我们不能简单把研究在政策中的利用视作一个技术问题，如英国学者阿特金森（Atkinson,E）就提出，教育研究生产和使用的方法其实不是一个技术性的实施问题，而是关于目的、影响和决策的复杂矛盾过程[24]；它不一定是直线的，不一定简单，甚至不一定有逻辑。从动态的，互动的，有限理性的纬度来审视知识利用问题成为一种新的更被接纳的视角。

科恩（Cohen）、马齐（March）和奥尔森（Olsen）[25]提出组织中的决策过程（或决策环境）实际上是处于"有组织的无政府状态"，其中包含巨大的模糊性。这种模糊性主要体现在三个方面：偏好选择存在问题、技术不清晰和人员的流动。模糊性条件下最大的问题就在于：我们不知道问题是什么，它的定义是模糊而且变化的。识别相关与不相关的信息也存在问题，有时会出错或出现误导现象。政策选择的过程已经越来越不像解决问题的一种实践，而越来越成为认识有些复杂的世界的一种尝试[26]。因此组织的决策过程含四个源流：问题、解决方案、行动者和选择机会。行动者根据手中的问题、解决方案和选择机会作出行动，使这些要素犹如在一个垃圾箱内相互配对，若组合成功，问题便可以进入政策议程。也正是由于其过程如同垃圾箱配对，人们形象地称之为垃圾箱模型（The Gabage Can Model）。

金登在"垃圾箱"模型的启示下，提出政策制定过程好像有一个"原始的政策鲜汤"，周围"漂浮"着多种意见主张，意见主张由政策共同体的专家们提出，政策共同体是一个包含着官僚、国会委员会成员、学者和思想库中的研究人员的网络，网络成员共同关注某一政策领域中的问题，意见主张需要通过多种方式的试验和检验，其中包括听证会，论文和会谈等一系列互动的方式。经过检验，一些主张保持原封不动，一些被合并为新的提案，一

24 Atkinsom,E. In defense of ideas, or why 'what works' is not enough' [J]. British Journal of the Sociology of Education. South Western. 2000:317-330.

25 Cohen et al. "A Garbage Can Model of Organizational Choice" [J],Administrative Science.1972（8）.

26 保罗·A·萨巴蒂尔编.政策过程理论[M].彭宗超钟开斌等译.北京：生活.读书.新知三联书店，2004.96.

些则被取消。尽管意见主张很多，但仅有少数能引起高度重视。其中选择的标准包括技术可行性与价值观念的可接受性。难以操作的建议生存下来的可能性较少，与决策者的价值观念不一致的建议很少被考虑采用[27]。

在政策原汤里，研究也好似漂浮的价值中的一种。哈贝马斯指出："公共领域最好被描述为一个关于内容、观点、也就是意见的交往网络；在那里交往之流被以一种特定方式加以过滤和综合，从而成为根据特定议题集束而成的公共意见或舆论"[28]。斯蒂芬.鲍尔进一步指出在政策原汤里，价值并不是自由的漂浮物，"政策明显地就是权威性的价值分配，政策就是价值的操作性陈述（The operational statements of values），就是企图对特定行动作规范的陈述。但是价值并不是社会脉络的自由漂浮物。我们需要询问谁的价值在政策中是有效的，谁的不是有效的。因此，'价值的权威性分配使得我们必须关注政策概念中的权力和控制这个核心'。因此政策就是（一个社会）对理想社会景像的投射，而教育政策就是对什么才算是教育的界定的一种投射。"[29]他的主要观点是：公共政策不是自研究者界定的现象，也不是自然科学所研究的自然现象，而是由有着特定意图和意义的人类精心建构起来的人造物，将明确识别的意义和价值放到政策现象之中。研究也是一种价值表达，研究基于理性的权力参与政策中的价值分配，研究和其他价值没有什么不同，都是在积极地争取使自己的陈述进入有效的表达之列。

如果在整个政策原汤中漂浮着各种各样的价值，研究要影响政策，就必须努力使自己浮现出来，进入决策者的视野，这就需要研究者积极的沟通并提升交流和对话的层次，使得政策共同体的人们更容易通过研究达成共识。因此参与公共政策的辩论及担当政策及政治过程中的游说角色，本质上就是政策研究者及其研究结果的部分职责，甚至是主要职责。正如马约内（Majone）所言[30]：政客们肯定知悉，但社会科学家却时常忘记，公共政策是由语言所组成。无论是文字或说话，争辩在政策过程中所有阶段均占据核心地位。无论是政党、居民、立法机构、行政首长、法院、传媒、利益团体、及独立专家，全部都置身

27 约翰.W.金登著. 丁煌，方兴译.议程、备选方案与公共政策（第二版）[M].北京：中国人民大学出版社.2003:67.

28 尤尔根·哈贝马斯著.曹卫东译.交往行为理论[M].上海：上海人民出版社.2004:98.

29 Stephen J.Ball. Education Policy and Social Class. The selected works of Stephen Ball[M].London :New York, NY : RoutledgeFalmer, 2006:3.

30 Majone, Giandomenico. Evidence, Argument, and Persuasion in the Policy Process[M]. New Haven: Yale University Press. 1989:1.

在不断的辩论与相互游说的过程中。因此，政策研究不仅仅是"认知——工具理性"的科学探索，更应被界定为一种"实践理性"以至"沟通理性"的探索。政策研究不是追求具绝对普适性的规律，而是寻找适切于特定脉络（包括时、空及社会、文化、政治脉络）及特定议题的实际可行方案；继而探究参与政策各方所持的实际可行方案，如何通过争辩、游说、沟通而达致政策方案的共识[31]。

在这种视角下，"研究成果的政策利用"问题转变为"两类活动者之间互动的问题"。而研究者缺乏游说决策者的机会和策略成为研究发现不能被利用的主要原因之一。学者迈克·吉尼斯柏格和乔尔·格罗斯提格（Mark B.Ginsburg and Jorge M.Gorostiaga）的研究证明研究者和决策者投入到这种机制的资源越多，研究被利用的可能性就越大。他们提出了全面而具体的提升交流与对话的模型[32]。这六种提升对话的方式是：第一种是转换和协调，这种交流是基于传统的角色而言的；第二种是促进教育，针对两者同时展开跨越领域的教育；第三种是角色扩张；第四种是将研究变为取向决策的研究；第五种是合作研究；第六种是指合作不仅局限在研究范畴，还深入到实践范畴。

尽管多元的互动和游说的视角引人入胜，但是也有其局限。一般而言，研究政策制定过程有两个目标：描述和预测。描述主要是指解释政策究竟是怎样制定的，预测则着重预测未来的政策。从理论上讲，这两个目标应该是共生的，但是事实并非如此。正如人们批评垃圾箱模型一样，人们也批评对互动行为的分析中理解和解释胜过预测。互动分析认为我们需要的是一幅关于政策制定过程中二者真实互动的更准确的描绘，这在很大程度上削弱了预测的能力。它更像是一种启发式的工具，而不是指导政策分析的一种切实可行的方法。它对复杂性和偶然性实践的高度容忍使一些分析家认为，它假设了一个本质上不可能做预测的随机过程。[33]

这种理论框架对研究者的启示是：首先，把视角集中在两类人群的互动行为、场景之上。为观察者提供了富有解释力的概念指标。在考察二者互动行为时，可以从参与人员（特征、信仰、价值）、政策环境（制度）、问题、

---

31 曾荣光.理解教育政策的意义——质性取向在政策研究中的定位.北大教育评论[J].2011（1）.

32 Mark B.Ginsburg and Jorge M.Gorostiaga.（ed）. Limitations and possibilities of dialogue among researchers,policy makers and practitioners: international perspectives on the field of education[M]. New York: RoutledgeFalmer.2003:12-13.

33 保罗·A·萨巴蒂尔编.政策过程理论[M].彭宗超钟开斌等译.北京：生活.读书.新知三联书店，2004:104.

传递信息方式、时间、可行的策略六个维度来进行考察。其次，我们可以从
互动的层面来观察哪些话语在互动过程中有效，哪些是无效的陈述。研究人
员的话语在整个政策原汤中到底参与了哪些价值权力的争夺，到底为谁说
话。从话语的角度，我们能把普通场景中的互动过程往深处挖掘，从而揭示
在真实的政策制定过程中，研究者所扮演的角色，所拥有的权力，及影响的
广度和限度。最后，垃圾箱模型给予现实决策中的客观随机性和主观模糊性
特别的关注，并且把选择机会作为一个核心变量给予重点考察，为现实中研
究影响政策的机会之窗的开启提供了理论生长的空间。

（三）基于证据的政策制定理论

金登的多源流理论分析研究影响政策的偶然性和随机性，论述了机会在
研究影响政策过程中的重要性，为本书提供了基本的理论视角，然而，金登
的理论重在进行宏观整体性的理论建构，缺乏指导实证研究的分析框架与概
念体系，对于研究影响政策的动力、方向等内在机制论述不足。基于证据的
政策理论则提供了一些较具解释力的分析工具，为认识研究影响政策的路径
和相关因素提供了一个新的视野。

基于证据的政策，首先是一个行政概念，1999 年第一次出现在英国内阁
办公室（Cabinet Office）发布的《现代政府（Modernising Government）》白皮
书中，后来慢慢发展为一个学术概念。目前在英国、美国和澳大利亚都建立了
专门的基于证据的政策研究中心，政府和公益性基金会也资助了大量与基于证
据的政策相关的研究。研究的领域已经扩展到了教育、医学、城市规划等多个
领域。在基于证据的政策研究和实践领域，"证据"被定义为研究的同义词。
它的基本观点是公共政策应该建立在经过一定的质量检验和保证的研究成果
的基础上。"政府目前变的越来越渴望信息和证据。少数的决策者可能还是依
赖于人的本能、占星术或者以前的核心群体。但是大多数决策者已经认识到他
们的成功（无论是为了实现公共政策目标，还是维持公众对政策信心）更多地
建立在系统地利用现有的知识的基础上。现在，这个趋势越来越明显了。"[34]

在基于证据的政策过程里，有 4 类证据被认为对政策和项目决策具有重
要的影响，它们分别为描述性数据、分析发现、评估证据和政策分析预测[35]。

---

34 Mulgan, R. Holding power to account. Accountability in modern democracies[M]. New
York: MacMillan Palgrave. 2003：57.
35 C.H.Weiss.The ManyMeanings ofResearchUtilization[J].In M. Bulmer eds. Social
Science and SocialPolicy.Lodon: Allen&Unwin, 1986:167.

（一）描述数据。描述数据一直极大地影响了政府的政策，例如生活成本、税收收益、股票市场指数、失业率、福利支出、和贸易赤字等。近年来，更多的数据进入到政策决策者的视野。如学校的失学率、福利支出、青少年不良行为的调查等，都引起了政府部门的关注。社会发展趋势数据可以反映社会问题总的发展程度，是得到了改善还是更糟了，多样化的数据是政府运行的基础。（二）分析信息。这类证据指的是那些确定事物的相关因素的研究。研究表明特定的事件，例如犯罪或者学校操场暴力，与哪些因素有关。有些研究甚至可以找到因素和事件之间的因果关系，清楚地揭示出导致事情发生的原因。这样的研究往往可以给政策干预措施指明方向和路径。（三）评估证据。评估直接检查现有政策和项目的有效性，是支持政策制定的有力证据。其缺点是，由于政策已经在执行，对于政策的任何负面的评价可能会引起政策执行机构、立法机构、政策支持团体和受益者（无论政策执行的结果如何，受益者都得到了各方的关注）的反对。由于事实上存在着对负面评估的敌视态度，评估对于政策的影响充满了波折和坎坷。但是，对于部分喜欢利用评估数据的人来说，他们可以利用评估支持政策，并且推动下一步的变化。（四）政策分析。政策分析需要预测未来的政策走势，在综合考虑项目的优点/缺点、成本/收益的基础上，分析备选方案，选择出最好的公共政策方案。公共政策学的主要工作就是培养学生掌握一套工具和策略，去预测、计算、和发表对未来政策的判断。进行政策分析，也离不开高质量的数据。

纳特利和韦伯[36]（Nutley and Webb）在维斯工作的基础上，归纳了六种的政策和证据之间的关系模型：知识驱动的模型（从自然科学中引申出来）；问题驱动的模型（直接应用特定的研究成果解决问题）；交互模型（研究者作为政策过程的一分子，与其他成员交流合作）；政治模型（研究成为政治活动的工具）；战术模型（研究被当成了拖延的策略，避免为不好的政策结果承担责任）；启发模型（研究证据扩散开来，影响决策者和公众信念，间接地影响政策过程）。这些模型实质上并没有太大的突破，对与研究是如何影响政策的动态过程仍然缺乏解释力。杜耶尔[37]（Lisel O'Dwyer）提出了一个经过简化的基于证据的政策制定过程，尽管其线性模式招致很多批判，被指责过于简单化，然而对于我们观察研究与政策过程互动的阶段还是比较有启发。

---

36 Dacvies Webb, H.T.O, Nutley. What works?Evidence-based Policy and Paratice in the Public Service[M]. Bristol:Policy Press.2000:45.

37 Lisel A.O'Dwyer.Deborah L. Burton.Potential meets reality: GIS and public health research in Australia[J].DOI: 10.1111/j.1467-842X.1998.tb01500.x. 2008.13 MAY.

　　研究对政策的影响，事实上已与其他影响因素密不可分地结合在一起，而变成只是经验的历史图像里的一个成分；这种往往已面目模糊、难以辨识的变形，也唯有在理论的观察下才可能解析出来。上述模型有可能在满足系统整体性的前提下，将复杂的问题转化为易于处理的简单模型，有利于本书对要素进行个别和综合分析，更加明确研究与政策互动的内在理念。但是，研究影响政策的过程非常复杂，其分析模型的适用条件仍是需要考虑的。杜泽儿提出的模型仍然是基于理性决策而来的"理想类型"，在适用其基本框架的前提下，对与本书来说，还需结合我国研究影响政策的具体背景和影响因素来进行提炼。

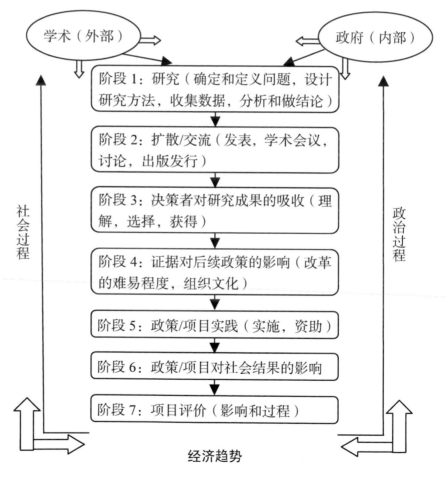

图 2-2　基于证据的政策制定过程[38]

38 Lisel A.O'Dwyer.Deborah L. Burton.Potential meets reality: GIS and public health research in Australia[J].DOI: 10.1111/j.1467-842X.1998.tb01500.x. 2008.13 MAY.

二、微观视角：政策之窗

金登多源流模型中关于"政策之窗"的观点对于本研究中政策机会概念的建构有重要的启发。关于政策机会的随机性，金登指出："在现实世界中，实际上就存在着许多复杂性和流动性，关于这个世界的模型就应当捕捉这种复杂性。概率模型之所以要比确定性模型更令人满意，其中一个原因就在于它承认那种内在的随机性。"[39] 由于他对偶然性的关注，招致对其"政策过程随机性"的批判，然而正如金登在其"论随机性与模式"中所言：尽管我们仍然会遇到很多的混乱、意外、偶然的结合以及纯粹的运气，因此就断定整个过程本质是随机的，就大错特错了。每一条溪流中的过程，三条溪流耦合的过程，以及政策制定系统自身都存在一般的约束。[40] 金登揭示了政策过程的"无序"，然而他给我们最大的启示在于建构一种"有组织的无序"（organized anarchy）。与其说他关注的是"无序"（anarchy），倒不如说他更为关注的是"有组织的"[41]。在多源流模型中，最能体现随机性的概念就是政策之窗的概念，这个概念为分析"机会"提供了非常富有解释力的视角，而对其约束条件的探索则可以帮助我们进一步识别机会和利用机会。

"政策之窗"是个隐喻，取自航天发射中窗口，形容的是稍纵即逝的机会。在政策议程中指的是政策建议的倡导者提出其最得意的解决办法的机会，或者是他们促使其特殊问题受到关注，根据给定的动议采取行动的机会[42]。

（一）政策之窗存在的空间和可预测性

如前文所述，在滚滚的政策流中往往存在一个松散的专业人员共同体，这个共同体包括研究人员、政府办事人员、规划与评估办公室和预算办公室的人员、学者、利益集团的分析人员等等。思想在这样的共同体中四处漂浮。每个人都有他们自己的想法，有他们自己对未来方向的模糊概念，和专门的政策建议。他们试图通过餐会、在报纸上发表文章、举行新闻发布会、起草草案极力要求通过立法建议来向别人兜售自己的思想。而在这个共同体中，

---

39 约翰.W.金登著.议程、备选方案与公共政策（第二版）[M] 丁煌，方兴译.北京：中国人民大学出版社.2003:282.

40 约翰.W.金登著.议程、备选方案与公共政策（第二版）[M]. 丁煌，方兴译.北京：中国人民大学出版社.2003:260.

41 同上:12.

42 同上:166.

备选方案和政策建议的产生过程类似于一种生物的自然选择过程。正如生命诞生之前分子在"原汤"中四处漂浮一样，思想也是在这些共同体中四处漂浮。"软化"需要一个很长的过程：思想漂浮、提出议案、作演讲、草拟政策建议，然后根据反应修改议案，并且再一次漂浮起来。不同的思想之间相互对抗（犹如不同的分子相互碰撞一样），并且以各种各样的方式彼此结合。这种"汤"不仅通过出现一些全新的要素而发生变化，而且更多是对以前就存在的元素进行重组而发生变化。尽管这盆政策原汤中有许多思想四处漂浮，但是只有符合某些标准的思想才会坚持下来。这些标准包括：（1）技术可行性。一项好的政策建议必须深入探究细节，逐渐消除不一致性，注意执行的可行性，以及阐明一种思想将会得以实际运用的现实机制。具有一个"可行的解决方法"的主题就是被提上议程的主题，它排挤了没有附带拟定好的可行建议但却同样有价值的主题。（2）价值可接受性。符合专业团体，政治家及公众的价值。（3）未来约束条件的预期。包括预算约束和公众接受程度。其中很重要的是预算约束。一项政策建议在沿线的某个地方必须标明有一种可以承受的成本。所以它们需要花费大量的时间对政策建议进行成本核算，把政策建议的成本减少到可以控制的程度。如果他们提不出一个在财政上可以接受的政策建议，那么这种思想就有可能会被淘汰掉。

政策之窗虽然具有很大的随机性。并非虚无缥缈，它有自己的基本特征。从**可预测性而言**：有时，政策之窗的开启完全在意料之中，有时政策之窗的开启完全在意料之外。[43]。可预测的是政策之窗是因为有周期性的事件，如按时换届、选举等。不可预测的政策之窗指的是突发事件引发的政策改革。从**时间长短而言**，它呈现并且只敞开很短暂的时间，如果参与者不能利用或者没有利用这些机会的话，那么他们就必须等待时机，等待下一次机会的降临。而从**重要性而言**，尽管政策之窗数量稀少,但是公共政策的重大变革常常是由于这些机会的出现而导致的。最后就其**属性而言**，政策之窗既有客观属性，也有主观属性。客观属性在于总有一些具体的政治事件，如政府的更替，行政领导的更替，一次重建或某个部门的紧急事件。主观属性在于它也同时存在于参与者的知觉之中，他们可以觉察它存在或者不存在，他们会对这扇政策之窗在未来出现的可能性做出评估，并且有时会做出错误的评估或者产生错觉。

---

43 约翰.W.金登著.议程、备选方案与公共政策（第二版）[M]. 丁煌，方兴译.北京：中国人民大学出版社.2003:209.

（二）政策之窗开启与关闭的原因

政策之窗开启的原因。从根本上看，一项政策之窗之所以敞开，其原因在于**政治溪流**的变化，行政当局的变更可能是政策溪流中最明显的政策之窗。例如中国传统所言，新官上任三把火。一届新的行政当局来到镇上，他们会问：我们首先应该做些什么，这届新的行政当局就为某些群体、议员以及机构提供了一扇敞开的政策之窗。任何政治角色的调整也同样是如此，所有的政治事件----行政当局的变更，国会席位的重新分布以及国民情绪的变化——都没有详细阐明应当怎么办。它们都只不过确定了一些还需要具体的政策建议予以充实的一般主题。一些更详细的政策建议的倡导者就利用这些一般事件和主题宣扬他们自己的观点。换言之，这些政治事件和主题为这些倡议者打开了一扇政策之窗。**而政策之窗关闭的原因是**：第一，参与者可能觉得他们已经通过决策或者立法把问题处理了。即使他们还没有把问题处理，业已采取了某种行动使人们暂时不再讨论那个问题。第二，与此密切相关的是，参与者可能没有争取到行动。如果他们没有争取到行动的话，他们就不愿意投入更多的时间、精力、政治资本或者其他资源。第三，促使政策之窗打开的事件可能会从舞台上消失。一次危机或者一次焦点事件，他们本质上都是短暂的。或者说导致政策之窗打开的资源可能不会长时间持续地增加。一旦一个决策者做出任何决策，他就开始使一部分人失望而使另一部分人满意，最初的热切会瞬间消失。第四，如果人事的变动打开了一扇政策之窗的话，那么人事就可能再度发生变化。位居要职的人们来去匆匆，因他们的出现而带来的机会也同样如此。第五，如果没有可行的备选方案，政策之窗也会关闭。在政策之窗打开很久以前就需要软化政策制定系统，需要把某一给定的政策建议拟定、讨论、修改好，并且使其行得通。如果没有可行的备选方案，机会就会失去。

（三）政策之窗的利用：时间、人和策略

政策之窗敞开的**时间**短暂，这就需要"趁热打铁"。安东尼.唐斯的**问题注意周期**（issue-attention cycle）理论要求机会降临的时候迅速采取行动。他认为，强烈的行动愿望往往会被一种对行动之金钱成本和社会成本的认识所消解。

抓住政策之窗不仅需要及时，更需要**政策企业家**这类抓住机会的人。这一批人愿意投入自己的时间、精力、声誉以及金钱——来促进某一主张以换取

物质利益、达到目的或实现团结的预期未来收益。当对案例研究进行考察的时候，人们几乎总是可以指出一个特定的人或者最多指出几个这样的人，他们是使主题进入议程和进入通过状态的核心人物。这些**政策企业家一般具有以下三种素质**：第一，这个人具有某种听证权。这种权利来自于三种因素的一种：专长；代表他人发言的能力，例如，一个强大的利益集团的领袖就是这样；一个权威性的决策职位。第二，这个人因为他的政治关系或者谈判技能而闻名。第三，也可能是最重要的品质，及成功的政策企业家具有坚忍不拔的意志。在成功的企业家中间，多数人都会花费大量的时间来作报告、撰写阐明自己对某一问题立场的论文，给重要人士写信、起草议案、面对国会委员会和行政部门委员作证以及参加工作午餐会，所有这一切活动都是为了以任何可能有助于促进事业发展的方式并且在任何可能有助于事业发展的场所竭力宣传他们的思想。"一个强有力的参议员是一个在场的参议员，而一个强有力的办事人员则是一个能够把他的参议员拉到会上的办事人员。毅力意味着一个人愿意投入大量的有时甚至是惊人的个人资源。但是金登也指出我们不应该把这些政策企业家描绘得聪明过人。他们可能的确聪明非凡——他们具有敏锐的触觉，能够极为准确地觉察政策之窗，并且可以在恰当的时机采取行动。但是，他们可能并不那么聪明。他们总是力图通过自己的政策建议；早在政策之窗打开之前，他们就一而再，再而三地尝试对溪流的链接；他们纯粹靠运气，碰巧在政策之窗打开之际出现在场。持有思想，希望射击。

利用政策之窗的行动策略。政策企业家的作用不仅仅在于推出、推出、再推出他们的政策建议或他们对问题的认识，他们还暗暗地等待——等待一扇政策之窗的打开。政策企业家必须在政策之窗打开之前形成他们的思想、专长和政策建议。政策企业家对于溪流结合所具有的特殊作用突出了两种不同的活动。它不仅涉及倡议活动，而且也涉及了经纪活动。尽管政策企业家可以提倡他们的政策建议，但是他们还可以扮演经纪人的角色，在人们之间进行协商和进行一些至关重要的联络活动。结果已在证明，变异没有重组重要，发明家没有企业家重要。

（四）政策之窗的约束条件

每条溪流中的约束条件。第一，问题溪流：并不是每个问题都具有同等的浮现机会。**指标，焦点事件和反馈**是三个重要的因素。第二，政策溪流：政策的起源可能有点而模糊，难以预测并且难以理解或者难以建构。然而政策选择却并非如此。通过给幸存者施加一些选择某些思想而舍弃另一些思想的标准，我们就可以在混沌中建立秩序，在任意中建立模式。这些标准包括技术可行性，符合共同体成员的价值观以及对未来约束条件的预期。**第三，**政治溪流：参与群体所拥有的资源。包括1、结合的约束条件。有些结合比其他结合更有可能发生。这些因素包括时间安排、关系密切程度、以及政策企业家的地位。2、政策制定系统的约束条件。包括（1）政策决策者的政治偏好。（2）预算的约束。（3）程序规则，包括宪法、法规、权限规定、先例、习惯的决策模式以及其他法律规定。（4）政策之窗的稀缺性也会约束参与者。

金登对政策之窗的描述，不仅为本书分析研究影响政策途径中的机会机制提供了分析视角，也提供了理论生长的空间。这种生长空间体现在第一，金登所提到的一些要素，例如政治溪流中的行政当局更替是最明显的政策之窗，在中国的政治情境中有待修正。由于政治体制不同，政治之窗研究利用中的空间、地位、约束以及研究者利用的策略都会有差异，在金登划分的范畴内，本书将进一步探讨这种差异。第二，虽然金登提出了政策之窗的抽象过程，但是并没有对具体的政策之窗开启的具体过程进行详细的描述。忽视了环境的重要性以及这个过程发展的阶段性，没有明确提出关键节点、与环境之间的交互机制以及利用机会的人对资源的摄取机制。在这方面，至少还有以下几个问题值得进一步追问：首先，如果将机会从一个结果的视角转向一个过程视角，我们如何判断依据政策制定的阶段，来分析每一次研究利用机会的节点和特征。其次，机会深植于特定的环境之中，其实现过程是与环境浑然一体、不可分割，我们需要追问研究利用过程中的主体与环境之间的具体的交互机制是什么，这个机制在如何发生作用。第三，即便机会真实存在，也只有具备相关能力，拥有特定的资源获取路径，才能识别机会并抓住机会。在这个过程中，机会的摄取机制是什么？什么样的人更容易掌握机会。需要作出何种努力来实现这个机会？所有这些问题都需要在研究利用的理论层面作进一步的探讨。

第三节　研究方法

案例分析是本书实证研究的重要方法。由于一个案例就是对一个政策问题的再现和描述，就是对一个政策运作过程及其复杂情景的刻画和分析，本书采用的是一整套多案例、嵌入式的案例研究方法[44]。指导本书指导案例选择的标准有四个。第一，"产出明晰性"。即选择那些影响政策的结果清晰可见的研究案例。这种比较极端的标准，目的恰恰在于为后续的影响分析划定清晰的界限，在论证逻辑的源头勾画出泾渭分明的研究领域，摒弃源头一切含混模糊的存在。暗含的思路是把"利用"转变为可以观察和实证的事件。从实证角度来看，如果我们能在政策的输入端（研究议程的开启）看到密切相关的研究，在政策的输出端（政策文本）看到研究文本的转换，那么我们就可以依据系统理论，选择适切的案例，来探讨中间的过程。"利用""影响"这些难以衡量的概念，转换为了易于观察的事件，有利于进行实证的分析。

第二，"可行性"。案例所涉及的过程有进入的渠道。关键人物必须要可以访谈，且核心的绝密档案要有获取的渠道。第三，"代表性"。所选择的案例必须是在同一层次的国家级政策，具有较高社会知名度的研究和政策。第四，"差异性"，三个案例在影响政策的路径上，既有共同点，也有很大的差异。案例的主要差异和对比如表3：

表2-1 研究影响政策过程主要案例事实的对比

		教育经费占GDP4%	高校内涵式发展	退役军人教育资助
研究影响政策的方向		从上至下	从下至上	上下互动
研究发挥作用的方式		工具式 决策方提出问题，研究方为实践解疑，提供答案	启蒙式 研究方提出问题，提出解决方法，输送整体概念	工具式和启蒙式 针对旧问题，提出新方案，启发式转变整体思路，同时提出解决问题的方案
研究生产	研究内容	定量研究 实践研究	定量研究 实践研究	定性研究 实践研究
	研究理由	解决特定问题	提供背景信息，帮助定义问题	一方面帮助定义问题，另一方面直接解决问题

---

44 个案研究主要有四种研究类型，第一个维度包括单一案例（single-case）和多重案例（multiple-case）研究；第二个维度基于所涉及的分析单位分类，区分为整体设计和嵌入设计（holistic and embedded design），整体设计涉及单个分析单元，嵌入设计涉及多个分析单元。然后两两对应形成一个2×2的矩阵（Yin,1994）。

	目标导向	政策导向清晰，研究目标中包含政策目标	研究成果在学术层面沟通。不直接与政策对接，研究目标中不包含政策目标。	最初，研究目标不包含政策目标，后续研究中开始以政策目标为主要目标。
	资金来源	国家规划课题	研究组织在其他课题收集信息资源上自发研究，借鸡生蛋。	研究个体自筹，到研究组织自筹，实行事前研究，事后奖励原则。
研究传播	渠道	制度化渠道：项目成果；人大提案；内参；	非制度化渠道，主要是学术成果扩散；	制度化与非制度化双管齐下，用非正式渠道建构了正式渠道
	传播者	既有学术资本，又有政治资本的研究者	双资本的研究者和具有政策企业家身份的国家教育发展研究中心	多元的传播，包括决策群体的工作人员；媒体；研究协会
	时间和障碍	时间长，障碍大	时间短，障碍小	时间短，障碍小
研究应用（采纳）	影响范围、强度	范围广、强度大、然而被接纳的时间长	范围小、强度小，被接纳的时间短	范围小、强度大，被接纳的时间相当快
	采纳结果（部分还是整体采纳）	大部分采用，约有修改，但是相应政策项目没有成功实施。	整体采用，但决策者对概念"内涵"进行了拓展，不仅包括数量，还包括质量。	大部分参用，启蒙式影响重大，改变了中国整体退役军人安置改革思路。
研究影响的政策领域		价值共识低，不确定性低	价值共识高，不确定性高	价值共识低不确定性高
研究影响政策的关键点		与联合国数据的比较和规律的总结为研究转化政策奠定了基础	国家教育发展研究中心成员同时包括纲要制定人员，通过会议接受，了解并接纳了研究成果	媒体的报导和内参、财政部的介入都托举研究浮出水面
研究影响的历史路径		点式参政	线式参政	面式参政

人是案例的主体，在论述案例的过程，本书追求的是清晰地呈现情境中活动的人，他们是案例的灵魂，应该允许他们用自己的语气讲述他们的故事。所以案例自身的逻辑主要通过被访的重要参与者来表述，而不是通过作者的逻辑来表述。访谈资料被紧密得镶嵌于案例之中。理论归纳竭力在自然流动

的案例之后的进行。事实上采纳的是一种"扎根理论"的分析方式，遵循了一种"从资料中发现问题"，也即从实证到理论的原则。

本书主要使用了三种资料搜集的方法：文献法、访谈法、观察法。之所以选择这三种方法，主要是考虑研究方法和研究对象的适应性。2009年10-12月，研究者参与了大连市教委"2010-2020教育中长期规划"，在该项目中申请到"规划研究员"的职位，以自己的研究特长来参与规划研究。这个职位赋予了研究者参与观察研究者与政策制定者整个互动过程的合法地位。研究者一方面作为研究团队的一分子，负责学前教育的规划内容，要思考决策者的需求、根据他们的建议修改和完善研究结论，直面与决策者沟通的各种环节，最关键的是需要实地的解决沟通障碍，促使自己的研究成果被理解和采纳。另一方面作为一个观察者，研究者需要参与研究者的调研启动和方案讨论会议，参与大连市教委的规划工作会议和调研中的地方教委的工作会议，一共12次会议观察，场场会议都要录音和分析。整个过程中，研究者即要反思研究者自己，又要观察整个研究团体和政策制定团体，身份双重交织，虽然压力很大，但是通过细致观察，收获了十几万字关于互动场景一手的资料。这种参与式观察不仅帮助研究者了解真实情境中两个群体互动的特征，还有助于研究者设计深度访谈的资料。真实、动态情境中的观察是进行案例分析之前宝贵的体验，没有它们，作为一个远离决策的研究者，很难有研究的切肤之感，更难以对已成为历史的案例中互动的场景有切入的视角。

同时，要抓住案例中真实的互动路径，必须对亲身参与其中的研究人员尤其是决策人员进行深入访谈。在文献阅读和观察的基础上，本书将参与研究和政策互动的相关人员分为三类：政策制定者（国家层面政策的制定者），研究者（影响相关政策的研究者）和起沟通作用及桥梁作用的政策企业家。对于访谈对象的挑选，遵从两条原则，第一是确立和研究问题相关的关键职位。二是利用滚雪球的方式扩大抽样调查的样本。标准是：能够提供关键信息和内部观点的人。访谈的质量并不取决于数量，关键在于样本的代表性，本书对三个案例涉及到的关键的研究者和决策者都竭力进行了访谈。访谈到下列人物过程相当艰难，其具体过程对于教育政策研究者而言具有一定的启示作用，在本书后续的研究反思部分将详细探讨。

本书中描述资料和分析资料的方法采用的"过程——事件分析"的研究策略和案例研究方法。之所以选择过程——事件的视角，是因为"养兵千日，用兵一时"，观看如何用兵，必须是在打战的场景之中，而不是养兵的时刻。同样，观察政策是如何利用研究成果的，必须要放在具体的事件之中，在本书即具体的教育政策之中。因此，在分析资料时，本书三个说明历史背景的镶嵌案例的选择都是从当时某个具体的教育政策"用兵"的过程视角出发来进行探讨。在对三个案例进行分析时，也是将其视作单独的事件性过程来描述和理解，强调一种动态叙事的描述风格。

第四节　分析框架

本书将多源流模型和基于证据的政策过程模型结合起来，从"机会"和"阶段"两个视角来分析研究影响政策的路径和机制。文章中将研究与政策的互动划分为三个阶段。

第一个阶段是政策原汤阶段。在这一阶段，政策原汤中漂浮着各种价值和建议，有专业的研究方案，也有参与者过往的经验，先入之见、利益格局等。方案与方案之间，方案与经验和偏见彼此之间冲撞，竞争。最后符合标准的方案，在政治流和问题流的挟卷下，抓住合适的机会进入备选方案阶段。

在第二阶段备选方案内，存活下来的都是政策流筛选的精品，在这一阶段，这些方案如果要继续存活下去，进入下一轮，取决于政治流和问题流契合的力度，尤其取决于这些方案自身实现政策共识的能力。在这个阶段，研究可以被当成解决方案，也可以当成某些决策者的弹药和仪式，无论其发挥什么作用，它必定具备达成共识或者符合共识的功能才能存活，进入决策议程。

在第三个阶段决策议程阶段，研究结果实际上已经完成了自己的大部分使命，它出现在决策者的视域并引起他们的关注。然而决策者是否颁布、签署、或者批示有利于研究结果的政策即取决于决策者个体，也取决于整体的环境。研究影响政策的整个过程实际上是由研究方案的浮现过程，达致共识的过程以及进入决策议程的三个过程组成，这些过程并不必然的遵循先后秩序，关键在于它们始终存在于整个流程之中。机会在这三个过程中发挥着重要的作用。机会是政策之窗开启的必要非充分的条件，作为一个独立的介入变量，它有深入分析的价值。具体分析框架如下：

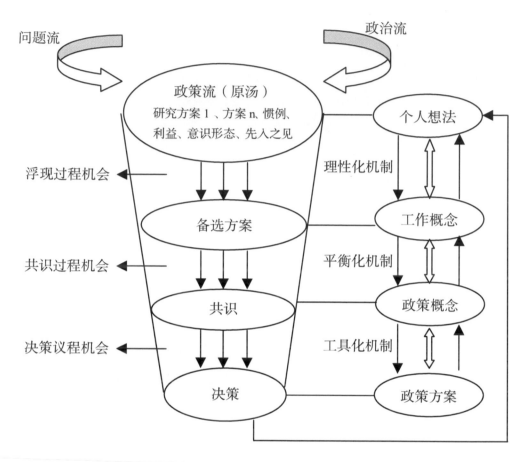

图 2-3　研究影响政策过程框架

本书采用先介绍背景，继而引入三个案例分析，最后得出结论的论证思路。在引文详细介绍了研究问题及其研究价值，对全文的研究论证框架和使用的研究方法也进行了详细说明。

第 1 章在文献述评的基础上对当下关注中国教育研究政策影响的情况进行了三个维度的介绍。提出大部分学者对研究的政策价值都持肯定态度。认为研究能够发挥政策价值是一个值得努力的目标。在明晰价值取向之后，本书对研究影响教育政策的理由、考察的范围和衡量影响的方式进行了较为详细的说明。继而对本土的实证研究成果进行了考察，提出研究利用的实证研究很少，尤其缺乏能够结合中国现实进行理论创新、以一个清晰的理论框架描述与解释研究人员在公共决策中的政策行为的研究。尽管与西方相比，我国的研究利用的实证研究起步较晚，但是也有一些独特的后发优势。

　　第 2 章对全文的论证思路、分析框架、核心概念、理论基础进行了详细的探讨。在宏观层面，采纳了基于理性决策和垃圾箱决策的理论视角，探讨了研究介入政策不同阶段的理论基础。在微观层面，详细介绍了金登对政策之窗的描述。政策之窗理论不仅为本书分析研究影响政策途径中的机会机制提供了分析视角，也提供了理论生长的空间。这种生长空间体现在第一，金登所提到的一些要素，在中国的政治情境中有待修正。第二，虽然金登提出了政策之窗的抽象过程，但是并没有对具体的政策之窗开启的具体过程进行详细的描述。忽视了环境的重要性以及这个过程发展的阶段性，没有明确提出关键节点、与环境之间的交互机制以及利用机会的人对资源的摄取机制。第三，即便机会真实存在，也只有具备相关能力，拥有特定的资源获取路径，才能识别机会并抓住机会。在这个过程中，还需要继续探讨机会的摄取机制，在研究利用的理论层面作进一步的探讨。

　　第 3 章采用纵深历史变迁和政治结构约束的分析角度对中国近 30 年的教育研究利用历史变迁进行分析。事实上，只有找出当时政治生活路径依赖和制度变迁的特殊性，并通过放大历史视界，才能来找出影响事件进程的结构因果关系和历史性因果关系。[45]如果不通过放大历史视界的方式去追寻历史的进程，我们在分析当前事件的原因是就很可能被当前的似是而非的因果关系所迷惑而找不到事件生发的真正根源，就不可能看到某种制度模式形成过程及其影响政策的具体展开过程[46]。本文在制度分析之后，将 30 余年的教育研究与教育政策的互动历程分为散点式链接、直线式链接和平台式链接。三者之间是一种发展的关系，而不是一种淘汰递进的关系。

　　第 4 章通过对"教育经费在国民收入中的合理比例研究"（简称"4%"研究）这一具体案例，来揭示从教育研究到教育政策之间的漫长而复杂的过程。文中对"4%政策"出台的过程细节进行了详细的描述，勾勒出其影响政策的至上而下的路径。4%政策虽然是 93 年出台，然而整个研究过程和与政策互动过程在 1989 年前都已完成，由于政治事件而推后。它非常丰富得体现了 80 年代末期我国教育研究影响政策的散点式参政的特征。即随机的，偶然性的，针对个人或个别项目研究成果的利用。

45 汪大海等. 新中国慈善事业的制度结构与路径依赖——基于历史制度主义的分析范式. 中国行政管理[J].2010（5）

46 何俊志.结构、历史与行为[M].上海：复旦大学出版社.2004.

第 5 章选择高等学校内涵式发展为研究案例，这一案例具有以下几个特征。第一、研究完全是研究者自主发动的行为，没有政策或政府部门委托、没有课题也没有专项资助。第二、研究成果跃入政策制定者的视野，是一种自下而上的影响路径。第三、内涵式发展案例在研究利用的模式上，不同于4%研究，前者所解决的问题是清晰的，决策者和政策都清楚且都迫切需要解决的，因此提供答案是研究最大的贡献。而在内涵式案例中，问题是不清晰的，界定中国的高校存在规模效益的问题本身就是研究的重大贡献，研究不但要发现问题，还要提出解决问题的方案，这就意味者研究需要同时发挥启蒙功能和工具性利用功能。

第 6 章最大的特色在于选择了两个彼此竞争的研究案例来对研究利用过程进行分析。这种对比的思路源于对机会的抽象，要回答一个根本的问题是：机会在研究发挥政策影响中到底起到了什么作用？两个研究质量不相上下的研究方案为什么一个最后发挥了政策影响，而另一个没有？为何看似更具优势的研究方案最终败北，而人力、物力、财力都相对弱小的方案却异军突起，成为最后的赢家？因此本章选择了退役军人教育资助案例和作为竞争方案的退役士兵安置改革研究方案为研究考察对象。退役军人教育资助案例具有资料的宝贵性、发生进程的可追踪性以及对高等教育政策影响的深远性，是非常具有研究价值的案例。

第 7 章在前三章的案例描述基础上，对研究影响政策的路径、机制和机会进行了理论的抽象。本书抽象的思路，不是要把三条不同的路径抽象为一条路径。也不是归纳出几种影响模式，这样的归纳难以穷尽，并不具有理论启发的意义。通过前面三个路径各异的案例，我们可以清楚地看到尽管研究影响政策的路径千差万别，不能也不可以简约为一条固定的路径，却并不意味着我们应该放弃寻找路径之所以千差万别的原因，也不意味着不同的路径之间没有相同的路标、障碍和捷径。毕竟殊途同归，所有路径的起源不同、过程不同，然而终点都是一个地方，政策。因此，在路径的抽象分析中，本书所关注的是研究与政策结合的重要交叉口和坐标而不是单独的起源或路径本身，更为关注的是一种可以使思想的马车加速或减速的动力，以及路径下面深深奠基的机制之石。在探讨路径的坐标、动力和机制的同时，研究者还会关注研究的卷入在引导众多信息之路汇合在同一个终点——政策共识中的作用。而在这整个过程之中，无处不在的机会也时刻提醒着研究者对它的关注和抽象。因此本章抽象的内容主要是三点：路径、机制和机会。

第 8 章对全文的研究结论、研究贡献和不足进行了简要论述。指出在研究利用过程中存在四个核心要素，包括行动者、信息流动、互动和机会。这些因素影响着整个决策的信息流。本研究理论的抽象出三条路径，三种机制及政策机会，对本土案例研究进行一定突破性探究。但在案例选择方面明显局限和单一，对因素概括仍过于笼统，未来需要进一步细化研究。

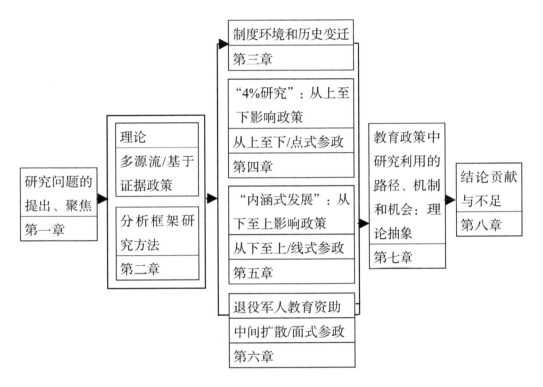

图 2-4　分析框架与论证思路的关系

第三章　教育研究利用的制度环境和历史演进

　　研究影响政策不是发生在真空之中。即使是在理想的条件下，在公共政策形成的过程中，研究对政策的影响也是一系列复杂、偶然的因素共同作用的结果。要理解这种复杂性，不仅需要在整体结构上进行剖析，同时也要从历史角度来挖掘当时的背景。在结构角度上，一方面我们应该认识到政治制度对于公共政策和政治后果的重要作用，另一方面也应重视变量之间的排列方式；在历史角度中，我们需要通过追寻事件发生的历史轨迹来找出过去对现在的重要影响，找出政治生活路径依赖和制度变迁的特殊性，并通过放大历史视界来找出影响事件进程的结构因果关系和历史性因果关系。如果不通过放大历史视界的方式去追寻历史的进程，我们在分析当前事件的原因是就很可能被当前似是而非的因果关系所迷惑而找不到事件生发的真正根源，就不可能看到某种制度模式形成过程及其影响政策的具体展开过程[1]。此外，提高长时段追寻历史进程的方式，才能在研究中找出原因与结果之间的确切关系。才能确切分析那些缓慢的社会进程。因此本章将在下面两节分别探讨教育研究利用的制度环境和历史演进问题。

1　何俊志.结构、历史与行为[M].上海：复旦大学出版社.2004：260.

第一节　政治风格、行政风格与研究利用

任何社会经济利益或理念主张，不管如何强势，要转化为政策，都必须经由政治制度的中介，政治制度塑造政府官僚、立法部门、司法机关、利益团体和选民等各个相关行动者的关系，使某些行动者和利益群体，有较好的渠道接近政策过程，影响政策决定。参与政策过程行动者的权利关系和互动模式受制于镶嵌在政治组织结构的正式与非正式程序、管理、规范与习俗。斯文·斯坦默（Sven Steinmo）提出[2]，政治制度的作用不仅仅体现在改变参与者之间相对权力的分布、决策过程中的制度结构，还深深地影响着利益集团、政治家和官僚建立政策偏好的方式。制度不但提供个人解释自我利益的背景，而且还由此界定了他们的政策偏好。总而言之，制度对政治生活的塑造作用主要体现在三个方面，一是制度决定着谁能够采用某种政治活动的场所。二是制度塑造着各个政治行动者的政治策略，三是制度影响着行动者的目标确立和偏好形成[3]。

各国政策取向的社会科学知识生产和组织体系实际上呈现了迥然不同的"面貌"。有的国家是统合式，几乎所有的政策分析力量都置于行政机构内部；相反，也而一些国家是外包式，倾向于通过合同委托专家进行研究。有些政治体制中，中央政府在要求开展政策研究方面独占鳌头，几乎居于垄断地位；在另外一些体制中，地方政府，不同的利益集团或议会通过各自的研究机构发挥重要的分析职能。各国之间，政策取向的研究工作的能见度相差很大，有些情况下知识服务于公众辩论的需要，另外一些情况下研究是秘密进行的，完全供行政机关内部使用，有学者将国家不同的历史和政治制度特色称之为"政策风格"[4]或者"政治——行政文化"[5]。"政策风格"用来表示政治领域历史上形成的相当稳定的标准程序；后者用来表示以制度上的安排和政治行为传统为依据的行政机构。具体如图

2　Steinmo, S., etc. Structuring politics: Historical Institutionalism in Comparative Analysis [M]. Cambridge: Cambridge University Press, 1992:2.

3　何俊志.结构、历史与行为[M].上海：复旦大学出版社.2004:178.

4　Jeremy J·, Richardon, Gustafsson and Grant Jordan .The Concept of Policy Style[J]. Policy styles in Western Europe, London, Allen and Uniwin,1982:45.

5　WernerJann. Staatliche Programmeund 'Verwaltungskultur.'[J], Opladen, Westdeutscher Verlag,1983:176.

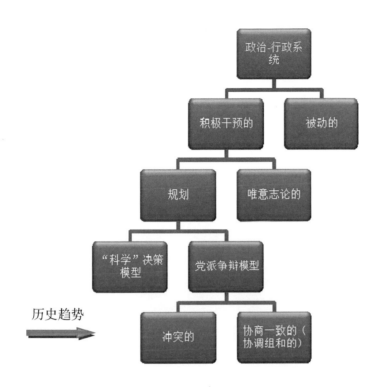

图 3-1 "政策风格"对社会科学咨询的需求和取向的影响[6]

　　被动性意味着国家的政治-行政系统对社会科学咨询的需求较低，"得过且过"的政治特征基本上限制住了对中长期预测的需求，也限制了政策实施后的评估工作。另一方面，对社会问题采取积极主动干预的方式，乃是出现研究需求的必要前提条件。然而光有这个条件还是不够的，因为这种积极性可能限于唯意志的政策模型，在此情况下政治行为者凭一般信念或他们对权力结构形成的观点做出决策，决策者仅同有关的社会行为者商量，而并不要求从社会科学对政策领域有争论问题的分析寻求支持。对于社会科学研究成果发挥的作用也有两种模型。一种是"科学"决策模型，如法国。它的公共行政植根于依靠技术专家的干预传统，具有把"客观的"科学知识作为合理的决策的决定性组成部分的倾向，并且按照专家治国的模式行事；另一种是党派争辩模型。如美国，所有的社会行为者都把政策研究成果当作政治斗争中加强自己地位的依据，并不认为对政策问题可以找到科学上"正确"的解决方法。

6　彼得.瓦格纳，赫尔墨特.沃尔曼.从事政策研究和咨询的社会科学家：几个方面的跨国比较.中国社会科学杂志社编,社会科学与公共政策[M].北京：社会科学文献出版社.1999:240.

然而；在政治的"社会科学化"过程中，人们正在从合理化模式向党派争辩的方向转移。60 年代兴起的理性主义革命中制定政策者和社会科学家全都认为决策可以更为合理和科学，然而，即使在"科学的"决策中，总会有潜在的失算者，随着这些集团认识到各种政策是怎样被论证为合理的，他们自己也学会了运用社会科学研究成果来为自己辩护，并设法炮制科学的"相反论据"，同官方政策主张唱对台戏。仅就党派争论的模式而论，也得进一步区分几种情况。像瑞典那样的国家，政策风格的特点是力求各方协商取得一致，这种一致又得到以调节各方利害为己任的机构的支持，社会科学知识原本可以用来支持不同参加者的地位，但是这样做要受到约束，即不得妨碍通过协商取得一致解决方案。而在美国，协调各方利益的机构力量较弱，对立冲突的风格就完全地决定了政策研究如何进行[7]。

从**政策风格**的维度，中国有三个特征。第一， 1978 年改革开放以来，改革是中国政治经济体制的主题。中国的政治一直是奉行积极干预，提高人民生活水平准则。改革为社会科学研究的应用创造了很大的需求空间。这种需求关键的原因在于，中国面临的历史任务发生了深刻的变化。如果说毛泽东时代首先要解决的是自立问题的话，那么改革开放要解决的问题是如何使中国自强，发展现代经济涉及广泛的领域，其复杂性超越了任何个人的能力，这就要求对决策辅助机制加以改造。过去那种依靠个别智囊的体制已经很难适应现代决策需要，必须用决策咨询群体来取代。正是在这个时代背景下，中国在改革开放初期就提出了决策科学化的口号，并且着手建立和健全思想库体系。

第二，中长期规划，五年规划是主题。维意志形态已经从根源上改变。政治发展规划主要是指"在一个特定时期和一个特定国度，执掌国家政权的政治领袖或统治集团积极主动地把握政治发展的规律，适应时代发展的潮流，以其独特的慧眼和高超的政治智慧，对其国家的政治发展进程和步骤做出部署，提出政治发展的总体目标和分步目标，并通过具体的工作举措，推进实现既定目标的进程"[8]。在中国，规划是国家经济社会发展的宏伟蓝图和行动纲领，是宏观调控的重要手段，是集中力量办大事的有效途径，是政府履行社会管理、公共服务职责的重要依据。从"一五计划"到"五五计划"，我国

7　Aaron Wildavsky. Doing more and using less[M]. In Dierkes er al.op.cit.1986:221.
8　桑玉成.政治发展的规划与预期[J].探索与争鸣.2008（10）.

虽然称之为国民经济发展计划，但计划中也包括科教文卫等一些社会发展的内容。从"六五计划"开始，我国改称为"国民经济和社会发展"计划。"十一五"改"计划"为"规划"，突出了市场配置的基础性。从"九五计划"（1996-2000年）开始，民主和法制建设作为促进社会全面进步的重要内容被列入发展计划。国民经济和社会发展计划或规划，愈来愈成为以国民经济和社会发展为主体，包括政治发展和文化建设等在内的多位一体的科学发展规划[9]。总而言之，改革开放以来，我国的规划体制不断完善，规划内容不断丰富。规划从形式到内容，从编制到实施，都形成了鲜明的中国特色。新中国成立以来，我国先后制定并实施的 11 个五年计划对于实现国家战略目标、弥补市场失灵、有效配置公共资源、促进共同富裕等，意义重大，不可取代。

第三，虽然处于追求'科学'决策模型的阶段，但同时也随着权威碎片化，而出现了党派争辩模型，研究成果最大的作用就在于达成共识。衡量一个国家中央权威的能力很重要的指标即其取得和实施政策共识的能力。一般认为有三种方法可以促使信息流动达致政策共识：命令模式、讨价还价模式、竞争性劝说模式。命令模式是指在中央权威的命令下，即能达成共识，在这种情况下，中央权威最高，属于中央集权式、科层式体系。讨价还价模式是指通过利益的交换，实现共赢而达成共识。而竞争性劝说则是指每个利益群体都拥有自己的话语，寻找有利于自己的证据，通过说服不同政见者而达成共识。它和讨价还价比较类似，都属于权威分布较分散情况的选择，然而它的不同在于拥有绝对"证据"的一方可以在不作出任何利益让步的情况达成共识。通过对中国官僚政治体系中信息流动的方向和政策合作的方式的观察，哈尔平（Nina.p.Halpern）认为 20 世纪末，中国的政体逐渐从中央集权式、科层式的体系，向碎片化的权威体系过渡[10]。在竞争争辩的共识达成过程中，研究机构发挥着重要的作用。由于在向国家争取资源的说服过程中，每个部门都试图将自己部门的利益分配内涵等政治问题表述得更客观，更技术化，因此每个部门都会通过调查研究来论证本部门方案的合理性，增强方案的说服能力，尽可能提高本部门在政策决策和执行中的地位和排名，使部门在出台的政策中获得更大的发言权。而独立的研究机构是一种跨部门的机构，它

9　陈红太.政治发展也要"五年规划"[J].人民论坛.2010（3）.

10　HALPERN, N.P. Policy Communities in a Leninist State: The Case of the Chinese Economic Policy Community and Governance[M], 1989: 23-41.

能够通过调查、会议征求各部门意见，最后提供关于政策问题的整合意见。通过把承担不同职责的机构，以及体制外的专家集合起来讨论某个政策问题和解决方案，研究机构创造了一种具有政策外部性和经过各部门权衡的新信息，从而通过讨论达到共识。并且研究机构不会从短期某个具体部门的利益出发，或者仅仅为了部门的五年规划来运行。而是从全局、长远的利益出发，发展一种长期的视角。最后，研究机构可以作为国家一种专家分析和提供建议的常规资源来提供服务，这就为决策的稳定与科学化发展提供了坚实的基础。

事实上，不同的**行政风格**也决定了社会科学咨询工作的不同地位。如果我们把行政风格大体区分为"开放型"和"自给自足型"，那么从左至右阅读图2，可以看出科学家的独立自主程度趋于下降，行政部门的开放程度也同样趋于下

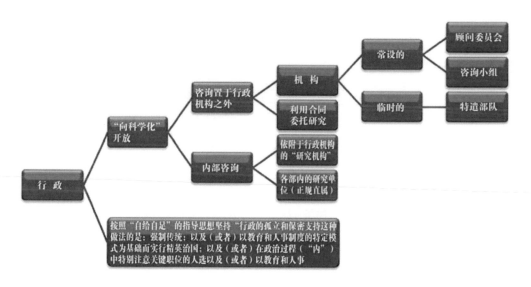

图3-2　作为组织社会科学咨询工作中一个决定因子的"行政风格"[11]

古代中国的经济和政治发展处于世界领先地位。早在公元前 16 世纪，商朝的统治者通过向幕僚咨询，与大臣讨论，由帝王决定的决策过程，可以被看作是近代决策的雏形。到了公元前 7 世纪的东周战国时代，上述中国决策

11 彼得.瓦格纳，赫尔墨特.沃尔曼.从事政策研究和咨询的社会科学家：几个方面的跨国比较.中国社会科学杂志社编，社会科学与公共政策[M].北京：社会科学文献出版社.1999:242.

系统就发展得比较完备了，这种决策体制有如下几个特点：（1）这种决策不再是由某个人冥思苦想或灵机一动而做出的，而是以君王为主召集文臣武将、谋士高参集思广益得出的最佳选择。（2）这种决策不再像原始决策那样乞求神灵，拈香卜卦，而是主要依靠参与者的知识。（3）这种决策主要取决于君王的意志，基本上是一言堂，其他人处于从属地位，其作用发挥的程度，主要不取决于其知识的渊博与否，而取决于君王的知识水平和开明程度[12]。

　　新中国建国后，中国政策决策的正式制度安排的官方定义是"民主集中制"。这一被写人《中华人民共和国宪法》与《中国共产党党章》的组织原则是中国共产党领导下的政府组织一贯坚持的。"民主集中制"简单地讲是列宁所说的"自由讨论、统一行动"。中国对此组织原则的具体化就是"集体领导、民主集中、个别酝酿、会议决定'这一原则贯彻到中国的政策决策过程中，就表现为三个特点：（1）在政策问题的讨论阶段，各政策参与者都可以发表建议。（2）在最终决策时，实行少数服从多数，并且权力向上级集中，实行下级服从上级。（3）一旦政策通过决策，各级组织严格遵守个人服从组织，少数服从多数，下级服从上级，地方服从中央的纪律[13]。在民主集中制下，专家的建言献策有了政治体制的保障。

　　中国的行政风格向"科学化"开放也有一个历史的过程。新中国最早出现的思想库可能是1980年形成的"中国农村发展问题研究组"，它的成员是一批高干子弟和知识分子子弟。在中央书记处研究室和社科院的支持下，该组成员四处调研，并把报告直接送到中央领导人办公桌上，为1981年中央农村工作会议准备了第一手调查数据。之后，他们又参与了中央关于农村的几个"一号文件"的制定。后来，发展组成员分别进入中国经济体制改革研究所（简称体改所）等研究机构。随着改革向城市和工业方向推进，体改所的作用日益凸显，成为八十年代中国最有影响的思想库。这种状况一直持续到1989年。在此前后，另外一些智囊机构也应运而生，包括国务院内设立的若干个研究中心（后来整合成为国务院发展研究中心），中信国际研究所等。九十年代以后，随着经济活动越来越复杂，研究领域的专业分工也越来越精细。因此，中国科学院、中国社会科学院、各部委办、各重点高校属下的研究机

---

12 吴季松.自然科学技术与社会科学研究在中国决策中的作用.中国社会科学杂志社编,社会科学与公共政策[C].北京：社会科学文献出版社.1999:77.

13 朱旭峰.中国思想库——政策过程中的影响力研究[M].北京：清华大学出版社.2009:7.

构开始越来越积极卷入政策研究和咨询工作。即使在以前被视为非常敏感的外交领域、两岸关系领域，近年来也出现了几十个大大小小的思想库。此外，高级知识分子聚集的各民主党派也频繁利用"直通车"的便利向政府高层建言、反映社情民意。同时，中央领导人还从各领域特选了一小批所谓"中央直管专家"，作为最高决策的咨询对象。这些与中央保持直接联系的智囊对中央决策的影响相当之大。这些思想库一般都会出版诸如"简报"、"参阅"之类的内部报告。这些发行量很小的内参，往往可以直达天庭。最高领导人则几乎每天都会圈阅、批示、转发一些报告。在正规的渠道之外，部分研究人员还凭借自己的学术声望和人脉关系通过非正常程序向最高当局进谏[14]

从行政机构来看，中国内部咨询的力量的要远远大于外部咨询的力量。在中国有影响力的研究机构大都是依附于或归属于行政机构的内部咨询机构。几乎各个部委都有自己正规直属的研究院，如人力资源与社会保障部有人事科学院、财政部有财政科学研究院、农业部有农业科学研究院、教育部有中国教育科学研究院等直属研究机构。这些直属的研究单位往往承担了相关领域大部分核心课题，由于研究资源的供给关系，在拥有稳定的研究空间的同时，也相应地丧失了一部分学术独立性。而从外部咨询来看，中国主要以与机构合作为主，很少以项目的方式承包，也没有购买相关政策建议的传统。所以商业性的思想库在中国的发展还处于起步阶段。与机构的合作，既有长期的，如专业的委员会和某个课题领导小组；也有暂时的，一般是为了一个紧急课题临时召集相关专家组成研究小组，等到问题解决了，或者政策出台了，研究小组自动解散。

外部咨询机制虽然还在发展中，但是其中一些研究机构和地位确不容小视。如国务院咨询委员会、中央直管专家等。这些松散建立的研究机构本身并不是政府的具体职能部门。研究中心也没有政府的人，他们不需要监督任何政府或者参与到政府日常的政策执行之中去。在整个信息立体中，研究机构最依赖于总理个人和总理办公室；因此他们与总理的政见也最能保持一致。从水平维度看，它们对部委没有正式的权威和权力。从垂直维度看，总理的关注度不一样，他们的地位也不一样。管理者的个人权威对其研究者发挥影响力作用重大，研究机构中人员的质量也是影响力有差异的一个重要因素。然而在所有因素中，它们劝说和竞争的能力是最重要的因素。他们的管理只是总理关注点的

---

14 王绍光.中国公共政策议程设置的模式[J].开放时代.2008（6）.

衍生物,研究机构本身并无资源来与其他高级权威讨价还价,因此不得不参与到劝说中去。他们自己总是反复强调他们只是提出建议,总理可以自由选择接受还是拒绝。只有总理接受了他们的劝说和建议,他们才能说真正影响了政策执行和其他官僚单元的的行为。总而言之,研究者的主要科层权力取决于他们和总理的关系以及他们劝说其他官员接受他们建议的能力。

第二节 教育研究影响教育政策的历史演进

在强调政治制度对行为进行塑造的同时,我们还需要在历史过程之中去追溯制度的生发过程,通过对历史的追溯寻求对制度与行为关系的分析,这有助于厘清政策变迁的长久理由。如果不通过放大历史视界的方式去追寻历史的进程,我们在分析当前事件的原因是就很可能被当前的似是而非的因果关系所迷惑而找不到事件生发的真正根源,就不可能看到某种制度模式形成过程及其影响政策的具体展开过程[15]。此外,提高长时段追寻历史进程的方式,才能在研究中找出原因与结果之间的确切关系。才能确切分析那些缓慢的社会进程。

在改革开放以后,我国的教育领域开始重新迈出追求政策制定过程研究基础的步伐[16]。1985 年 5 月,在《中共中央关于教育体制改革的决定》,就提出"为了加强国家对教育的宏观管理和指导,使教育决策更加科学化,对教育发展和改革中若干带全局性的重大问题进行较深入的研究已经成为一项十分迫切的任务"。科研人员也很早就意识到"在我国,教育理论要成为实践的指南并进而产生实际的效益,离不开'决策'的'中介作用'"。20 世纪 80 年代以来,我国的教育科研人员喜欢用"教育科研成果的转化"[17]、"教育科研成果的推广"[18]等本土化语言,来描述教育研究与教育决策的关系。经过"反思、求索,几十年的……人们深刻地形成一种共识:教育科研不仅不

---

15 何俊志.结构、历史与行为[M].上海:复旦大学出版社.2004:260.

16 蔡克勇.教育决策由经验走向科学的五十年[J].中国高等教育,1999(7).

17 所谓"转化",是指经过科学评价和实践检验给予肯定的科研成果,在一定时空范围内发挥其作用并取得相应效益的过程。

18 "所谓教育科研成果推广是指有计划、有步骤地将教育科研成果内容进行传播,并在一定范围内运用,使之转化为教育效益的过程".参见:潘国青(上海市教育科学研究所).浅论教育科研成果的推广[A].国家教委"八五"重点课题"教育科研体制、规划与管理的研究"课题组.教育科研体制、规划与管理[C].上海:上海教育出版社,1995.176-186.原文刊载于教育科学研究,1994,(5):13-15.

应是现行政策的注解，相反教育政策的制定倒须以教育科学为基础”[19]。从一个简单统计来看，2009 年，教育部各司级单位委托给全国教育规划办的专项科研项目就已经达到 344 项，委托机关包括教育部人事司，教育部考试中心，教育部职业教育与成人教育司，教育部基础一司，教育部体育卫生与艺术教育司等等，委托的科研项目都是从教育政策制订的现实需要出发，很多都直接转化为政策成果[20]。一些科研组织在机构设置、发展目标和职能定位上都更加明确地表达研究与政策制定的关系。如北京大学中国教育财政科学研究所的发展目标就是“努力建设成为中国教育财政领域最重要的思想库和能力建设基地，为中央有关部门和各级地方政府的重大决策提供参考依据；组织与推动研究者、政策制定者和各类教育利益相关者进行有效的交流和对话。”全国教育规划办公室的研究评估标准中规定如果具备决策采纳的证明，可以免予课题评估。这些都说明了一种研究为决策服务的趋势和导向，表明教育研究与教育政策之间结合日益紧密，这也意味着现在来分析影响教育科学知识转化为教育政策的因素，系统地探讨教育科学研究在政策制定中的运用理论以及二者的互动机制的重要性。

教育政策中的研究利用分散而复杂，如果从研究的角度去寻找相应的政策影响，即难以配对，也难以证实，然而从事件史的角度，从三个公认的对中国教育领域影响重大的教育规划入手进行分析，探讨每个教育规划对研究成果的利用情况，则可以以坐标的方式来观察整个教育政策中的研究利用变迁问题。因此，下文依据影响程度，选取 1985 年的《中共中央关于教育体制改革的决定》、1993 年《中国教育改革与发展纲要》和 2010 年《教育中长期改革与发展纲要》三个规划，来具体分析研究在不同阶段对教育政策的影响路径和影响力。

一、点式参政：1985 年《中共中央关于教育体制改革的决定》

[21]1984 年 10 月 29 日，中央书记处开会讨论决定，将科技、教育改革提上日程，并成立领导小组。领导小组由胡耀邦、赵紫阳同志主持，日常工作

---

19 吴定初.教育科学研究概论——理论与方法探析[M] .成都：四川教育出版社，1992.61、23、24.

20 具体信息可参考全国教育规划办公室网站——专项研究[EB/OL]http://onsgep.moe.e du.cn/edoas2/website7/index.jsp.

21 以下文字资料俱改编于胡启立.《中共中央关于教育体制改革的决定》出台前后，炎黄春秋，2008（12）：1-6.

由万里领导。万里在会上提出让胡启立负责。领导小组下边设立两个工作班子，分别由教育部和国家科委主要负责人牵头，提出关于教育体制和科技体制改革的初步方案。由此，教育体制改革文件起草工作正式启动。1984 年 11 月 6 日，万里同志和胡启立找教育部同志就教育改革的一些重要问题一起商议，请教育部认真准备一个提纲，向书记处汇报。11 月 14 日，中央书记处专门听取讨论了教育部关于教改问题的汇报提纲。然而第一次汇报提纲没通过。胡耀邦同志说"如果作为文件的框架，汇报提纲主要问题没抓住，显得主次不分，眉目不清，旗帜不够鲜明。关于教育改革，这次要写出一个纲领性文件，要抓住教育上的主要问题，主要矛盾，旗帜鲜明地做出回答。所谓"纲领性"，就是要重点突出、观点明确、条理清楚、语言简洁。他强调说，教育改革是中央的大事，国家的大事，搞文件就是抓大事，要下大力气，认真调查研究，坚持群众路线，集中全国教育工作者和广大人民群众的智慧，写出一个好文件，指导推动教育体制改革"。胡耀邦主席的这段话非常深刻，首先它表明了决策观的一种深刻改革，即从一种唯意志观决策真正向科学决策过度。其次他提出了闭门造车制定出来的教育政策文本的弊端，同时他提出了教育政策文件的标准和意义，搞文件就是抓大事，最后还提出了制定科学的教育政策的方式：认真调查研究，坚持群众路线。

胡启立同志在会忆这段经历时说道：胡耀邦同志的批示表明了中央对教育改革的高度重视和对文件的明确要求。任务很重，时间很紧迫，容不得再迟疑拖延。于是我把手头工作排了排序，将主要精力投放到研究制订教改文件上来。我首先阅读了一些有关教育方面的文献资料并对当时苏联、美国等国家的教育制度，特别是战后德国、日本高度重视教育尤其是基础教育、职业教育的经验做了些考查了解，然后，我决定自己到第一线去调查研究。1985年 11 月 20 日到 12 月 8 日历时半个多月，辗转四个省，前后到过几十所学校，大大小小开了近百个座谈会，与逾千人座谈、交流、讨论。为了节省时间，提高效率，我们一般把行程安排在白天座谈、考察、参观，晚上乘车赶路，在火车上就白天听到看到的情况进行消化、议论、归纳。经过这样一个相对比较集中、系统深人的调查研究之后，对整个教育领域的基本状况、基本矛盾、基本问题就有了较为清楚的了解。在调研中，许多教师、校长、教育科学工作者和教育行政部门的领导干部常常和我们交流讨论到深夜，有的同志还主动拿出书面报告和建议。回到北京，我将调研情况以及对教育改革的认识和思考经过梳理，于 12 月 22 日给胡耀邦、赵紫阳及中央文件起草领导小组写了一份《关于教育体制改革的几点意见》的书面报告。这份报告送上去之后，政治局常委们很重视。陈云、李先念同志都圈阅了报告。赵紫阳同志 12 月 27 日对报告批示所提改革的精神和原则都同意。同一天，耀邦同志也表示，同意紫阳同志意见。报告送给小平同志，小平同志 12 月 30 日批示"很赞成。"

为确保文件的质量和进度，1985 年 1 月中下旬，文件起草小组加强和充实力量，把曾经参与起草中央经济体制改革文件的几位同志也调进来。充实后的起草小组综合中央领导同志和几次书记处会议讨论的精神，反复研究，反复讨论，写出了第五稿。根据书记处决定，将第五稿作为一个讨论稿，发给各省、自治区、直辖市、中央各部门、各民主党派、各群众团体征求意见。六届人大三次会议期间，还专门征求了人大常委、部分全国人大代表和政协委员的意见。4 月份文件起草小组汇集了各地、各部门、各方面对第五稿提出的修改意见其中书面意见有三百份，连续修改三次，形成第八稿。为了借鉴吸取外部经验，增强改革的国际视野，教育部派了一个调研小组带着第八稿，专程赴美国征求美籍华人专家、学者对教育改革的意见和建议。调研小组在美国先后访问了几十位专家学者，其中杨振宁、李政道、林家翘、聂华桐等一批世界知名的专家学者都发表了许多中肯切实的意见。文件起草小组吸纳了他们的意见，改出第九稿。1985 年 5 月 27 日，中央政治局开会讨论了文件草案，同意正式公布。

纵观整个 85 教育体制改革政策出台过程，有如下几个特征：（一）教育政策制定开始从"闭门造车"走向"广开言路"。"起草一些重要文件，不再是个别或少数人出个题目，然后找几个秀才或笔杆子关起门来搞，而是大张旗鼓，明明白白地告诉全党，要讨论决定什么问题，然后集全党全国之思想智慧，各种思想，各种意见反复比较，最后才作决定。讨论教育改革，在正式决定之前，认真收集、广泛听取各方面、各部门、各地区、各党派、各阶层、各界别的意见和声音。据粗略统计，先后参加教育体制改革政策文本讨论的、约在一万人次以上。说文件集中了全党全国人民的智慧、不是套话、也不是谈词。"。事实上，从今天来看，1985 年的教育体制改革政策制定过程民主化的程度，至今都是鲜有的。

（二）政策制定者与政策研究者身份合二为一。在整个政策起草与制定过程中，教育体制改革领导小组同时也是教育体制改革调研小组，管理和科研一体，并没有把调研的任务外包给专门的科研队伍，在体改小组里，也没有专门的教育专家。政策的质量很大程度上取决于领导小组成员自身的素质和他们对教育的认识程度。幸运的是，当时负责教育体制改革的是中央书记处，"那时候中央书记处实际上只是党中央的一个办事机构，大量的功夫和精力是用在调查研究上。书记处讨论问题时，鼓励大家畅所欲言，当面争执。当然，这种局面更多的是靠主要领导人的个人魅力、素质、修养、风范来维持的，尚未能形成完整的制度规范。[22]（三）稳定的专家咨询团体还没有出现，没有形成固定的收集专家意见的渠道。政策对事实的重视远多于对科学规律的追寻。专家和研究人员此时如同散点分布在各个层面，以偶遇的、零散的、非正式的方式发表自己的政策建议和影响。由于教育研究当时也处于百废待兴的状态，所以也缺乏成套的、可行的、有坚持基础的研究成果来影响政策。政策制定者艰辛地寻找，甚至远赴海外寻找专家，充分说明了政策对科学研究的重视以及对科研极大的需求。所以，散点式影响是这个阶段的主要特征。

二、线式参政：1993年《中国教育改革和发展纲要》

1993年2月，由党中央、国务院颁布的《中国教育改革和发展纲要》（简称《纲要》）是20世纪90年代和本世纪初中国教育发展的重要文献。《纲要》总结了建国40多年来，特别是党的十一届三中全会以来教育改革和发展的经验，分析了教育工作面临的形势，提出了上世纪90年代乃至本世纪初我国教育发展的战略目标、战略思想、战略选择和一系列重大政策措施，对中国教育发展和改革产生了历史性作用。《纲要》的研究、制定和实施不仅在中国教育发展史上具有里程碑的意义，而且其研究、制定过程在教育界被普遍认为是较好地体现我国教育重大决策科学化、民主化的一个范例[23]。

1988年6月，国务院决定成立国务院教育工作研讨小组，研讨小组由当时分管教育工作的中央政治局委员和国家教委主要领导同志直接领导和负责，成员包括三部分：第一，教委综合司局如规划司、财务司、政策研究室等部门的负责同志、在教委工作有丰富实践经验并对教育发展和改革有一定

---

22 胡启立.《中共中央关于教育体制改革的决定》出台前后.炎黄春秋.2008（12）.

23 郝克明.教育重大决策科学化、民主化的范例——参加《中国教育改革和发展纲要》研讨和起草过程的体会.2007（10）.

研究的司局长；第二，从事我国教育发展战略研究并在一些领域取得重要成果的专家；第三，地方上从事区域教育发展战略有研究的教委主任和专家。整个队伍相对比较精干，包括研讨小组办公室的同志在内，约 10 人，全部集中脱产[24]。另外，对教育经费、师资队伍建设等问题，还组织了专题研究组。专题研究组负责教育战略、各级各类教育、农村教育、教育经费、教师队伍建设、体制改革等专题研究；有由研讨小组直接主持的汇报讨论会，听取地方和部门教育现状和发展改革的思路，还有由研讨小组组织的专题报告会、讨论会，组织各领域专家、行政官员和起草组成员进行比较深入的专题研究[25]。

纲要制定的全过程非常重视征求各方面意见，听取各种观点和建议。与以往纲要制定很大的不同点在于，93 纲要对很多问题进行了实证的量化研究，如普及九年义务教育的发展目标也即"双八五"（即占全国总人口 85%的地区普及九年义务教育，初中阶段的入学率达到 85%左右），是经过科学研究和论证的。研讨小组通过对全国 2400 多个县社会经济与教育发展 13 个指标的分析，确定了影响"普九"特别是初等教育普及程度相关性最高的因素——农民人均纯收入，并相应地分析农民纯收入不同水平的县普及初等教育和初中教育的情况，得出 2000 年普及义务教育的"双八五"的结论。第二，关于高等教育发展数量目标的研究。方案对 2000 年高校在校生达 600 万、650 万、700 万与 800 万四个方案，分别对应的教育发展所需经费和师资进行了预测，并测算了经费缺口。为了对 2000 年高教发展规模进行比较和论证，在国家教委领导的支持下，研讨小组还在北京召开了大型研讨会，专门从事教育发展规划的国家教委领导同志，长期从事教育发展战略研究的专家和全国一些著名高校的校长都参加了，会上对上述几种方案进行了比较。经过两天的讨论，绝大多数同意 2000 年达到 650 万人左右发展的方案。教育部原高教司司长刘一凡同志说，他从 50 年代就到教育部工作，对高等教育发展规模进行这样的论证，特别是几种不同的方案进行比较，这是从来没有过的[26]。

---

24 同上.

25 谈松华.世纪之交教育改革发展的纲领——教育回望：1993 年《中国教育改革和发展纲要》[N].中国教育报.2009-09-15.

26 郝克明.教育重大决策科学化、民主化的范例——参加《中国教育改革和发展纲要》研讨和起草过程的体会.2007（10）.

从 1988 年到 1993 年正式发布,《纲要》的起草整整经历了 4 年多时间。在 4 年多的起草过程中, 社会各界和教育界人士广泛参与研讨, 还通过驻外使馆并专程赴美听取海外学者和国外教育界专家的意见。确实可以说,《纲要》是领导、专家、教育工作者、社会各方面人士共同参与, 在许多次研讨修改的基础上形成的, 是集体智慧的结晶[27]。纵观 93 纲要的出台过程, 有以下新的特征:

(一)政策制定者与政策研究者开始分离。管理与研究也开始界限分明。政策制定者从广撒网的调研方式转变为依赖各行业专业的队伍来进行调研。调研的任务以委托的方式分给各个调研小组, 每个调研小组对自己的研究负责, 以汇报的方式呈交调研成果。政策制定者在综合相关研究成果的基础上制定相关教育政策。这种分离的基础是中国开始存在一批稳定的、值得信赖的教育科研队伍, 能够生产出满足决策需求的教育研究成果。而教育政策的复杂性使得政策的制定也不可能依靠某几个专家或几个技术官僚的经验就能实现, 政策制定者与政策研究者的分离既是政策制定科学化发展的结果, 也是政策制定科学化有力的保障。

(二)专业的教育咨询团体开始成型。纲要成立了不同的专题调研小组, 都是建立在其专业的咨询能力之上。如教育经费小组的主要成员都是中国教育经济学、教育财政学等学科领头的学者, 其它专题小组的成员也都是如此。从 93 纲要制定过程来看, 一个具体的教育问题政策制定者能够找到一个专业的研究团队, 能够用专业的学科视角和调研队伍来剖析这个问题, 并能稳定地、持续不断地更新专业知识, 这是一个巨大的进步。

(三)大型课题, 大规模调研开始展开。数据、量化、实证研究开始取代过去的座谈会、零散的访谈、观察和个体经验。93 纲要中几个重要的数据指标, 都是建立在大量的数据调研和分析之上, 这些科研项目往往依托于专门的科研团队。这些科研团队长期跟踪研究某个具体问题, 拥有丰富的数据库和统计方式, 其成员大都经过专业的训练, 发表了相关课题大量的专著和文章。这时, 政策对研究的利用已经不再是散点式的找寻, 也不是依靠个人的偶遇, 而是更多地稳定地依赖于具体的团队。对科研项目的需求是一种线性的需求。这种线性不仅体现在相关研究团队长期对问题的追踪研究上, 也体现在政策制定者依靠研究的方式、需求和使用策略之上。政府部门开始建

---

27 谈松华.世纪之交教育改革发展的纲领——教育回望: 1993 年《中国教育改革和发展纲要》[N].中国教育报.2009-09-15.

立专门的研究团队，给予重点学科支持、并拥有了稳定的智囊系统。尽管此时的依靠还是属于单向需求，是一种比较固定的线性模式，然而，较之以前的点式参政，已经是很大的进步。

三、面式参政：《国家中长期教育改革和发展规划纲要（2010-2020年）》

改革开放以来，在我国经济社会和教育发展的关键时刻，党中央、国务院都要制定和出台重要纲领性文件，为教育事业发展指引航向。《国家中长期教育改革和发展规划纲要》是进入21世纪我国第一个教育规划纲要，是指导未来10年教育改革发展的纲领性文件。研制《国家中长期教育改革和发展规划纲要（2010-2020年）》是党和国家在新世纪推进教育改革发展的重大决策，引起了中央领导同志的高度重视，胡锦涛总书记多次作出重要指示，温家宝总理亲自挂帅，刘延东国务委员亲自指挥，许多中央领导同志在审议规划纲要过程中提了很多重要意见。这些重要意见高瞻远瞩、立意深刻，充分体现了中央优先发展教育、推动教育事业科学发展的坚定决心，为规划纲要制定提供了坚强的政治保证。2010年7月29日，新华社受权发布了《国家中长期教育改革和发展规划纲要（2010-2020年）》，在整个纲要制定过程中，共计3.5万余人次参与座谈和研讨，形成500多万字调研报告，通过各种渠道发表意见建议460多万条……这些数字与事实，记录着党和政府广纳群言、民主科学的决策过程，表达着社会各界对教育的热切期盼和广泛关注，也意味着这次规划纲要制定起草工作任务的艰巨及繁重[28]。

2008年8月29日，温家宝总理主持召开国家科技教育领导小组第一次会议，审议并原则通过《纲要》制定工作方案，正式启动研究制定工作。成立了《纲要》领导小组，温家宝总理亲任组长，国家科教领导小组成员单位和有关单位主要领导同志为成员。成立《纲要》工作小组，由刘延东国务委员任组长。工作组下设办公室，设在教育部。下面有调查研究、文件起草等一整套工作制度和机构。工作期间设置了11个战略专题调查研究小组，近2000人直接参加11个重大战略专题调研。组织工作小组成员单位、各省（区、市）和80多所高校开展广泛调研；邀请8个民主党派中央、4个社会研究机构、6

---

28 韩进.两载寒暑，历经艰难，求取真经——《国家中长期教育改革和发展规划纲要（2010-2020年）》起草组10人谈[J].中国大学生就业.2010（17）.

个教育学会开展平行调研；委托近 60 个驻外教育机构及联合国教科文组织、欧盟等国际组织开展国际比较研究；针对 20 个热点难点问题开展深度调研。邀请海内外各个领域 100 多位高层次专家组成咨询组。数千名专家和各方面人士参与了调研活动。境内外开座谈会、研讨会 1800 余次，参与人员 35000 余人次[29]。在规划纲要工作小组组长刘延东国务委员直接领导下，研究制定工作主要从三个方面展开：一是深入调查研究。组织教育等多领域专家学者开展重大战略专题调研，邀请各民主党派中央、社会研究机构进行平行调研，委托有关国际组织开展专项研究。二是广泛征求意见。去年 1 月上旬至 2 月底，向全社会公开征求意见，文本初稿形成后，先后 4 次大范围征求意见，收到来自 500 多个单位、1300 余人提出的意见、建议近 5000 条三是反复论证修改。前后对文本进行了约 40 轮大的修改。最终形成 500 多万字的调研报告[30]。

纵观《纲要》的制定过程，有几个新的特征值得注意：（一）网络信息技术的普及大大改变了信息流入决策系统的方式。根据《纲要》工作小组办公室 3 月 29 日信息收集截止日的数据，《纲要》文本自 2010 年 2 月 28 日至 3 月 38 日公开征求意见期间，共收到意见建议 27855 条，其中电子邮件 8317 封，信函 1064 封，教育部门户网站网友发贴 18474 条，从媒体和网络收集的报道评论与意见建议 249 万多条。如此巨大的信息流，通过网络技术源源不断地涌入政策原汤，不仅改变了决策的信息收集方式，也对研究流入决策系统带来很大的影响。在这种情况下，研究者必须要思考的问题是：采用什么样的方式来使研究成果在信息洪流中浮现出来？如何适应网络的传播方式？如何将学术性的思考用简单、迅捷的方式传递出去？传递的对象不再局限于决策群体，广大的公众也有可能，也有需求去获取研究成果，他们反过来又能以外压的方式推动决策者采用研究成果。因此，在这样的决策背景之下，研究者既面临挑战，也面临机遇。

（二）如果我们审视在《纲要》中活动的研究群体，下面的数据会提醒我们：研究人员的涉入面之广前所未有。近 2000 专家直接参加 11 个重大战略专题调研。80 多所高校开展广泛调研；8 个民主党派中央、4 个社会研究机构、

29 王慧.公开决策问计于民——《国家中长期教育改革和发展规划纲要》起草历程回顾[J].教育.2010（13）.

30 胡延品.两载寒暑，历经艰难，求取真经——《国家中长期教育改革和发展规划纲要（2010-2020 年）》起草组 10 人谈.中国大学生就业.2010（17）.

6 个教育学会平行调研；60 个驻外教育机构及联合国教科文组织、欧盟等国际组织开展国际比较研究；境内外开座谈会、研讨会 1800 余次，参与人员 35000 余人次。如此庞大的专家咨询群体进入决策，一方面充分说明了教育政策制定对于研究论证的需求量大并且对科研的态度开放，但是另一方面也说明中国仍然没有建立起系统的决策咨询系统和制度，目前是在使用一种"摊大饼"的方式，卷入一切可供卷入的科研力量来完成某个时间段的重要项目。科研的这种"面式"参政，很大的隐患就在于良莠不辩，政策选取有利信息的成本不但没有随着科研力量的涉入降低，反而增高。

（三）科学民主决策是 2010《纲要》制定的突出特点、最大亮点和重大创新点。过去国家颁布的重要性文件都是由起草组起草，而本次纲要则经历了两次向社会公开征求意见，第一次是纲要起草开始后不久，先面向社会征求对教育的需求，问需于民。第二次是纲要文本起草完成后，将纲要文本公开面向社会征求意见，问计于民。这两次征求意见是前所未有的，开创了中央文件制定的先河。然而，科学、民主并不是决策的最后目标，而只是对决策方式的一种追求，决策的最后目标仍然是有效地解决问题。即便是对决策方式的追求，在最短的时间，以最低的成本，分辨最有效的信息的方式的价值也远高于形式化的"科学"和"民主"。技术理性的标准常以著名的"最小努力"原则表达出来，面对大规模的民众意见，和大规模的专家参与，政策河流河水外溢，跋涉在政策河流中寻找政策方案的政策制定者必定不负重和，他们的精力将从"无中生有，寻找到有用的信息"变成"有中变无，裁剪大量无用的信息。"研究者同样面临着从政策原汤中"冒头"的困难。简洁的信息、私人的关系、低廉的研究成本、可信的研究结论较之漫长的科研项目、厚重的研究报告、层层审批的流通渠道更易影响政策的制定。合适的机会也将成为重要的因素屹立在政策原汤之中。

（四）对研究的质量要求更高。《纲要》首次边制定边调研边向社会征求意见边着手进行试点。这在中央文件制定史上也是第一次。《纲要》设计了十个重大项目和十个改革试点，这也是过去的规划纲要所没有的。同时《纲要》非常注意与国际接轨。收集了十多个国家的教育政策最新进展情况，而在文本公开征求国内各方意见的同时，也将英文译稿征求部分国际组织的意见。无论是试点还是与国际接轨，都充分说明了个体经验已经被专业知识所取代。《纲要》之前的规划很多是基于学术权威个人的看法，这些权威本身可能是跨行作业，对教育本身的规律只有个体经验的理解，然而却能深刻影响政策最后的导向。而随着专业化的发展，决策者科研意识的增强，国际研究力量的竞争，科研人员如果要发挥对政策的影响，就必须经过实证的研究，提供有质量的研究成果。且如果试点失败，研究人员还要承担相应的责任。

从点式参政到线式参政到现在的面式参政，中国的教育研究在不到30年的时间里走了一条让人充满希望的政策影响之路。在教育领域，研究无论是影响政策还是影响实践都有较之其他领域更大的困难。1965年利比特曾以教育实践为例，指出社会科学研究的利用与其他科学领域研究的利用之间的6点区别。（1）在作出重要决定进行新的教育实践或社会实践时，往往需要社会实践者的价值观、态度和技能发生重大改变。人们要比投入农业、工业或医学上的新实践更深地亲身投入这一新实践。人们还会遇到更多的抵制变革和重新学习的问题。（2）教育实践中的重要变化实际上往往是去适应别人的发明，而不是去采纳别人的发明。人们正在经历的不是一件器物（例如一粒新种子，一件新工具，一种新药或者一台新机器），而是一种将在新的社会条件下使用的新的行为模式。因此，各项采纳都必然带着值得注意的适应的特点。（3）"社会发明"的概念实际上并未得到充分发展。没有适当的程序来定义、用文件描述和证实新的实践。（4）为了进行某一实践而付出的努力的效果，实践者几乎得不到什么反馈。农民可以很快看到他的土地变得更肥沃了，可是教师通常却没有这类检查的标准和工具。（5）没有任何奖励去激励实践者去冒险寻找和利用新的资源。既没有竞争性的挑战，也没有畅通的交流渠道去促使人们分享和改进实践。（6）我们社会实践领域没有开发把基础研究和应用研究与操作实践联系起来所必需的网络系统、程序和人力资源。尽管存在这些困难，中国的决策者和研究者也从未放弃"决策科学化"的努力，中国未来教育研究影响政策的挑战就在于跨越面式的参政，以健全的教育决策咨询制度，稳定的决策咨询组织，流畅的咨询渠道，优质的咨询成果构建一种综合式的影响体系。

第三节 本章小结

本章主要从政治体制和文化传统的角度描述了中国研究利用的整体制度环境。在政治体制分析中，主要介绍了政治风格和行政风格与研究利用的关系。从政策风格的维度，总结出中国有三个特征有利于研究的利用。第一，中国的政治是奉行积极干预的政治，政府积极的改革为社会科学研究的应用创造了很大的需求空间。其次，政府层面的中长期规划取代了唯长官意志的改革思路，规划成为宏观调控的重要手段，是政府履行社会管理、公共服务职责的重要依据。在编制规划的过程中，研究发挥着重要的作用。第三，虽然处于追求'科学'决策模型的阶段，但同时也随着权威碎片化，而出现了党派争辩模型，在竞争争辩的共识达成过程中，研究机构作为相对中立的第三方发挥着重要的作用。从行政风格而言，近年来中国政府越来越强调决策科学化的导向，倡导科学的行政。也已建立各种渠道的科学信息流入的机制，还建立了专门的内部咨询研究机构。并且也以专家咨询小组、特别项目组等外部咨询的方式来推动决策科学化的水平，这些都为研究的生根发芽提供了丰富的政治土壤。

在横向的制度、文化的探讨之后，本章从纵向的历史角度对中国近30年的教育政策过程中研究与政策的互动历程进行分析。根据"以事件观互动"的原则，将这30余年的教育研究与教育政策的互动历程分为三个阶段：80年代的点式参政；90年代的线式参政以及进入2000年以后的面式参政。线式参政，即指专家和研究人员如同散点分布在各个层面，以偶遇的、零散的、非正式的方式发表自己的政策建议和影响。线式参政，即指政策对研究的利用已经不再是散点式的找寻，也不是依靠个人的偶遇，而是更多地稳定地依赖于具体的团队。对科研项目的需求是一种线性的需求。这种线性不仅体现在相关研究团队长期对问题的追踪研究上，也体现在政策制定者依靠研究的方式、需求和使用策略之上。面式参政，即指不再仅仅依靠某个特别的研究项目或团队，既有条件也能力卷入一切可供卷入的科研力量来完成某个时间段的重要项目。这三种参政方式并不是淘汰递进的关系，即使在面式参政已经成为主流的今天还是可以看到研究的点式参政和线式参政。面式参政也不是研究发挥作用的最佳阶段，这种参与方式仍然存在在信息溢出、质量良莠难辨、不稳定非制度化的特征。整体的、运转良好的研究渗入系统仍有待建立。政治制度的、文化的、历史的背景整体构成了下文中研究案例影响政策的宏观背景。

第四章 "4%研究": 从上至下影响政策

教育研究的观点启迪和思想启蒙是一种渐次与长期的滴水穿石的效果。一项研究成果被逐渐的吸收为决策者信息环境的组成部分，从而影响政策过程需要花费相当多的时间，萨巴蒂尔（Paul A Sabatier）指出"关于一个政策问题的科学知识的积累，可能要 20 至 40 年的时间[1]。威尔逊在评价过去 10 年知识分子的作用时，说到"如果在政策的细节中找不到知识分子的作用，这是真实的，但他们的作用是间接的。政策知识分子提供概念语言、主导模式、经验实例……这些都成为负责制定政策的人已经接受的假定。……最有影响力的知识分子往往是那些能将概念或理论与政治活动和政府官员的实际需要及意识形态的倾向性连接起来的人[2]。

本章通过描述和分析影响了中国近 20 年来教育拨款政策的案例"教育经费占国民收入合理比例与教育投资经济效益分析"（简称"4%研究"），揭示在中国从教育研究到教育政策之间的漫长而复杂的过程，并从中探讨了学者（以及官员、政策中介者等）在教育政策制定过程中的作用。本书之所以拟定以"4%"政策为案例，原因如下。第一、4%政策在中国教育财政政策中的重要地位。4%政策对我国教育经费投入影响深远，但是目前国内尚少有人从政策学角度对其进行研究。第二、4%政策实施时间长度适合具体分析。依据萨巴蒂尔的观点，4%政策是实践了将近 20 年的政策，比较符合对

1　保罗.A.萨巴蒂尔编，政策过程理论[M].彭宗超等翻译.北京：生活.读书.新知三联书店，2003:4.

2　M.特罗，政策分析.谢维和等译.袁振国主编.中国教育政策评论[M].北京：教育科学出版社，2000.116-127.

研究和决策之间关系进行研究的时间规定。第三、4%政策制定核心研究人员和决策人员的可及性。目前相关的政策制定者和研究者都可以清楚描述这个政策制定过程的细节，作者通过深度访谈可以深入这个过程。第四、4%政策中可以清晰看到研究人员的成果，便于我们我们对其中的关系进行解释，在政策中，能够清楚地看到研究显性影响案例是极其稀少得。因此，4%政策是我们从微观的角度探讨研究和政策之间的关系较好的案例选择。本书的研究目的是试图通过分析"4%"政策的制定，揭示从教育研究到教育政策之间的漫长而复杂的过程，并从中探讨学者（以及官员、政策中介者等）在教育政策制定过程中的作用。

"4%研究"成果虽然是在 1993 年教育改革与发展纲要中正式公布，实际上在 1986 年就已经获得了研究结论，并在 89 年政治运动之前完成了所有研究信息传递工作。1988 年当时我们我们四部委一起出台了一个文件，在中央政治局讨论的时候把 4%的分析过程作为附件附在纲要讨论稿后面，实际上这些工作在 89 年之前就完成了，我调到法规司的 91，92 年的主要工作就是修改纲要，做出一些调整。纲要出台主要还是在 92 年小平同志南巡讲话之后，为纲要调整奠定了基调，总结了六四风波和动乱，明确了教育的指导思想。调整了教育的步伐，邓小平指出要加快社会建设步伐，这就奠定了政策的基础，所以出台是后面的事了。（访谈 5 号）因此对"4%研究"路径和机制的考察，是放在 80 年末期中国教育政策利用研究成果的萌发阶段进行考察。

第一节 "4%研究"影响政策的核心事件和过程

20 世纪 80 年，我国教育事业百废待兴，农村的大批校舍都属于危房，各类教育欠账项目很多，急需国家大量投入资金。国家财政也面临着方方面面的压力，特别是经济方面的压力。这些现象反映到人们的认识上，就产生了一些分歧：教育战线乃至一些社会人士，迫切的认为应该加大教育投入；而经济界乃至政府的计划和财政部门则认为教育经费一时难以大幅增加，应该努力提高教育的使用效率。双方各执一词，尖锐的冲突呼唤更坚实的政策依据。此时国外关于人力资本的理论和教育经济学科思想也开始传入国内，人们也企图通过这些新学说破解当时中国教育面临的经费短缺问题。

一、核心事件和过程

1980 年 1 月邓小平同志在《目前的形势和任务》的讲话中提出，"经济发展与科学文化发展比例失调，教科文卫费用太少，不成比例"。

1982 年，国家哲社"六五"教育规划明确把教育和经济之间的关系作为重点研究课题。时任规划小组成员的北京大学高教所所长的汪永铨教授建议，由此前在《中国社会科学》杂志上发表了用经济学观点探讨教育的文章，且在社会上有比较大的反响的北大经济系厉以宁教授来承当这项课题。与此同时，也有 20 多个其他单位对这个课题感兴趣，都急迫地想要参与进来，最后经过规划领导小组的认真研究，决定本项目由多个单位共同承担，其中北京大学是主要课题承担单位，共承担了 10 项子课题，12 人参加，由北京大学厉以宁教授担任项目组组长，资助费用人民币三万元。项目的名称采用厉以宁教授的意见，定为"教育经费在国民收入中的合理比例与教育投资经济效益分析"，此课题为国家级课题。

项目最核心的内容就是给出一个教育经费拨款的合理界限，课题组的成员从不同角度利用多种方法对这个界线进行了探讨，有国际比较分析，有国内历史现状分析，也有建立模型做经济计量分析。本来确定教育经费拨款的合理界线最直观的想法就是从计算实际的必要的需求和实际的可能的供给下手。但是这两者的主观随意性和巨大的弹性使得无法得出客观的标准，研究人员考虑从国际比较下手，力图找出政府对教育拨款的规律性。当时这个具体子课题由北京大学经济系副教授陈良琨负责。1982 年时任教育部教育规划办主任的周贝隆先生向陈良琨介绍他从联合国教科文组织的一篇文章的一个发现：以某一年一些国家的经济发展水平（人均 GDP）为横坐标，这些国家的政府财政对教育的拨款（公共教育经费）占该国 GDP 的比例为纵坐标，把这些点画在坐标纸上形成散点图，可以清楚地看到，这些点都围绕着一个斜率大于零的直线上下分布。陈良琨教授立刻意识到这里隐含着规律，但是要确定规律，不能仅仅依据一年的数据，需要收集许多国家若干年的数据做系统的研究。可是在当时的条件下，只有北京图书馆里有各个国家的年鉴资料，且当时复印非常昂贵，找到了资料也只能靠手抄。1982 年下半年，三个多月的时间，课题组的成员每天清早就坐公交车到北京图书馆去抄资料。就这样课题组成员先后从联合国教科文组织、世界银行和国际货币基金组织的年鉴收集了大概 100 多个国家的从 1961-1980 年共 20 年的各种数据。

通过这些数据，形成了一个统一的关于教育经费比例的评价和预测模型，利用这个模型可以对未来的教育经费投入进行预测和规划。只要国家有明确的经济发展的目标，利用模型就可以预测出与经济发展目标对应的教育拨款的合理比例。

1983 年，研究组确定我国二十世纪末的经济发展的战略目标是人均 GDP 比 1978 年的基数翻两番。据此测算到 20 世纪末，人均 GDP 的目标大体上是 800-1000 美元。把 800 美元代入模型中计算，结果是 4.06%。即 20 世纪末当（经济发展水平）人均 GDP 达到 800 美元时，对应这个经济发展水平的国家，其教育经费比例的平均水平是 4.06%。如果这是一个合理水平，我国公共教育经费比例不应低于 4.06%。为了验证上述结论在社会主义国家中的适用程度，北京师范大学的王善迈教授也组织了一批研究者建立了子课题"苏联东欧国家的教育投资及其与我国的比较"。利用模型测算的结果是 20 世纪末人均 GDP 达到 1000 美元时，教育经费的合理比例是 3.79%。与上述利用市场经济国家数据的模型得出的结论相差无几，都在 4%左右。至此，"4%左右"作为 20 世纪末与当时经济水平相适应的公共教育投入目标在研究层面获得了共识。

1986 年，研究小组把相关研究成果编辑成书《教育经济学研究》，由上海出版社出版。书中的研究结论是：第一、在中国人均国民生产总值（美元）300、400、500、600、700、800、900、1000 时，对应的预算内教育经费占国民生产总值比例（%）应该为 3.29、3.52、3.69、3.84、3.96、4.00、4.16、4.24。第二、一国的教育投资总量受到经济力量的制约。随着经济的发展，教育投资占国民收入的比例不断上升。第三、教育投资增长率高于经济增长率，教育投资超前于国民经济的增长。第四、教育投资的超前增长速度是递减的，当经济到达较高的水平时，教育投资的比例趋于稳定[3]。

1986 年，担任着全国人大常委的职务，同时也担任项目组组长的厉以宁教授将项目成果的主要结论写成书面报告，送呈时任政治局常委的胡启立同志。

1986 年新华社在第 616 期《国内动态清样》[4]上也刊登了厉以宁教授报告的主要观点，并引起一些中央部委的讨论。

3　厉以宁、秦宛顺、陈良琨.教育经济学研究[M].上海：上海人民出版社，1988：67.
4　《国内动态清样》是新华社总社呈送中央领导同志和省部级主要领导批阅的、为国家重大决策提供参考依据的最高级别和最高密级内参.

1988 年，是社会各界对教育反响最大的一年，也是党中央、国务院讨论教育问题最多的一年。在 3 月召开的七届人大和七届政协会议期间，教育成为"热门话题"。1988 年 4 月 17 日、24 日中央政治局第七、第八次会议专门研究了教育问题，确定由国务院组成教育工作研讨小组，对教育面临的形势与任务、今后 12 年教育的发展战略和指导方针、教育体制改革、教育经费等重大问题进行调查研究，制定本世纪末教育发展与改革纲要[5]。

1988 年 6 月，国务院教育工作研讨小组成立，成员由国务院有关部门的领导组成，负责组织协调，研讨工作从调查研究入手，包括由专家组成的若干专题调研组，其中就包括"教育经费小组"。研讨小组组织了专题报告会、讨论会，组织各领域专家、行政官员和起草组成员进行比较深入的专题研究。

1990 年，这项研究成果获得国家教委颁发的全国首届教育科学优秀成果一等奖。1995 年获得国家教委颁发的全国高等院校人文社会科学研究成果一等奖。直至 15 年后的 1999 年，又一次获得全国哲学社会科学规划领导小组颁发的国家社科基金项目优秀成果三等奖。

1993 年中共中央和国务院印发《中国教育改革和发展纲要》，其中正式提出"逐步提高国家财政性教育经费支出（包括：各级财政对教育的拨款，城乡教育费附加，企业用于举办中小学的经费，校办产业减免税部分）占国民生产总值的比例，本世纪末达到百分之四"[6]。这是教育经费首次以中央文件的形式给出定量的评估标准和政策目标，从此公共教育经费拨款有了数量上的政策依据，我国公共教育经费逐步走上有保证的稳定增长之路。其基本政策过程如图 4-1

---

5 黄尧.中国教育宏观政策研究[M].北京：高等教育出版社.2002：73.

6 尽管《中国教育改革有发展纲要》中采用的指标是财政性教育支出占 GNP 的比重，但是从这些年惯用的统计指标来看，多数采用了财政性教育支出占 GDP 的比重。东北财经大学"对财政性教育经费投入 4%目标的认识和建议"课题组对财政性教育支出分别占 GDP 与 GNP 的比例进行了比较，发现两者之间存在一定的差异，但这一差异基本上小于 0.05%。因此，为了与惯用的指标相一致，本书在指标上采用了财政性教育支出占 GDP 的比重这一指标，但在引文中仍用 GNP.

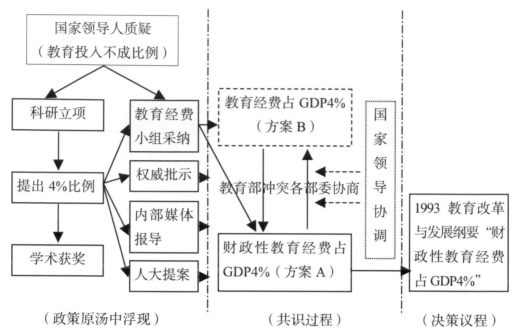

注：箭头表明事件发展方向，虚线表明隐性存在，以及弱关系。

图 4-1 "4%研究"影响政策过程

二、研究影响政策的路径和机会

"4%研究"作为国家政策的出台先后经历了上下结合、多方互动的酝酿、精心的策划、建议的撰写与上呈，以及政府部门正式宣布出台等一系列过程，最终上升为国家的教育投入政策。

（一）"4%研究"结论进入政策议程

1、权威批示、内参报导和人大提案

1986 年，担任着全国人大常委的职务，同时也担任项目组组长的厉以宁教授将项目成果的主要结论写成书面报告，通过郝克明同志的介绍送呈时任政治局常委的胡启立同志。"是郝克明把厉以宁介绍给胡启立的（郝克明是胡启立的夫人，胡启立是当时中央政治局常委），才有后面的领导人批示。"（访谈 3 号）胡启立同志在批示中提到："这项研究终于给出了教育拨款的标准（根据访谈者回忆，大意如此）"，并转政治局常委传阅。积极向最高领导传递研究成果的还包括北师大的王善迈教授，他作为项目的积极参与者

和专著的副主编，在项目研究工作结束后，仍然以学术专家身份在各种场合宣传"4%"的意义，并且执笔写报告向党和国家领导人反映"4%"的意义和看法。作为全国教育经济学研究会理事长，他的学术地位和相关活动对于实现"4%"的政策目标也起着重要的推动作用。研究者通过直接给中央领导写报告阐述研究的观点，研究成果以最快的速度到达决策层。

与此同时，新华社于1986年第616期《国内动态清样》上也刊登了厉以宁教授报告的主要观点，并引起一些中央部委的讨论。这样研究的影响从点扩大到面。除了这种渠道外，厉以宁教授还经常在人大有关会议上提出公共教育经费问题，并曾以研究成果的观点为依据之一，与一些代表连署提出增加教育经费拨款比例的提案。由于国家相关部委必须针对提案的观点给予回应，这就引发决策层从组织层面对"4%"政策目标的讨论，从而进一步扩大了这项政策目标对决策层的影响力。

于此同时研究者还直接与政策制定者联系，当时郝克明担任国家教委教育发展研究中心主任，也是1993年《中国教育改革与发展纲要》（以下简称《93纲要》）的主要起草人之一。她在成立国家教育发展研究中心之前是在北京大学高等教育研究所工作，所以跟厉以宁和陈良焜等都比较熟悉。在《纲要》出台之前，国家教委财务司与计划建设司就主持召开《教育事业"九五"计划和2010年远景规划》会议。郝克明教授邀请陈良焜教授作技术支持，分析规划期内各级教育发展的规模、前景以及对应的教育经费投入的需求和供给，并且专门分析了当时财政性教育经费缺口达到20%条件下对未来教育发展的影响，其目的是通过具体的计算数据形象的说服各方面人士支持财政性教育经费的政策目标。并最终促成了将"4%"目标写入《纲要》之中。但是上述研究传递的范围还没有具体落实到政策层面，还只是出于研究交流，浮现的过程，真正促进研究成果向政策文本转变的是国家教育研讨小组中"教育经费小组的建立"。

而作为实际数据的研究者，对于研究成果进入政策议程却并没有清晰的预期。

> 我没有想到政策，当时大家都在争论教育投入到底应该是多少，需要有个根据和说法，厉以宁可能这么想过，他的身份在那儿。我没有这么想，我就是个干技术得，厉老师可能想的更多，他对中国政策影响很大，我始终是对学术感兴趣，我们这些人都这样，不

喜欢老嚷嚷，你老嚷嚷干嘛？炒冷饭，我们的兴趣是做学术。做完这个，做完就得了。（访谈 3 号）

2、教育经费小组对研究的接纳

1988 年 6 月，国务院教育工作研讨小组成立，包括由专家组成的若干专题调研组，其中就包括"教育经费小组"。教育经费小组，本质上肩负双重职责，一方面是政策草案的直接制定者，另一方面又是调查研究的负责者。教育经费小组的核心成员在回忆这段经历时说道：

> 我的身份比较特殊，既参加了国家教育研讨小组的教育经费小组，又参加了 93 纲要的起草，还是纲要起草的核心成员，当时国家教委为为纲要作了重大贡献的人颁发证书，一共才 4，5 个人得了证书，我是其中的一个，所以我对整个过程比较了解。（访谈 5 号）

研讨小组组织了专题报告会、讨论会，组织各领域专家、行政官员和起草组成员进行比较深入的专题研究。"教育经费小组"的主要成员有时任国家教委财务司司长的王显明、财务司综合处处长黄尧、副处长王建国、综合处茆俊强等，他们不仅自己开始研究，也开始征求大量的专家的意见，其中就包括当时中央教科所所长的曹庆阳，和北京大学的厉以宁，陈良焜等，对具体指标进行了反复研究和论证。

> 为什么是 4%呢？这是财务司研讨组 89 年结合多方面的知识作出的结论。其中就包括了厉以宁的研究。我们并没有否认这一点，你看在《中国宏观政策研究》92 页，我直接引用了他们的研究成果，我记得我当时还约见厉以宁还有北大那个姓陈的那个教授（指陈良焜）。（访谈 5 号）

教育经费小组通过调研得出的结论是教育经费在国民经济分配中比例不合理，缺乏法律保证。研讨组核心成员曾专门写文章介绍当时的认识："通过我们的研究和相关学者的研究，我们认为从"二五"计划时期和以后较长时期内，国家对教育投资太少，教育经费在国民经济分配中的比例，不是科学地合理确定，而是更多由长官意志决定和受对教育重视程度的影响。国家对教育经费问题从未立过法，教育经费的安排没有法律保证。因而教育事业经费一再被挤，教育基建投资一再削减，教育经费分配比例一直很低。1987年，国家财政预算内的教育经费占国民生产总值的比例仅为 2.51%。根据联合国教科文组织《统计年鉴》公布的材料，教育经费占国民生产总值的比例，

1985 年全世界平均为 5.7%，发达国家平均为 6.1%，发展中国家平均为 4.0%。我国目前教育经费所占的比例不但低于全世界平均水平，也低于发展中国家的平均水平。因此，参照世界发展中国家公共教育经费支出占国民生产总值的比例在 20 世纪 80 年代中期平均已达到 4%的状况，并考虑当时我国财政性教育拨款已接近或超过国民生产总值 3%的实施，提出了"我国预算内教育拨款在国民生产总值内应有一个比例，这个比例在 90 年代中期或到 2000 年应达到发展中国家平均 4%的水平"的建议。这一建议被教育工作研讨小组采纳，写入了《中国教育改革和发展纲要》。

教育经费小组的建议和结论和研究人员的研究结论基本上是一致得。"从时间上看，研究成果 1986 年就出版了，教育经费小组的结论是在两年后，也就是 1988 年才出来。从影响范围来看，研究结果在"国内动态清样"上发表以后，"国家计委、财政部等单位都引起很大的震动，获益最大的教育部门不知道这个研究结果，是不可能得。"（访谈 3 号）最后，从教育经费小组的成员来看，就包含有好几个熟知前期研究项目的成员，茚俊强是北大的研究生，硕士论文就是教育财政问题并和陈良焜教授有过讨论，而在国内动态清样上撰写文章的张力研究员也是北大的研究生，他们都或多或少了解研究项目的内容。因此，我们可以判断，教育经费小组最后的结论应该在一定程度上受到了 4%研究的影响。然而通过访谈我们可以发现这种接纳有两点特征：第一，部分接纳。教育经费小组对研究结果中"教育经费"到底应该包括哪些内容，如何统计是有很大的区别的。这点在后续争论中详述，他们主要是根据其他部委的意见对"教育经费"这个分子部分进行了重新的定义。第二，对研究人员发挥的贡献持保留态度，对接纳行为本身并不肯定。而对于研究人员的贡献，决策者有如下评价：

> 4%这个经费政策，是党和国家对中国社会主义建设和教育规律认识的升华的基础上提出来得，集中体现了国家、社会、各个方面包括研究的共识，即不是某个学者，也不是某个学校的成果。这句话谁也不敢说。是建立在讨论的基础之上得。什么是国家，国家是最大的概念，所有人都属了国家，都为了国家。一定要定位在国家层面，决不是个人，也不是学校的创新点。是国家有这个决心、有这个能力做这个事情，才可能出台政策。早些年，我们为什么不提这个，国家没有钱啊。所以一切实际上都是集体智慧，因此，简而

言之，4%的论证是政府相关部门、社会有关方面、科研人员和地方人民群众，研讨，对教育调研的基础上做出得，体现了大家的成果。也不是说是哪个具体的研究人员，集中体现了政府国家的重大判断。评价学者工作也要客观，不能忽略别人的贡献，所以要把学者也加进去。（访谈5号）

在谈到政府对研究成果接纳的态度时，李侃如说到：在大学里，引用别人成果而不说明出处是非常严重的错误；但在政府决策工作中，观点是公共品，政府在接受你的建议的时候是不会注明出处的。而且出于效率的考虑，一般也最好不要将之归功于某位个人。研究者要接受"被引用实际上是最高的奖赏"[7]，因此，学者的目标是说服决策者去引用你的研究发现及其含义。没有行政部门会公开承认它采纳了某个学者提出的观点。你的目标是使这位政府官员在把你的观点作为他或她的点子的过程中感到舒服，你甚至应该希望他或她把这个建议归功于自己。

3、研究文本转化为政策文本

"4%研究"的研究文本和最后的政策文本之间的磨合有个过程。主要是在表达层面，寻找合适的表达。合适的表达对于研究文本的转化非常重要。

"如果试图影响政策，必须把建议归结为清晰简单的、能很容易转化为论题的要点。不要过多引用、提及各种相互竞争的理论，这会让人感觉你像个"学者"即根本不懂政策需要的人。老练的分析可以而且必须不带有学术的外衣。不要故意使用非常复杂的语言，也不要用技术性语言，关键概念要解释给决策者听。事实上大部分决策者根本不关心研究的过程，他们只需要研究的结果。他们需要做出方法而非目标的判断[8]。关于在4%研究中，研究结果如何寻找合适的表达，参与者指出：

> 研究的预测结果都指出20世纪末我国公共教育经费占GDP的比例应该在4%左右（或者以4%为下限）。但是其研究方法和整个结论仍停留在学术层面上。由于学术研究本身要求的严谨性和科学性，其过程和结论的表述和诠释都很不通俗。例如"公共教育经费占GDP的比例随着经济水平的发展而增长"，"对应人均GDP=800美元的经济发展水平的国家其公共教育经费占GDP的比例的平均

7　李侃如.弥合鸿沟的倡议[J].国际政治研究（季刊）.2009（3）.

8　同上.

水平是 4.06%"。这种表述说起来很拗口，解释起来也很费力气。
而政策目标的表述必须言简意赅。所以，还需要把项目研究的结论
予以政策包装。这个工作实际上是国家教委完成。在 1988 年左右，
一次会议期间，国家教委财务司综合处处长的黄尧同志告诉我，国
家教育发展研究中心和财务司的一些同志见到了一份教科文组织的
报告，其中提到 "80 年代发展中国家公共教育经费占 GDP 比例的
平均值是 4%"，所以建议以发展中国家这个比例的平均值 4% 作为
20 世纪末我国公共教育经费比例的政策目标，国家教委的领导也同
意这一提法。这个表述中的第一句话是 "发展中国家"，就把教育
经费比例和经济发展水平有关联性表述出来，中国只能以发展中国
家的标准来参照和决策。第二句话 "平均水平"，恰恰就是回归直
线的理论含义。而只用 4%，去掉小数点，也符合政策表述简明扼要
的要求。教育部用这个最简单的表述，的确很到位，百分之四点几，
还年年跳动，做一个稳定的政策目标肯定不行，像他提出这个一口
咬定 4%，多么坚定清晰。

至于如果追究起为什么应该以发展中国家教育经费比例的平均
值作为我国教育发展的政策目标，那就又回到以本项目的理论成果
来回答。你说参考发展中国家的平均值，这是要有理论依据的，人
家就问你，为什么不是全世界的平均值？为什么是发展中国家的平
均值？为什么发展中国的教育经费就一定要比发达国家低？它的恩
格尔系数还高了，你不把教育经费和 GDP 正相关的关系解释清楚，
你怎么解释你不用世界标准，而用发展中国家标准，你的理由是什
么？这都是需要实证证明得。并且你就看一年的数据是不行的，必
须得十年以上，才看得到 "稳定"。（访谈 3 号）

（二）研究结论在各部委之间的冲突和共识的达成

国家教委接受并认定 4% 作为 20 世纪末教育经费比例的政策目标并不等
于是国家的政策。1986 年，厉以宁教授给中央领导的报告于新华社《国内动
态清样》刊发后，引发的社会各个部委激烈的讨论。各部委乃至最高层并没
有就这一问题达成一致意见。国家计委立刻就给厉以宁教授写信，就教育经
费短缺问题进行探讨，财政部反应很激烈，认为 "教育经费一时难以大幅增

加，应该努力提高教育的使用效率"。而统计部门提出"根据中国的国情，仅以"预算内教育经费占国民生产总值的比例"这个指标，来评价中国政府教育经费的投入水平是不确切的。应以"国家教育经费"的比例来反映国家经费投入水平，并以此来进行国际间教育投资水平的比较"。对于这种冲突和争论，哈贝马斯曾指出："公共领域最好被描述为一个关于内容、观点、也就是意见的交往网络；在那里交往之流被以一种特定方式加以过滤和综合，从而成为根据特定议题集束而成的公共意见或舆论"[9]。斯蒂芬.鲍尔进一步指出在政策原汤里，价值并不是自由的漂浮物，"政策明显地就是权威性的价值分配，政策就是价值的操作性陈述（The operational statements of values），就是企图对特定行动作规范的陈述。我们我们需要询问谁的价值在政策中是有效的，谁的不是有效的。政策就是（一个社会）对理想社会景像的投射，而教育政策就是对什么才算是教育的界定的一种投射。公共政策不是自研究者界定的现象，也不是自然科学所研究的自然现象，而是由有着特定意图和意义的人类精心建构起来的人造物，将明确识别的意义和价值放到政策现象之中。研究也是一种价值表达，研究基于理性的权力参与政策中的价值分配，研究和其他价值没什么不同，都是在积极争取使自己的陈述进入有效的表达之列[10]。

国家领导人也曾对这场争论和冲突进行协调，当时分管教育的李岚清副总理在他的回忆录中写道："《中国教育改革和发展纲要》中提出：财政性教育经费要达到国内生产总值 4%和每年教育经费支出要达到财政支出的15%。当时国家教委和财政部门对此问题看法分歧和比较大，我也曾力图进行协调解决，未能如愿。我认为与其这样耗费时间争论下去，不如换个思路，先从能够做到的和当前迫切需要解决的问题入手。我相信经过若干年的努力，4%这个目标是能够达到的，并不像过去有些同志说的'是根本达不可能实现的'[11]。

一般认为有三种方法可以促使信息流动达致政策共识：命令模式、讨价还价模式、竞争性劝说模式。命令模式是指在中央权威的命令下，即能达成

---

9 尤尔根·哈贝马斯著.曹卫东译.交往行为理论[M].上海：上海人民出版社.2004：23.

10 Stephen J.Ball. Education Policy and Social Class. The selected works of Stephen Ball. London ; New York, NY : RoutledgeFalmer, 2006：3.

11 李岚清.李岚清教育访谈录[M].北京：人民教育出版社.2004：57.

共识，在这种情况下，中央权威最高，属于中央集权式、科层式体系。讨价还价模式是指通过利益的交换，实现共赢而达成共识。而竞争性劝说则是指每个利益群体都拥有自己的话语，寻找有利于自己的证据，通过说服不同政见者而达成共识。它和讨价还价比较类似，都属于权威分布较分散情况的选择，然而它的不同在于拥有绝对"证据"的一方可以在不作出任何利益让步的情况达成共识[12]。在研究结果给出 4%这个比例之前，应不应该增加对教育的投入在各部委之间还没有达成共识，而在4%研究结果给出教育应该投入的比例之后，终于在应该增加教育投入这个问题上达成了共识，冲突开始集中在到底教育经费应该包括哪些方面，教育部提出的教育经费主要指国家教育经费，而其他部委提出了不同的标准。争论异常激烈，当时连总理也无法协调，最后由于关于争论迟迟没有答案，教育部也作出了相应的让步。通过对决策者的访谈，可以看出其中的关键：

> 我们和学者最大的区别是对统计口径的把握，学者的数据都是国际比较出来的，我们要考虑我们国家的国情，我们是社会主义国家，所以要吸收税收，企业等多元主体，否则 4%也实现不了，其他部门也不可能同意。4%政策是经过广泛论证的，否则中央不会那么轻易通过。当时参与经费小组讨论的参与者有发改委的任强，财政部的吴荣礼等，当时我们在一起就这个统计口径问题讨论了很长时间。学者们算出的 4%的统计口径是预算内的教育经费支出占GDP4%，我们计算的教育经费包括四项：（1）国家教育经费。既属于国家财政性质的经费支出。主要是：预算内教育经费。即属于国家财政性质的经费支出。各级政府依法征收用于教育的税、附加费，如城乡教育费附加等；厂矿企业用于中小学的支出。（2）社会集资、捐资。（3）个人负担的教育费用。（4）校产收入用于改善学校办学条件的支出。学者们用的是哪一项？只是第一项。当时研讨小组不仅有教育部的，还有国家统计局的，还有财政部的，他们对这个提法是有意见的。我们还在一起讨论过。我们不仅看了联合国的数据，也参考了厉以宁的研究以及其他外国专家的研究。我们自己也有研究，这样定位的口径，把学者提出的国家预算内经费改为财政性教

---

12 HALPERN, N.P. Policy Communities in a Leninist State: The Case of the Chinese Economic Policy Community and Governance[M], 1989: 23-41.

育经费，这也是出于中国实际的需要，我们的成果最后交到中央政
治局讨论得到通过，是因为我们四大部委都充分沟通过，很大程度
上还是因为我们体现的中国的综合国情。（访谈 5 号）。

通过最后共识的达成过程，我们可以看出集合了各部门教育经费小组发
挥着重要的作用。事实上，在向国家争取资源的说服过程中，每个部门都试
图将自己部门的利益分配内涵等政治问题表述得更客观，更技术化，因此大
多数部门都会通过调查研究来论证本部门方案的合理性，增强方案的说服能
力，尽可能提高本部门在政策决策和执行中的地位和排名，使部门在出台的
政策中获得更大的发言权。而独立的研究小组是一种跨部门的机构，它能够
通过调查、会议征求各部门意见，最后提供关于政策问题的整合意见。通过
把承担不同职责的机构，以及体制外的专家集合起来讨论某个政策问题和解
决方案，研究机构创造了一种具有政策外部性和经过各部门权衡的新信息，
从而通过讨论达到共识。并且研究机构不会从短期某个具体部门的利益出
发，而是从全局、长远的利益出发，发展一种长期的视角。最后，研究机构
可以作为国家一种专家分析和提供建议的常规资源来提供服务，这就为决策
的稳定与科学化发展提供了基础。

（三）进入决策议程

从上文可以看出，尽管部委之间争论很大，可是"4%"政策目标的提
出有大量数据的支持，并经过严格的分析探讨，有着缜密的逻辑依据，因
此成为主张增加公共教育经费的有力证据。过去争论的焦点是是否增加中
国的教育经费，而 4%研究成果出来以后，争论的焦点转化为是否增加到 4%
的政策目标，研究成果成功地把中国的教育经费问题推上了一个新的台阶。

4%"最终能够在政策文本中实现，与当时政治环境非常相关。
1989 年政治运动使呼之欲出的政策嘎然而止，1992 年，邓小平同志
南巡之后，政策之窗随即打开。"1992 年，小平同志南巡讲话之后，
为纲要调整奠定了基调，小平同志的讲话总结了六四风波和八九动
乱，明确了教育的指导思想。调整了教育的步伐，邓小平指出要加
快社会建设步伐，这就奠定了政策的基础。（访谈 5 号）

另一方面，领导人位置的更替也非常重要。

其实职位决定脑袋，当时李鹏当总理的时候，说谁都找我要百
分比，我给不了。可是当他当上全国人大委员长后，立刻大力推动

4%，在谈话中把它作为教育的主题，这就是在其位谋其政，当总理，各个部门都向他要钱。可是当委员长就不一样了，可以提出一个好的建议。4%这个目标提出来还是好的，因为终于拿出来了一个标准。（访谈 4 号）

最终，在当时国家教委的多方协调和努力之下，把 4%这个具体比例写进了《中国的教育改革和发展纲要》，并最终确定将公共教育支出的计算口径扩大为国家财政性教育经费支出（除了政府预算内拨款外，还包括：城乡教育费附加、企业办学支出和校办产业减免税收用于教育方面的支出）。从 1986 年厉以宁教授第一次向中央领导报告研究成果算起，到 1993 年这个政策的出台，整个过程长达七年。

第二节　"4%研究"影响政策的因素和机会

由于政策过程相当复杂且研究者通常没有行政权力，因此在公共政策过程中，决策者直接使用研究成果的情况还很少见。只有在特定的情景下，研究证据才有可能被直接使用。"4%"研究是一个研究成果从上至下直接转化为政策目标的典型案例，相关政策制定过程也是"以研究为基础的政策制定"的典型。在这一过程中有以下几个关键性的构成要素和特征：

一、研究成果同时满足了观念性、策略性、工具性的需要

基于研究的政策过程中，分为三种利用研究模型。第一种是知识利用的工具模型，主要是指为了解决问题而制定特定的研究项目，并从中获得解决方案。第二种是知识利用的观念模型，主要是指研究发现与经验、政治洞察力以及来自行动者的非线性的决策过程互动，并且研究的概念、理论视角和研究发现在社会中传播，影响了政策制定者的对相关问题的思考。第三种是知识利用的策略模型，主要是指研究发现被有选择地为政治立场提供支持，用来提升政策制定者或实践者行动的有效性[13]。反观 4%这个政策制定过程，我们发现，首先是因为财政性教育经费过低，决策部门有一个投入多少才是合理比例的疑问，所以教育规划才专门设立课题，来用研究成果解答这个疑问，这具有工具性利用模型的特色。其次，由于研究结果论证充分，被大家所接纳，所以各部委关于

13　Mark B.Ginsburg and Jorge M.Gorostiaga.（ed）. Limitations and possibilities of dialogue among researchers, policy makers and practitioners: international perspectives on the field of education[M]. New York: RoutledgeFalmer.2003：88.

教育经费的争论从是不是应该增加教育经费转到是否要投入 4%这个具体的比例上来，研究结果渐进转变了决策者的观念，这又具有观念性模型的特色。最后，教育部依据现有的研究来和财政部和计划司等其他部委谈判，将其作为政策合理性的依据，以此作为最有效的论证方式，这又显示了研究的策略性的特色。所以，从"4%政策"的具体制定过程来看，对研究的利用并不能简单得用某个模型进行概括，在现实中，研究成果的利用常常是出于多种原因并通过多种途径实现的。但是在三种需要里，研究主要还是满足工具性的需要。因为研究专门是针对某个具体问题，并试图填补其知识缺漏。

"4%研究"本质上是一种项目研究。项目研究背后基本的假设是，决策者有明确的目标，心中也有一个大致的方案图。他们明白自己需要哪些信息，所以他们委托社会科学研究人员提供相关的数据，分析结论以及对这些结论的解释，以备别人的咨询。这个过程是：确定相关的决策——明确缺失的信息——获取相应的社会科学研究成果——把研究成果用政策文本的方式进行诠释——政策选择。人们常常期待，这种形式的研究会直接产生最有效的，最有用的政策方案。尤其是政府委托的大规模政策研究，或者由政府官员领衔的具体研究，人们常常认为他们会做出不一样的计划，规划和政策。如果最后研究没有用，人们觉得应该提高研究应用的效率时，提出的建议往往是加强政府对相关研究规格以及他们在相关领域研究行为的控制。

但是像"4%研究"这样能够给政策带来这么大影响的研究相当之少。维斯提出"只要人们扫一眼社会科学研究的命运，我们就不难发现，偶尔才会有研究能够对决策产生直接的影响。大多数研究浮浮沉沉，并没有留下任何影响政策方向或者本质的可识别的痕迹[14]。因为要使研究能够直接影响政策决策，需要十分特别的条件：决策情境很明晰、政策参与者非常负责和公正地制定政策、要解决的问题必须依赖某些信息才能解决、需要哪些信息决策者已经很清楚、研究提供的信息使得决策者所做出的决策能够符合当时的环境、研究结论干净利落、论证有力，正好在决策者为相关问题困扰不已的时候进入决策者眼帘、研究考虑全面且易于理解，并且不与相关政治利益有很强的冲突。任何一个问题要具备所有这些条件都是**极其偶然**得，因此问题解决模式通常只用来描述一小部分例子。"尽管如此，

---

14 C.H.Weiss.The ManyMeanings ofResearchUtilization[J].In M. Bulmer eds. SocialScience and SocialPolicy.Lodon: Allen&Unwin, 1986:103.

问题解决模式仍是人们最常用来描述研究应用的模式。它之所以如此兴盛很可能是因为很多人对社会科学研究影响政策的幻想破灭的缘故。人们非常希望研究能够按照上述的阶段产生对政策的影响，但是当情况相反时，他们常常感到失望。

事实上，问题领域的所有参与者都试图把它们的才智、信仰和理解投入这个领域，以解决问题。他们很少能够提出直接，明确解决手头问题的方案，更不用说拿出一整套系统的证据了。不过，他们能够相互讨论，从而不断地靠近政策答案。"研究人员不可能绝对得告诉其他人如何去做；而其他人也没有义务必须寻找到"正确"的答案以解决政策问题：政策不是这类问题。下列四种领域的人经验都同样重要，必须都予以考虑（政治，技术，实践，和研究）。每个专家都只是擅长于某一方面，而对于其他方面很无知。他们只能提供自己能力范围内的知识，但是常常到最后他们会发现自己学到的比向他人传授得更多。"[15]

二、研究符合政策制定者使用的标准

到底什么样的研究是政策制定者认为最有意义的研究呢？有学者区分了四种类型的政策研究，发现政策相关性最低的是普遍性理论，与政策联系较为紧密的是经验性的理论分析、案例分析，而政策相关性最强的是直接的政策分析和建议。另外，一份2009年2月发布的对全世界2700多名从事国际关系研究的学者进行的调查按照研究方法把国际关系研究做了更细致的区分。他们选择了七种类型的学术研究，分别是理论分析、量化分析、政策分析、地区研究、历史性案例研究、当代案例研究、形式模型。然后按照用途大小来对它们进行归类。如表4-1

表1-1 不同类型国际关系研究对政策制定的作用[16]

（非常有用=3，有点用=2，不太有用=1，没有任何用处=0）

理论分析	量化分析	政策分析	地区研究	历史性案例研究	当代案例研究	形式模型
1.40	1.64	2.28	2.31	1.85	2.22	0.97

---

15 Donnison D. Research for policy[J]. Minerva,10（4），519-536. 1972:519-536.

16 Richard Jordan et a.l, One Discipline or Many?-TRIP Survey of International Relations of Faculty in Ten Countries[J]. The College of William and Mary, February 2009.

这一调查显示，对外交政策决策者最有用的研究类型依次是地区研究、政策分析、当代案例研究及历史性案例研究，而对决策者最没有帮助的则是形式模型（formal model）和理论分析（如表4-1）。

同样也有学者分析当政策制定者在政策制定时，最需要专家提供给他们哪些信息。法国历史学大师马克·布洛赫[17]（Marc Block）指出首先决策者需要历史的知识。"要使行动合理，首先有必要理解。"决策者在制定政策的过程中总是自觉和不自觉地运用历史类比的方法，来试图理解他们所面对的问题的性质，并寻找解决问题的方案。历史的经验教训在政策制定过程中具有重要作用。但遗憾的是，"当诉诸于类比时，他们常常一把抓住所想到的第一个类比，而不是去做更为广泛的探索。他们也不会停下来对案例来进行分析，检验其适用性，甚至也不问在什么情况下这一案例可能会是误导的。他们将一种趋势看作是贯穿至今，并常常认为未来会继续如此。他们不会停下来想一想是什么造成了这一趋势，以及为什么一种线性的预测可能会被证明是错误的。"[18]这是因为决策过程中，决策者还不得不面临时间紧迫、所需信息有限、需要协调方方面面的利益等一系列问题的压力。在这种情况下，如果没有学者的帮助，决策者很容易会将一些危险的、过于简单化的或者根本无甚联系的经验总结运用到他们当下所面对的危机或问题上[19]。

其次是中层理论。有学者认为，政策制定者需要的不是宏观的理论，它难于理解；也不是微观的步骤，它不是研究人员能确立的知识；研究者能发挥作用的是中层的理论，具体而言是三种知识类型：（1）每种战略抽象的、概念化的模型，或者说区分该战略的关键变量，以及成功运用该政策工具的一般逻辑；（2）支持一种战略取得成功的条件的通用知识，其形式是"有条件的归纳"；在政策制定中，有条件的归纳比单纯确定两个变量之间的概率关系要更为有用；（3）关于对手的特定行为模式的知识。这三种类型的知识结合起来，可以帮助政策制定者正确诊断他面临的问题，并提供相应的政策选择，从而有助于他们确定是否及怎样运用某一特定的战略[20]。

---

17 Marc Bloch .The Historian's Craft : Reflections on the Nature and Uses of History[M].Vintage Books. 1953:12.

18 Ernest R. May," Lessons" of the Past: The Use and Misuse of History in American Foreign Policy[M].New York : Oxford University Press , 1973:56.

19 Alexander George and Richard Smoke. Deterrence in American Foreign Policy: Theory and Practice[M].New York:Columbia University Press, 1974:69.

20 同上.

最后是不违背直觉的研究。研究发现那些经常使用社会研究的人都具有一种一种很明显的品质或者说"社会触觉"，简而言之，即对当代社会事件很敏感，有改革的欲望：他们把大社会和自己身上发生的事情都融为一体。他们已经把研究知识本身和其他知识混为一体，他们从各个渠道获取知识，报纸，电视，时尚杂志以及科学研究报告等，不管是硬知识还是软知识，都会帮助他们感觉到自己并没有落后在社会现实之后，也没有落后在专业知识之后。很多与政策相关的研究信息之所以被拒绝，是因为他们认为这些研究结果与他们自己认定的事实相冲突。他们愿意接受和他们信条相符的研究结果，而不愿意接受那些违背他们直觉和信仰的研究，尤其是违背科学客观性和政治可行性的结论。研究不仅不能违背关键位置关键人物的直觉，也不能违背社会大众的价值观[21]。

"4%研究"首先从研究内部评价来看，还是获得了学术界的认可。《教育经费在国民收入中的合理比例与教育投资经济效益分析》三次获奖即是证明。但政策制定部门衡量研究质量的高低标准并不与学术界相同。上文对政策的吸纳标准进行了介绍，美国学者韦斯通过对 155 名高级官员访谈后进一步对决策者判断研究质量进行了排序，认为政策制定者判断研究质量的各种变项按其重要性排列的顺序是：高技术质量，统计精细且客观的分析，量化的资料，观点明晰并且前后一致[22]。4%这个研究成果显然非常符合决策者个偏好，首先它是直指现实问题的政策分析研究，给具体的政策问题以清晰的答案。其次它运用了横纵对比，选定了发展中国家的平均数值作为标准，并且注重了历史规律的视角，收集了十年的历史数据。运用了多种研究方法、对大量的资料进行统计分析、建立了相应的模型，提出了可供衡量的指标，给了明确的百分比和适用的条件。经过多轮反复的验证，结果都比较相同，不仅在研究者内部较少分歧，也符合国际层面的标准和要求。所以一直到今天，这个政策的合理性还是较少有人质疑，这和研究的质量与提供的论据不无关系。

三、沟通的制度渠道和非正式渠道同时开放

在财政性经费占 GDP4%政策中、研究者本人的地位和研究资本，使之能够积极扩散研究成果，使研究成果能够直接影响决策层。其中厉以宁教授、

---

21 于铁军.有助于对外政策制定的几种知识类型[J].国际政治研究（季刊）.2009（3）.
22 C.H.Weiss.The ManyMeanings ofResearchUtilization[J].In M. Bulmer eds.SocialScience and SocialPolicy.Lodon: Allen&Unwin, 1986:145.

王善迈教授、郝克明教授等人不仅积极参与科研项目，同时又长期担任决策部门的智囊团，与决策者关系密切，既能够通过正式的制度渠道，如人大的提案或者呈送政府内参的研究报告来传递研究成果，又能够通过非正式的渠道如给中央领导人写信，会议间隔聊天等形式向政府提出、阐释和传递政策诉求，研究人员的影响力和地位对于研究成果的扩散在本案例中非常关键。同样非常关键的是存在一个中间组织"国家教育研讨小组"来沟通研究成果和政策需求。

研讨小组使得最高领导者可以接受到更加整合的信息而不是各个部门分立的信息。这些中央直管的专家通过击破各部委对专家的垄断权，从而降低了权威碎片化的程度。虽然专家在中国官僚制中变得越来越重要，但是从较低层次收集信息传递给更高领导者的专家形式被证明是非常不稳定得。研讨小组能为政策者提供信息以帮助对他们政策领域内的厉害关系进行权衡，并对他们的信息不足进行补充。同时由于其直属最高领导，还能降低相关领域内的部委对信息和专家的垄断权，从而改变了非正式的权威。研讨小组之所以能够独立于某个特定利益集团，是因为研讨小组给研究个人以完全不同于科层结构的激励机制。研讨小组对总理负责，而不是对相关部门负责。

研讨小组的成立，对部委而言也带来刺激。首先，对部委的刺激主要是激励他们组织自己的专家团队以增强他们面对中央的权威。用"科学"来谋求他们具体目标的"合理性"。研究机构给部委提供关于目前要达到共识所必须的信息。这意味着，部委总是有动力去了解其他机构关于他们制定政策的外部性评价。而在以前，情况完全不是这样，因为政策部门总是以单向的方式制定政策，在政策过程中通常忽略其他机构，一直到政策制定出来了才意识到其他部门的存在。研讨小组的功能就是收集所有相关机构的信息，因此，当某个部门制定一项政策时，其他的机构更能了解这一点，也更能提供一些关于这个决策的外部信息以及他们独特的政策判断。其次，研讨小组可能会改变部委寻找政策外部性信息的积极性，促使他们更多地考虑其他机构的观点。因为研讨小组一直以自己的观点"毫无偏见"著称，部委要想反驳他们的观点，就必须证明自己能通过更好的方法做出更公正的结论。这就鼓励部委不仅增强自己的分析能力，也迫使他们去寻找有关部门更多的信息，证明他们的政策不仅利于自己，也有利于其他部门。最后，研究无疑会增加部门之间讨价还价的行为。部门会议无疑是观察他们讨价还价行为最佳的场所。尽管每个部委都能独立与国务院提出自己的观点，但是毫无疑问如果他们能够提出一份参考了多家机构达成共识的文件，肯定会比只考虑了一家的文件要更有说服力。这是因为每个机构都希望与其他机构达到某种程度的妥协，除非他们能证明自己一家做会比联合做好。

研讨小组促进了各个机构之间的辩论——以相互劝说，和相互让步——的方式，而不是仅仅提供一个平台来让他们在这里讨论。研讨小组从水平（跨部门或者跨系统）和垂直（长期规划）维度改变了不同部门之间讨论的本质。使得讨论把问题都粘连在一起。并且当下的讨论和长期的规划使得参与者能够反复参与讨论，而不是偶尔见面。这种激励是要促进长远的共识，一段时间后，这种共识还能以制度化的方式建立，即使政策还要许多年才能制定出来，长远的规划会创造暂时"让步"。

四、稳定的政策场域使研究与政策制定相关因素关系融洽

英国学者马尔甘（Mulgan，2003）把利用研究的领域划分为三大领域，他认为只有在稳定的政策领域中，研究才能得到重视和利用[23]。这个领域的特征是知识体系已经确定，有很好的理论基础，政府官员普遍了解相关的知识，有很强的基本证据库，而且在不断地增加新的研究证据；教育部就具有这种稳定政策领域的特征，不仅拥有一批专家型的决策者，还有庞大的研究团体，在4%这个案例中，教育部的政策制定者一方面积极吸纳联合国教科文组织最新的数据和经验，一方面把这些经验与具体的研究者交流，从而对研究者的方向指引很有帮助，也推进了研究的利用程度。

毫无疑问，研究不是影响政策过程的唯一因素。韦斯教授认为当作为证据的研究成果放到决策者的桌子上的时候，已经有其它的四个因素，预先等在那里了，这四个因素，韦斯教授称之为意识形态、利益、制度规范和惯例、和先入之见。首先，从意识形态，即公众的基本价值观而言，研究成果符合公众对教育的基本评价，教育很重要，但是教育很穷，教育经费急需提高到一个合理的比例，这符合公众的基本价值观。第二，从利益角度看，研究结论表明需要增加教育经费，引起了财政部和计划司的一些异议，产生利益冲突问题，尽管对教育投入在更高层面上符合人民的利益，且研究论证的结果

---

23 Mulgan, R. Holding power to account. Accountability in modern democracies[M]. New York: MacMillan Palgrave. 2003:47.

证明现有的分配的确缺口很大，但是由于核心的利益冲突问题没有解决。导致研究在漫长的 7 年里，难以变成政策目标。第三，从制度规范和惯例来看，教育部长期性的，战略性的政策一般都会开展充分的研究和论证，使用研究成果来论证政策的合理性是教育部的一种制度规范，所以在纲要中明确使用研究成果，并不是有悖常理。第四：从先入之见来看，一般认为政策制订者可能从不同的来源获取了一定的信息，形成了"先入之见"。新信息必须要足够有力，才能改变他们业已形成的思想观念。对于教育经费短缺这个事实教育政策制定者们都早已明晰，他们也在尝试从不同的信息来源，如教科文组织规划中国别比较来分析合理的比例问题，且有了一定发展中国家教育经费占 GDP4%这个结论，所以当研究成果展现到他们面前，并且研究结论也是4.08%，正好符合他们的经验时，这个数据就被完全采纳了。研究结果符合先入之见这并是偶然，一方面要求政策制定者的信息广泛且专业，这样先入之见才有一个合理的范围，另一方面也要求研究者研究要规范，研究结果经得起考验。

在这个政策制定过程中，尽管研究处在一个稳定的政策领域，但还是与其他因素之间有一定的冲突，虽然最后变成了政策目标，但是从研究到政策耗时七年，经过了一个漫长的争辩的过程，所以我们我们可以看到，研究影响政策绝不是一个简单的工具问题，而是一个复杂，充满博弈的过程。只有当研究支持政策制定者的政治立场，与以前的知识相一致并且与政策制定者的思想和价值观不相矛盾，才能提高其被运用的机会。

第三节　本章小结

本章详细描述了"4%研究"影响教育经费政策的过程。从整体来看，财政性教育经费占 GDP4%政策所反映出的"基于研究的政策制定"过程至少具有以下四个方面的特点：第一，政策使用的研究具有数量化特征，且符合政策制定者的政策目标。"4%研究"采用了严格的研究方法，对实际资料进行了充分的收集和整理，并有严密的论证和简明扼要的分析，通过这个研究可以看出以数据方式展示的研究往往更容易被决策者所采纳。简明扼要、量化数据、进行国际国内"比较"，是这一类研究的特点。因为政策制定者往往时间紧，任务重，无法对漫长的学术报告深入分析，他们需要那种对行动的指导性强，拿来就用的研究。往往偏重于实用、功利性的利用原则，强调工具理性。第二、研究者和政策制定者之间存在有效的联系机制。通过"4%研究"发挥作用的方式，我们可以看出研究的利用不仅仅是研究质量的问题，还有沟通的问题。如果我们仅仅是提高研究的质量而不努力促使其传播，那么研究仍然被束之高阁，无法被政策制定者运用。在4%案例中，首先，学术成果被撰写为简练的报告，通过科研组织机关或者其他制度性环节，送到教育部相关部门。其次，政策制定者主动进入研究过程，直到研究成果发表，研究者和决策者都一直保持紧密的联系，双方对研究进程和政策制定的进程非常了解，使得政策制定者更容易接受研究成果。再次，研究者和决策者不定期地举办一些学术会议或者行政会议，使得决策者与研究者可以聚集在一起讨论共同感兴趣的政策问题，加深双方的了解。最后，通过非正式的私人交往，研究者也可以向决策者传递自己的研究观点。第三、存在一个稳定的政策领域，有一个开放、民主的制度环境。研究成果的运用需要有一个比较好的环境，在这个环境中，基本的知识体系已经确定，有着明晰的价值导向和共识，问题分类清晰，政府官员普遍了解相关的知识，有一批专家型的决策者，在决策时采用开放、民主的原则，对决策问题加以充分论证，信赖科研人员的研究成果。而教育部的确存在一批专家型的学者，他们不仅了解研究成果，在决策中也注意运用研究成果，这为研究发挥作用提供了很好的环境。第四、研究利用的偶然性——等待政策之窗的开启。4%最后能够影响也存在一定的偶然性。金登认为，政策之窗的开启需要问题源流、政治源流、政策源流共同汇聚，才能开启[24]。研究是否得到政策的利用，目前还是具有一定的偶然性。上文中论述过研究并不是影响政策制定的唯一因素，还要与其他四个因素一起共同对政策制定造成影响，其他四个因素中某一个与研究本身分歧很大，都可能导致研究成果被放弃。因此，基于研究的政策永远不可能完全基于研究，只可能是部分得运用研究成果。如果说决策科学化是一种导向，那么使政策更多地建立在研究的基础上就是在一步一步朝这个方向前进。

---

24 约翰.W.金登著.议程、备选方案与公共政策（第二版）[M]. 丁煌，方兴译.北京：中国人民大学出版社.2003:261.

第五章 "内涵式发展研究"从下至上影响政策

　　统计数据一直极大地影响着政府的政策。生活成本、税收收益、股票指数、失业率、福利支出、贸易赤字等经济数据都是政府决策的重要依据。近年来，越来越多的数据进入到政策决策者的视野。在公众健康领域，政府关注疫病的发生率和流行性；在教育领域，政府关注学校的失学率、健康指标、青少年犯罪率等。大多数政府机构也都有自己的数据收集系统，随着科学化决策的提倡，在新的教育规划和教育政策制定中，越来越多地使用外部的调查、测验和分析数据，多样化的数据成为政策制定不可或缺的一部分。本章对"高等学校内涵式发展研究"（简称"内涵式发展"）进行案例分析，分析该研究对中国高等教育规模发展路径的影响，并进一步讨论实证研究与政策方案的构建及选择之间的关系。

第一节 "内涵式发展研究"影响事件和过程

一、高等教育规模发展的路径调整轨道

　　高等教育的发展存在"外延式发展"和"内涵式发展"这两种基本模式。前者实质是"数量型"发展形式，指通过增设新校来扩大高等教育的总体规模。后者是"效益型"发展形式，指通过挖掘现有高校的潜力、扩大招生数量、充分发挥其设施的效用来扩大高等教育的总体规模[1]。二者本身并没有孰优孰劣之分，在任何一个国家的高等教育发展中，都很难找到纯粹的"外

---

[1] 鲁媛凤，杨国锋，于洪博.中国高等教育规模扩展形式的比较研究[J].山东师大学报，1998（3）.

延式"发展或"内涵式"发展的例子[2]。比如，在高等教育大众化过程中，美国出现了众多的赠地学院、社区学院、州立大学，英国出现了高级技术学院、开放大学、新大学，德国出现了高等专科学校、职业学院、远程学院，日本出现了短期大学、高等专门学院等，印度在 1950-1998 年间在校生数迅速扩张期间，大学数增长了 10 倍，学院数增长了 14 倍。新型的高等教育机构的出现和发展，以及高校数量的增加，保证了这些国家高等教育大众化的稳步实现[3]。而在所有这些国家，也几乎都有高校数量大发展之后，扩大各个高校规模、提高高校质量的"内涵发展"过程。

从 1978 年到 2008 年，我国高等教育规模发展的路径在不断调整中，经历了几次转折，有一个比较明显的从"外延式发展"到"内涵式发展"再到"外延式发展"的过程。

（一）为补偿高等教育需求的"外延式"发展

"20 世纪 80 年代以前，由于历史的原因，我国高校生均规模很小，而且几乎是清一色的公立高校。"恢复高考后，高等教育长期的停滞与社会积压的高等教育需求形成尖锐的矛盾。在当时，高考升学比例仅为 3%，高校办学效率低下，全国高校在校生平均规模仅为 1700 多人。为了应对这种情况，我国开始大力发展高等教育，以更好地满足社会经济发展对人才的需求和大众的求学愿望。整个二十世纪 80 年代，中国高等教育经历了一个较快的发展时期，普通高等学校在校生从 1980 年的 102 万人增加到 1990 年的 206 万人，高等教育在校生数十年间翻了一番，但是高等院校平均规模几乎没有变化，仅从 1980 年的 1700 多人提高为 1922 人。当时我国高等教育规模的成倍扩展主要是通过建立新校实现得。从 1983 年到 1985 年三年间，全国新建高校达 301 所，其中 1985 年一年间就增设新校 114 所[4]。

（二）1988-1998 年间的内涵式发展

由于高校数量已经有了较大的发展，加之当时的政府部门在很大程度上接受了北京大学闵维方、丁小浩等有关高等教育规模效益研究的结论和建议，我国高等教育发展模式发生了一次明显的转变。"80 年代末期，在有关

2　申培轩.高等教育规模扩展：内涵与外延并举[J].理工高教研究.2002（4）.
3　同上.
4　邬大光.我国高等教育应该走外延式的发展道路[J].求是.2003（10）.

学者研究成果的基础上，我国高等教育确定了以"内涵式发展"为主的改革思路。所谓"内涵式发展"的道路，是指通过挖掘原有公立高等教育系统内部潜力来扩大高等教育的容量。这种扩展方式也可称之为体制内扩张。经过近 10 年的改革和调整，"内涵式发展"初见成效[5]。1988 年以后连续多年我国普通高等学校数保持在 1075 所不变，到 1998 年，我国普通高等学校数甚至缩小到 1022 所，在普通高等学校数目基本不变甚至约有减少的情况下，在校大学生数仍然在增长，因而高校在校生平均规模从 1990 年的 1918 人扩大到 1998 年的 3335 人，高等教育规模效益得到很大的提高。

（三）1999 年扩招之后逐渐向"外延式"发展转变

1999 年，我国实行高校扩招政策。在扩招第一年，全国高校招生规模从 1998 年的 108 万扩大到 159 万，增幅达 48%。至 2002 年，全国高校在校生已达 1600 万人，比 1998 年增加了一倍多，但是高校总数没有太大增加，本科院校的在校生规模由 1998 年的 3000 多人提高到了 6000 多人；从全国普通高校办学条件检查的结果来看，生均占地（75.3 平方米）、生均校舍（32.5 平方米）、生均教学实验用房（10.9 平方米）、生均教学仪器设备值（5067.1 元）、生均图书（81 册）和生师比（17.5：1）等几个指标都几乎突破政府规定的最低水平[6]。"内涵式发展"的道路已使公立高校系统资源全面紧张，高等教育大众化的发展目标已不可能通过体制内扩张实现。因而也有人明确提出，我国高等教育应该调整发展战略，走"外延式发展"的道路[7]。在 1998 年普通高校数是 1022 所，到了 2008 年，普通高校数扩大为 2663 所，十年增加了 1641 所，尽管新建了很多高校，但是由于招生规模的扩大，大学生均规模仍是年年攀升，从 1998 年的 3335 人，增加到 2008 年的 8679 人，很多地方都出现了几万人的巨型高校。

本章以下选取高校规模发展的第二个阶段，即 1988 年到 1998 年的"内涵式"发展阶段作为分析对象，着重分析这种转型是如何在学者实证研究的推动下得以实现的，学者如何介入这种转型，他们做了什么工作，有哪些因素促使他们的实证研究成果得到利用。"实证研究"和"政策方案选择"之间的关系也是探讨的重点。

---

5 同上.

6 申培轩.高等教育规模扩展：内涵与外延并举[J].理工高教研究.2002（4）.

7 邬大光.我国高等教育应该走外延式的发展道路[J].求是.2003（10）.

二、"内涵式发展"研究过程

内涵式发展研究影响政策一个很重要的特征是研究者是在完全自主研究的条件下，自下而上地把一个全新的研究概念和结论输送到政策制定者手中。研究主要发挥的是启蒙功能。因此，与4%研究最后提供精确的答案不同，内涵式研究影响路径中最值得分析的因素是这个独立的研究过程到底是如何建立的，研究者为什么会从事这项研究？是什么机会促使本无意影响政策的研究者最后影响了政策？各个参与者在传递研究成果中是种什么心态，发挥了什么作用？下文将从研究的背景，研究过程的参与者，信息传递的渠道三个方面来分析这个过程。

（一）研究的背景

1980年代，中国高等教育经历了一个较快的发展时期。普通高等学校在校生从1980年的102万人增加到1990年的206万人。在这个时期，我国高等教育发展的一个显著特点就是新建学校的数目增长快。新建学校要求大量投资，这种投资无疑是一个沉重的财政负担，当时，决策部门已经明显感到了这种压力。1985年颁布的《中共中央关于教育体制改革的决定》就指出：**"大学本科要通过改革，扩建和各种形式的联合，充分发挥潜力，近期内一般不建新校"**。八十年代末期，又在当时特定的情况下提出了高等教育要**"稳定规模，优化结构，提高效率，注重质量"**的方针。这些原则和方针都说明高校规模发展路径已经成为当时决策者高度关注的问题。方向明确了，但在具体规模上和发展路径上，还缺乏明确的认识。例如到底多大的规模是合适的规模？如何才能优化结构、提高效率？中国的高校规模发展应该走一条什么道路等等。

高等教育规模效益问题不仅引起了决策者的思考，也引起了研究人员的思考。高校规模效益研究项目组组长在谈到这个问题时说道：

> 1985年的决定提出了相关问题，意识到这个问题相当重要，但那时还缺少对此问题基于严格系统的实证分析的理论认识。鉴于当时我国高等教育发展的实际状况和相关研究的不足，我认为对中国的高校规模效益的实证研究迫在眉睫，不仅具有重要理论意义，而且具有现实的政策含义。因为从当时的高校规模看，我国八十年代的高等教育在校生总数十年间翻了一番，而高等院校平均规模几乎没有变

化，仅为 1922 人。这说明这一时期我国高等教育规模的成倍扩展主要是通过建立新校实现的。当时我国比同期美国和苏联的 3000-4000 人的高等学校平均规模小得多。即使不增加学校数，而只通过扩大现有学校规模，也将使我国高等教育规模成倍增长。从这种意义上讲，走'内涵式'的教育发展道路在我国有很大潜力。（访谈 8 号）

意识到问题的必要性只是开启研究的一个方面。研究的开启和政策议程的建立其实有很多相似之处，不仅需要打开问题之窗，还需要打开政策之窗和政治之窗，具有很大的机缘巧合性。研究者何以能从事这项研究？何以能够影响到决策？研究的萌芽、启动、结果以及对参与人员的行为有何特征？

（二）借鸡生蛋的研究项目

1988 年 10 月，当时世界银行总部开了一个会议，议题是中国地域辽阔、人口众多、发展不平衡，贫困地区教育相对落后，"为此要在中国实搞《世界银行中国贫困省教育发展项目》，考虑到项目执行能力，第一期选择的六个省其实并不都是最贫困的省，包括湖北、湖南、陕西、山西、云南、贵州等。这是一个 35 年无息的援助性软贷款项目，加上配套经费，总投入 3 亿美元，这在当时是很大的数目"（访谈 8 号）。可是，如何保证这笔相当可观的援助性贷款能真正有效地被用于改善中国贫困地区的教育呢?会议按照世界银行的工作规则，决定要成立一个专家组来进行项目投资的前期研究，世界银行称之为"部门研究（sector study）"。这个专家组除了来自境外的国际专家，还特别需要一位懂得中国文化、中国历史、中国制度环境的专家。这个专家还必须比较全面地懂教育，不仅要懂教育学原理，还要懂教育经济、教育财政、教育投资等等。会议在物色、讨论这个专家时，最后选择的人物就是闵维方。关于这一过程，曾有记者对闵维方进行过专访。"曾就职于斯坦福大学的世界银行项目官员芭芭拉·希尔（Barbara Hill）飞来北京，在北京大学找到了闵维方。闵维方对世界银行的突然邀请，不无惊讶。'你们怎么找到我的?'闵维方问。'你忘了吗?你的导师亨利·列文是世界银行的高级顾问。'芭芭拉·希尔说。希尔手里有闵维方在斯坦福大学学习期间的三位导师曾经写给福布莱特奖学金委员会的评价信，其中一份文件中对闵维方评价道："我一生中在加利福尼亚、芝加哥和斯坦福这 3 所重要大学指导过 100 多名博士，闵维方是我指导过的最优秀的一个。"[8]

---

8 王宏甲.闵维方的选择[J].北京文学.2001（2）.

闵维方作为最早的专家组成员之一开始参与了此项目投资的前期研究，参与起草世界银行的内部研究报告，并在项目执行阶段担任专家组长。由六、七个人组成的世界银行专家组有鲜明的国际色彩，专家们来自世界各地，如哥伦比亚大学的曾满超教授、香港大学的程介明教授都在不同阶段参加过项目工作。但是世界银行项目的前期研究受时间的限制，只要满足立项需要即可。这同深入细致的学术研究还有一定差别。

> 由于当时我是这一项目执行阶段的专家组组长，就运用项目省报上来的高校统计数据，又进行了更深入的分析，特别是研究了高等教育领域存在的规模效益（规模经济）问题。通过研究我们发现，我国大学的平均规模不到 2000 人，这就大有文章可做，因为任何一种生产活动或教育活动都有一个规模效益问题，只有这个活动达到一定规模的时候，这个学校才能使人力、物力、财力资源实现优化配置。（访谈 8 号）

闵维方在美国德克萨斯大学搞过高等教育的资源配置研究，所以他认识到：中国高等教育当时的发展存在一个很大的盲点，这个盲点里埋伏着严重的效益问题，首先就表现在规模效益太差。因此，他在 1989 年就把"内涵式"发展还是"外延式"发展作为中国高等教育发展战略中的重大问题提出来。

初步的研究结论在 1990 年就已经成稿。但是在接下来的近十年中，闵维方和他的同事丁小浩、梁续军、姜力争和郭苏热等又分别从多种角度（包括考虑学校类型、不同主管部门、不同地区以及控制高校投入的质量因素等），多种分析单位（包括以学校为分析单位、以学校内部系和专业为分析单位）对中国高等教育的规模效益现象进行了深入的理论分析和实证检验[9]。他们采纳的数据主要还是基于世界银行课题项目所搜集上来的 116 所高校的数据，采用了多种研究方法和视角。闵维方在分析 1980－1990 年代初中国高等院校规模不经济现象产生的原因时，用社会组织理论中所谓的"制度化同型性"概念来解释小规模的高等院校所具有的明显特征。丁小浩从管理、技术和劳动等几个方面对规模不经济的根源进行了剖析，并以此为题撰写了博士论文，其他几位研究生也围绕该问题完成了他们的学位论文。

9 梁续军.中国高等院校规模效益 [D].高教所硕士毕业论文.北京大学，1990.郭苏热.高校校、系、专业规模对内部效率的影响[D].高教所硕士毕业论文.北京大学，1994.闵维方，丁小浩.中国高等院校规模效益：类型、质量的实证分析.教育经费筹措管理与效益研究[M].天津：天津大学出版社，1993.

（三）研究结论和书面的政策预期

根据闵维方1990年撰写的"高等教育规模扩展形式与办学效益"一文以及对他本人的访谈，可以将有关高等学校规模效益研究的结论归结为以下几方面：

第一，从整体上看，20世纪80年代至90年代初的中国高等院校存在显著的规模不经济的现象。"我们研究的是整个80年代这十年中国高等教育发展中的规模扩展形式，发现高校在校生总数从80年代初的100万增加到80年代末的200多万，但是高校的平均规模却没有增长，高教系统的内部效率指标（包括学校平均规模、学生与学校各类人员的比例等）也没有明显变化。这就是说，整个80年代的十年，高等教育规模扩展主要是通过建立新高校来实现的，走的是一条"外延式"的发展道路，而对于已有的高等教育资源的更充分利用却没有得到应有的重视"（访谈8号）。

第二，外延式的发展会造成我国高等院校平均规模小，布点多而分散的状况。从高等教育管理的角度看，由于学校数量多，规模小，容易造成管理机构的重复设置，行政效率低、开支大，同时还带来管理和评价方面的种种困难，不利于高等教育总体质量的提高。从学校内部办学的角度来看，由于学校的数量多，规模小，常常是单班招生或隔年单班招生，因此造成高教资源使用的低效率。从高等教育外部效益的角度看，由于学校的数量多和规模小，容易造成学校专业划分过细以及学校系科设置不全，可供学生选择的课程有限，从而使得学生的知识面窄，对飞速发展的经济和千变万化的人才市场缺乏较强的适应性和灵活性，因此常常不能充分发挥大学毕业生应有的作用，导致高等教育的社会经济效益也较差。

第三，通过不同院校的比较，可以发现中国高等院校具有显著的规模效益现象。在一定范围内，学校规模的扩大可带来人力资源和物力资源的节约，可提高资源的使用效率。如果走"内涵式"发展为主的道路，扩大现有高等院校的办学规模，充分挖掘现有高等院校的潜力，有助于带来人力资源和物力资源的节约。"内涵式"发展应该是当时我国在未来一个相当长的时期内实现高等教育总体规模扩展的主要途径[10]。

当研究结果出来后，研究人员通常会对自己研究的应用价值作出判断，

---

10 国家教育发展研究中心编.中国教育发展的宏观背景、现状及展望[M].北京：中国卓越出版公司.1990:219-236.

并在研究报告中阐述其政策意义。很多人认为，学术论文最后几段提出的"政策建议"常常是"无宾语的动作"、"对空气抒发的理想"，因为这类研究往往是建议政府采取何种措施，可是具体到部门，具体到应用的对象，往往模糊不清。可是这类意义也不是毫无价值，因为其中很多都蕴含着研究者对自己研究成果的期待。"高等学校规模效益研究"显然不是对"空气"抒发的理想，而是真正影响了政策本身。通过研究人员的反思，我们可以看出他们对"高等教育规模效益研究"的"政策期待"[11]。

第一，关于我国高等教育规模的扩展形式。"高等学校规模效益研究"的一个重要的政策含义是指出我国高等教育总体规模的扩大应该采取以"内涵式"为主的发展战略，即主要通过挖掘现有学校的潜力，提高现有学校的内部效率，扩大现有学校的平均办学规模来实现高等学校总体规模的扩展。在适当条件下，应该对规模过小和专业面过窄的院校进行调整，采取校际联合或对某些规模过小的学校进行合并的措施，达到扩大院校规模、提高经费使用效率的目的。同时拓宽专业设置，扩大学生选课机会，增加学生对未来机会的把握能力和对市场的灵活适应性，这同时也有利于提高人才培养质量。

第二，关于高等院校内部的扩展形式。影响内部效率的因素是多方面的，其中学校内部系和专业规模的大小也是重要因素之一。因此从提高高校内部效率的角度看，在扩大高等院校规模的过程中，应该主要依靠"内涵式"的发展形式，即通过拓宽学科设置，扩大学校既有的系和专业规模的途径来扩大学校规模。

第三，关于高等院校的办学条件。在同样的生均水平条件下，不同规模的学校可以支持不同水平的投入质量，也就是说如果使用相同的生均成本，规模大的学校可以获得比规模小的学校更好的办学条件。研究在指出存在规模经济的同时，也认为规模的扩大并不一定导致投入质量水平的必然提高，而只是在一定范围内为质量提高提供了一种技术的可能性。如果扩大后的高等院校仅仅是原有小规模的高等院校的简单复制放大，高等院校的内部资源在分配和调用上不尽合理，那么规模在改善办学条件上的积极作用将被抵消。

第四，关于高等教育经费分配政策。"规模效益研究"的结论对于国家制定高等教育经费的分配政策具有重要参考价值。一般认为，高等教育资源

---

11 丁小浩.中国高等院校规模效益研究——对有关研究结果的回顾[J].教育与经济.2003（3）.

配置的一项基本原则是有效性，即资源的配置要有利于激励教育系统提高效益。对于当时处于经费严重短缺的中国高等教育来说，政府在进行拨款时，应该考虑到学校规模对学校经费需求所产生的影响，并利用适当手段，在拨款方式中引入激励机制，鼓励高等院校取得规模效益。提倡规模效益的这种政策导向将使得高等教育的资源配置和利用更为合理有效。

将上述研究者表达的政策诉求和现实中的高等教育实践进行对比可以发现，只有第一种政策期待被政策采纳，其他三个方面的建议都没有被采纳。也就是说，真正对政策具有影响的是研究中"内涵式"发展的整体导向。所以，尽管研究的"政策意义"由研究者本人构建，而研究所实现的"政策价值"却取决于决策者。

三、研究成果的传播过程

虽然上述经过严格论证的研究结论引起很多人的兴趣，但是这些研究结论，并不是毫无争议地被人被接受。"讨论任何问题都不能离开特定的历史条件。在当时的历史条件下，实施我们提出的建议本身不是花销巨大，而是从总体上带来成本节约。我们就此进行了论证。但是，文章发表后并不是一下子就得到广泛理解和赞同。"（访谈 8 号）这样一个连让人理解和接受都有困难的研究结论，又是如何转化为决策者的政策条文的呢？

（一）简化学术语言

学术研究的结果要被学术圈外的人所接受，就不能完全使用学术化的语言。为了传播研究结果，从 1990 年开始闵维方就开始在许多场合用最通俗的语言去解说。他用了一个比方，形象地翻译了上述研究结果。他说：

> 这个学校只有 1000 个学生的话，需要一个财务处，这个财务处可能需要 8 个人。当这个学校有 2000 个学生的时候，它也需要一个财务处，但这个财务处并不需要 16 人，还是那些账目，只不过数字大了，它可能加一两个人就够了。如果变成 5000 人的大学，还是要一个财务处，这财务处当然不需要 40 人，可能有 20 几人就够了。你瞧，就从财务这一项人力资源的使用上看，当这个学校规模太小的时候，人力资源的使用效益是不合算的。一所大学不是只有财务处，还有人事处、教务处、基建处、伙食管理处、审计室、监察室、学生工作部、保卫部……还有党委，有党委领导下的组织部、宣传部，

还有团委，等等。在这些结构中，大学规模越小，成本就越高。特别是现代教学必须保持图书馆、实验室、计算机中心的先进性设置，费用非常高。大学规模大，才能利用'共享效益'。（访谈 8 号）

就是用这种通俗的语言，把规模效益理论说得非常清楚。从学术化的"高等学校的规模效益"概念到大家都比较容易接受的"内涵式发展"概念，也是该研究得以传播和接受的重要环节。因为传播只有简结、易于理解，才能真正扩大其影响范围。

（二）研究成果的公开和国家发展研究中心的接纳

通常情况下，研究者与决策者的私人交往可能会对研究成果的采用有较大的影响。在本案例中，我们也不能完全排除社会资本这一因素的因素，因为当时闵维方是北京大学高教所的副所长，且在教育经济领域非常活跃，与政府部门也有密切的接触。但是在访谈中，研究者并不认可这种非正式交往的作用：

我们并没有直接同上级部门就此问题进行联系。在国际上，一般的研究者通常是这样做的：他们是通过发表自己的成果来产生影响。我记得我是在 1990 年 5 月前后，在教育部教育发展研究中心召开的一次教育发展战略研讨会上第一次系统地报告了这一研究成果。当时我发言的题目就是：'内涵式'发展还是'外延式'发展——中国高等教育发展中的一个重要战略问题。当时我的印象是我们的研究方法和结论引起大家的很大兴趣和关注。该发言系统地总结了整个 80 年代十年间中国高等教育的规模扩展形式及其办学效益的影响。而教育部教育发展研究中心则是 1993 年中共中央国务院《中国教育改革与发展纲要》的主要起草者之一。随后我们曾陆续发表了一系列研究文章，并多次在国内国际学术会议上发言讨论此问题。因此研究结果传播得相当广泛。以致于后来许多其他单位的研究人员也开始做类似研究，当然结论同我们的结论是大同小异的。（访谈 8 号）

从上述材料可以看出，研究者主要还是通过研究报告的方式来传递研究成果，中间没有太多的解释环节。关键是研究成果直接传递到了关键的人手中。直接在决策者群体中发表自己的研究成果，是研究的声音传递到决策者耳边的重要途径之一。维达斯基（Wildawsky）[12]曾提出我们我们可以根据决

---

12 Aaron Wildavsky. Doing more and using les[M].s. In Dierkes er al.op.cit.1986:25.

策者的认知，来划分互动的阶段，他提出决策者对研究的利用是一个累积过程，他们首先要接受到研究成果，只有当决策者通过各种渠道如听证会、论文和会谈等一系列互动的方式主动或被动，规律或偶然地接受到研究成果之后，后续的动作才能发生。因此研究要影响政策，就必须努力使自己浮现出来，进入决策者的视野，参与公共政策的辩论及担当政策及政治过程中的游说角色，本质上就是政策研究者及其研究结果的部分职责，甚至是主要职责[13]。内涵式研究恰恰在于迈好了这关键的一步，通过学术讲座，把研究成果传递到了国家发展研究中心，接下来传递的工作则主要是国家发展研究中心完成。

在相关决策者接受到研究方案之后，经过多种方式的试验和检验，决策者对接受到的方案有了大致的了解。一些方案保持原封不动，一些被合并为新的提案，一些被取消。在本案例中，政策制定者对方案也有一定的调整。内涵式研究提出的内涵式发展原来仅就高校规模效益提出的方案，然而在最终制定纲要时，对这个概念进行了较大的扩展，不仅仅指规模，还包括质量。

> 你谈内涵式发展，不能不谈院校改革的背景，所谓内涵式发展，不仅仅指规模数量，还有结构和质量。你们谈的主要是窄意，就像加州理工大学，一共2000人，本科生1200，研究生800，师生比1：2，但是它很厉害，获得诺贝尔奖和哈佛差不多，你就不能说它效益低，钱学森举的例子就是加州理工大学，规模效益不等于内涵式发展，你应该谈质量和结构。（访谈7号）

如果决策者在一定程度上认可研究成果，那么接下来他们就会在把自己对这种意见的看法拿出来和其他决策者讨论，征求其他人的看法，并通过讨论在会上普及研究成果的内容。在得到大家的呼应之后，决策者如果更加确信研究成果的论证结论，他们会在自己的专业报告和文件中引用研究成果，并积极推动其他决策者采纳这个研究成果，最终使得研究成果影响所在部门的决策。整个过程是一个累积的过程，其顺序应该是接受——认知——讨论——引用——努力使之被采纳——影响政策。然而这个顺序不是一定的，除了接受和认知必定在一二阶段外，后面几个阶段实质上是可以跨越和齐头并进得。如图5-1：

---

13 约翰.W.金登著.议程、备选方案与公共政策 [M]. 丁煌，方兴译.北京：中国人民大学出版社.2003:165.

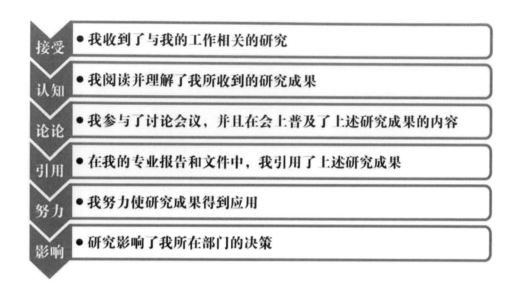

接受 • 我收到了与我的工作相关的研究

认知 • 我阅读并理解了我所收到的研究成果

论论 • 我参与了讨论会议，并且在会上普及了上述研究成果的内容

引用 • 在我的专业报告和文件中，我引用了上述研究成果

努力 • 我努力使研究成果得到应用

影响 • 研究影响了我所在部门的决策

图 5-1　知识利用的阶段[14]

如果上述整个流程能够非常通畅，成为一种利用研究成果的制度，那么研究成果线式参政的成功率会大大的增加。任何社会利益或理念主张，不管如何强势，要转化为政策，都必须经由政治制度的中介。制度塑造政府官僚、立法部门、司法机关、利益团体和选民等各个相关行动者的关系，使某些行动者有较好的渠道接近政策过程，影响政策决定。参与政策过程的行动者的权利关系和互动模式受制于镶嵌在政治组织结构的正式与非正式程序、管理、规范与习俗。从散点的偶然式的影响发展到相对固定的、制度化的影响路径也是我国很多学者都在思考的问题。周洪宇提出我国教育研究之所以不能很好的影响政策是因为缺乏相应的教育决策咨询机制及研究转化机制所致。与发达国家相比，我们的决策咨询机制还存在很多问题，有以下有待发展的方向：（1）咨询机构具有相对独立性，可以独立调研，自主提出咨询建议，基本上不受行政干预。（2）咨询机构人员来源具有广泛代表性。咨询队伍除教育领域的专业之外，还应包括与教育有关的其他各界的专家、学者、知名人士等，能够进行广泛深入的调查而获得比较客观详实的信息。（3）咨询机构应定期公布研究成果，积极向政府和社会提供最终的研究报告。（4）咨询机构提出的改革建议是咨询性的，决策机构可以采纳、也可以保留意见。

---

14 Knott, Jack, Aaron Wildavsky. If Dissemination is the Solution, What is the Problem? [J]. Knowledge: Creation , Diffusion, Utilization1980:537-578.

（5）咨询机构和决策机构存在良性互动关系。（6）整个咨询体系的法制化和透明化。比较健全的教育决策咨询制度都进入了法制化阶段，不仅将咨询当作决策的一个法定程序，而且还制定了有关的法律，规范决策机构、咨询机构、公众等主体在教育决策产生过程中的行为[15]。

（三）研究影响政策的是个"意外"后果

在西方，衡量研究对政策的影响都有明确的评估指标，这是因为大部分研究项目都有明确的项目政策目标、项目支持和预期的项目产出。因此在评估时，只需对比研究产出是否切合研究项目的政策目标，即可对研究的政策价值进行评估。但是"高等学校规模效益研究"却不是如此，它的研究过程完全是在另一条轨道上运行。事实上，从研究过程上看，它是结在《世界银行中国贫困省教育发展项目》这棵大树上的附带的果实。课题的提出完全是依靠研究者个人的自觉，在当时的情境下，没有研究委托人，研究者也没有从事该研究的义务。研究能够建立，用研究者的话说："尽管世界银行投资项目所需要的前期研究阶段已经过去，项目执行阶段不再需要如此深入的研究工作，但是通过项目取得的数据使我发现这里大有文章可做"（访谈8号）。当意识到"问题"和可以加以解释的"数据"，并有"做文章"的动力时，研究者启动了研究进程。所以从本案例可以看出，研究者个人的判断会加速或阻碍整个研究的进程。再如，该研究所依赖的研究资源是"借用"来的调查数据。在19世纪80年代和90年代的中国，要获取具有研究价值的教育数据相当困难，直到1988年，才开始发表国家教育统计年鉴。所以，世行的项目为全面收集中国当时相关问题的数据为研究提供了极大的便利，因为单靠某个人的力量是很难完成这些数据收集工作的。这个"借鸡生蛋"的现象也说明了研究者的主观意愿和学术敏感性。而从研究影响政策的过程来看，研究者从未主动去沟通过研究结果，只是在学术界内部沟通。唯一打开的窗口即国家教育发展研究中心的学术会议。所以，这个研究最终能影响高校规模的发展，实属偶然。这不得不归功于国家教育发展研究中心的积极向上沟通。

马约内[16]（Majone）曾说：政客们肯定知悉，但社会科学家却时常忘记，公共政策是由语言所组成。无论是文字或说话，争辩在政策过程中所有阶段

15　周洪宇.健全教育咨询制度推进决策科学化民主化[J]. 中国高等教育.2011（17）.

16　Majone, Giandomenico. Evidence, Argument, and Persuasion in the Policy Process[M]. New Haven: Yale University Press. 1989:1

均占据核心地位。无论是居民、立法机构、行政首长、法院、传媒、利益团体、及独立专家，全部都置身在不断的辩论与相互游说的过程中。因此，政策研究不仅仅是"认知——工具理性"的科学探索，更应被界定为一种"实践理性"以至"沟通理性"的探索。政策研究不是追求具绝对普适性的规律，而是寻找适切于特定脉络（包括时、空及社会、文化、政治脉络）及特定议题的实际可行方案；继而探究参与政策各方所持的实际可行方案，如何通过争辩、游说、沟通而达致政策方案的共识[17]。

纵观"内涵式研究"影响政策的路径可以根据研究人员和决策者之间连接的纽带、以及政策制定者是否有反应来进行勾勒（图5-2）：

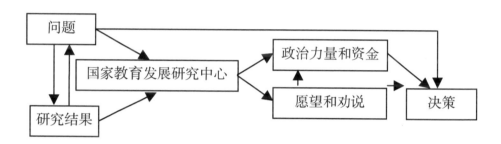

图5-2 内涵式研究影响政策的路径

如图所示，内涵式研究发挥影响主要还是一种从下至上的启发模式。启发模式的核心在于研究使得决策者对新问题更加敏感，并且把那些看上去不是问题的问题变成政策问题。相反，研究也可以把现在既存的问题变成不是问题。研究能够改变决策者看待问题的方式。从长远来看，它和其他影响一起重设了政策议程。与问题解决模式不同，这种模式并不假设研究结论必须与决策相配，人们往往认为研究要发挥作用，必须与决策者的目标和价值一致。而在启发模式下，并不如此。即使研究挑战了当下的真理，与当局政见不同，然而却很可能会以自己独特的思考方式，反传统的价值进入决策者的意识。内涵式研究萌发于现实中高校规模效益低的实际问题，然而也是它首次把这个问题定义为"规模效益"问题，从而生产了高校规模效益这个概念，并提出了"内涵式"发展的解决措施。它把一个大家都可能了解的现象以理论抽象的问题提出，直指问题的核心，发挥了启示的作用。事实上，在

---

17 曾荣光.理解教育政策的意义——质性取向在政策研究中的定位.北大教育评论
[J].2011（1）.

它提出来之前，大家，既包括研究者，也包括决策者和国家发展研究中心这样的研究管理机关，对于高校盲目扩张的现象是有认识得，也是急于解决得，只是没有对这个问题清晰的定义，经过"内涵式"研究，大家对高校规模效益的问题有了更深的了解，对于高校走"外延式"还是"内涵式"道路也有了基本的判断。

但是启发模式内在存在着某种冲突。它似乎认为，无需任何特殊的努力，真理自然会胜利。但是启蒙过程本身充满了各种不足。当研究结果通过间接的，未经指导的渠道进入政策领域时，它既可能传播有效的观点，也可能传播无效的观点。大多数吸引当局的社会科学观点都是满怀偏见，过于简单，不够准确甚或错误的观点，充斥着虚假和过时的结论。有时，令人吃惊的是，恰好是那些不完整，数据支持不够充分的研究成为受人瞩目的对象。非正式的渠道很容易使得一些过于简单的，扭曲的研究影响政策，结果可能是"使之盲目"而不是"使之明智"。并且，启发模式也不是一种传递研究结果给政策观众的有效模式。很多重要的社会研究结果都没有机会及时渗透入决策中心。要花费漫长的时间进入政策洪流，等到他们到达的时候，很多都已经过时，他们必须修正他们自己的研究结论，如有需要，还需通过晚近的，更加复杂的分析提出相反的结论。并且，研究结果并不会慢慢融合。随着研究的增多，研究结论更加复杂，而不是更加简单。他们对相关的社会现象得出更加复杂，更加多元，甚至彼此冲突的解释，而不是得出更加深刻，内部更加协调的解释。这种结果可能会丰富我们我们的理解，但是政策措施需要更加简单，干脆利落的结论。当不同的研究结论进入政策领域时，他们只不过提供了使政策更加迷惑的信息。

在内涵式研究发挥作用的过程中，正是因为有国家教育发展研究中心积极利用研究去进行说服和劝说工作，并且以研究成果去争取政治力量和资金的支持，最后才能真正变成政策文本。正是因为中介组织积极的推动，才会在1993年中共中央和国务院颁布《中国教育改革和发展纲要》中正式提出"90年代，高等教育要适应加快改革开放和现代化建设的需要，积极探索发展的新路子，使规模有较大发展，结构更加合埋，质量和效益明显提高。高等教育的发展，要坚持走内涵发展为主的道路，努力提高办学效益。"

第二节　冲突：政策相关性和研究独立性

前文机制综述中，对政策相关性和研究独立性之间的冲突进行了描述。"内涵式研究"案例中，矛盾的现象在于，即使是从下至上的影响路径，研究者对于积极主动传递研究成果并没有多大的热情，而是将之视作一种可遇而不可求的自然结果，甚至对主动寻求政策相关性的研究持较为否定的态度，认为科学研究应该坚守质量，凭借其质量，"酒香不怕巷子深"，自然去影响政策。下文中将首先剖析内涵式研究的政策相关性，然后从文化的角度对研究者面临的政策相关性和研究独立性之间的冲突进行解释。

一、"内涵式研究"政策相关性特征分析

兰德（Landry）在区分知识运用动力机制的基础上，将知识运用效果的影响变量归纳为研究成果类型、传播行为、用户需求（及其组织特性）和互动机制四大类，第一次系统深入了提出了可以经由实证检验的相关因变量。

表 5-1 知识运用效果的影响变量[18]

知识阶段	变量行为人			
	单方行为		互动行为	
创造（生产）	研究成果变量	研究内容 学科领域 目标导向 资金来源	互动 机制 变量	专业研讨 阶段反馈 正式接触 非正式接触 媒介组织
传播（转移）	传播行为变量	改进成果 获取成果		
应用（采纳）	用户需求变量	需求结构 组织结构 组织规则		

标注：1、底纹标注的行为主体是研究者；下划线标注的行为主体是决策者。

2、研究成果变量主要存在于知识创造（生产）阶段；传播行为变量主要存在于知识传播（转移）阶段；用户需求变量主要存在于知识应用（采纳）阶段；互动机制变量则贯穿于知识的创造、传播与应用的全过程。

18 R. Landry, N. Amara, M. Lamar. Utilization of Social Science Research Knowledge in Canada [J].Research Policy, 200130（2）.

上述变量分类为知识运用定量研究提供了清晰和具有可操作性的概念框架。以此为基础，兰德对解释变量进行了细化和操作化处理，如表5-2：

表 5-2 知识运用效果的变量、与理论假设

自变量	因变量 （知识运用效果）	自变量	因变量 （知识运用效果）
研究成果变量		用户需求变量	
是定性研究	+	研究聚焦用户需求	+
是定量研究	?	用户环境	+
是理论研究	?	用以考察工作现状	+
以知识进步为导向	-	用以改进政策	+
		联邦或省级机构	?
		组织雇员数	+
传播行为变量		互动机制变量	
有对知识产品的改进	+	与研究者联接的强度	+
有获取知识的努力	+		

注：1、"+"表示假设关系为正相关（因素越强，运用效果越好）。"-"表示负相关（因素越强，运用效果越差）。"?"表示尚无理论根源、待检验。

从上述因素来分析，内涵式研究是一个实证的量化研究，研究的适切性、复杂性、可观察性、有效性、可信性、应用性都比较高，研究得出的"内涵式发展"结论简洁明了，并且这个研究使用的实证研究方法在80年代末的中国教育研究中还是比较少见。如果仅从技术的角度而言，的确更易对政策产生影响。

> 我的同事们对这个问题进行了全面的、系统的、科学的、实证的（即定性与定量相结合的）研究，为在当时的历史条件下，制定相关政策提供了更加坚实的科学基础。（访谈8号）

这里还暗含着一种研究方法价值的评价，促使研究者使用量化的研究方法来寻找问题的答案。北京大学教育经济研究一直是以实证分析为特色的，并且以问题为研究取向而不是以学科为取向的。研究者深知所有这些有价值的研究成果的背后都有复杂的研究设计、研究方法，以过程的规范化、系统化与科学化为基础和保障。研究者非常看重研究过程和方法，因为它是进行有效和可靠的研究所必须掌握的工具[19]。

在研究传递阶段，研究者也做到了（1）努力使得研究成果更可信，更容易理解；（2）努力使结论和建议更具体更富有操作性；（3）努力关注那些应用者能够改变和修正的变量；（4）努力使研究报告更有趣。并且在互动的层面，也展开了个人和制度化的互动，尽管互动的次数不多，但是互动的人员都是核心人员，互动效率很高。因此，接受到研究成果的决策者觉得研究切中时弊、与他们的需要象吻合，倾向于信任研究成果；研究的政策相关性得到肯定。

二、传播研究成果的低意愿："出售"和"弘道"

有些研究者出于对自己研究兴趣、学术影响的考虑，对研究是否产生政策价值并不关心或者并不抱多大的希望。如本案例中，研究者认为：

> 在科学史上，有价值的研究成果都是靠其研究成果中所包含的客观真理性内容产生影响的。我从不认为研究者一定要刻意去"出售"其产品。（访谈8号）

那么如何看待研究"刻意"和"积极"影响政策的区别，这两种态度是否有区别？"出售"研究成果是否也是在某种程度上推进"研究利用"？为什么国内的研究者对于研究影响政策持一种消极的态度，并对积极影响政策的行为表示出某种贬低和轻视的意味呢？皮尔克指出"如果科学家曾经做出保持超越于冲突之上的选择，他们已经不再有这种享受了。公众和政策制定者多已经接受了研究的社会问题的相关性。因此，我们不应该把研究作为一种与政策和政治分离的活动，相反，研究是一种有助于参与解决社会中竞争利益复杂决议的关键资源[20]。

在信息影响政策的过程中，并不仅仅研究者有观点，政策共同体的每个人都有他们自己的想法，有他们自己对未来方向的模糊概念，和专门的政策建议。他们试图通过餐会、在报纸上发表文章、举行新闻发布会、起草草案极力要求通过立法建议来向别人兜售自己的思想。这个共同体正如生命诞生之前分子在生物原价所谓的"原汤"，思想也是在这些共同体中四处漂浮。"软化"需要一个很长的过程：思想漂浮、提出议案、作演讲、草拟政策建

19 闵维方，丁小浩.重视研究过程和方法的规范化[J].北京大学教育评论，2005（1）.

20 小罗杰.皮尔克.诚实的代理人：科学在政策与政治中的意义[M].李正风缪航译.上海：上海交通大学出版社.2010:9.

议，然后根据反应修改议案，并且再一次漂浮起来[21]。如果参与者不具有积极性和使命感去推动研究影响政策，研究利用的几率就会大大降低。为何，我们对研究影响政策持这样一种矛盾的态度呢？

从文化传统上看，中国有政学相重的传统，然而从古至今从来不乏知识分子对"求重"的鄙视。从政学相重来看，"士志于道"——这是孔子最早为"士"所立下的规定。"道"相当于一套价值系统。但这套价值系统是必须通过社会实践以求其实现的；唯有如此，"天下无道"才有可能变为"天下有道"。清末废止科举之后，"士"终于变成了现代知识人。但是"士"的传统虽然在现代结构中消失了，"士"的幽灵却仍然以种种方式，或深或浅地缠绕在现代中国知识人的身上。"五四"时代知识人追求"民主"与"科学"，若从行为模式上作深入的观察，仍不脱"士以天下为己任"的流风余韵[22]。一位西方思想家在二十世纪末曾对中国知识人的这种精神感到惊异。他指出中国知识人把许多现代价值的实现，包括公平、民主、法治等，看成他们自己独有的责任，这是和美国大相径庭的。在美国，甚至整个西方，这些价值的追求是大家的事，知识人并不比别人应该承担更大的责任。他因此推断，这一定和中国儒家士大夫的传统有关[23]。

但是与西方强调研究者要主动传播自己的研究成果不同，中国的文化中，强调的是研究者的低调和被动。当政者需三顾茅庐，寻找隐士。研究者闭门谢客，专心于学术。然人在山中，声名远扬，振臂一呼，云者四集。达，则兼并天下；默，则独善其身。"求重"者，被认为汲汲功名利禄，乃下层之知识分子。刘师培先生曾对学者依附政治，而不专注学问，作出过尖锐批评。他说"才智之士，惮于文网，迫于饥寒，全身畏害之不暇，而用世之念泪于无形。加之廉耻道丧，清议荡然，流俗沉昏，无复崇儒重道，以爵位之尊卑，判己身之荣辱。由是儒之名目贱，而所治之学亦异……若衡其学行，则其身弥伸，其品弥贱；其名愈广，其实愈虚……盖处清廷之下，其学愈实，其遇愈乖。"[24]。梁启超先生对于政治对于学术的统治也作出无奈的感叹"凡

---

21 约翰.W.金登著，丁煌，方兴译.议程、备选方案与公共政策（第二版）[M].北京：中国人民大学出版社.2003:89.

22 余英时.士与中国文化[M].上海：上海人民出版社.2006：122.

23 Michael Walzer. Thick and Thin: Moral Argument at Home and Abroad,University of Notre Dame Press,1994：59-61.

24 刘师培.清儒得失论[M].北京：中国人民大学出版社.2004：37.

主权者喜欢干涉人民思想的时代，学者的聪明才力，只有全部用去注释古典。"[25]

在政学相重的传统中，又有着政学相轻的传统。相轻是中国知识分子独立自主的体现。在这种传统中，是知识分子轻视决策者或依附于决策者的知识分子。然而经历过五七反右运动和文化大革命之后，知识分子的地位一落千丈。这时的轻视，不仅仅政治对学术的轻视，是整个公众社会对知识的轻视。知识分子赖以思考的象牙塔被田野、工厂与荒地所处代。改革开放之后，随着国家经济建设的需要，研究者又开始活跃在政治舞台之上，然而这时的参与主次位置彻底清晰了。研究者在政治中的被动，已不是过去的"被动"出山，现在的被动一方面是研究自身百废待新，无法保证研究成果的质量，另一方面则是政治上的约束使得研究者很轻易就退回自己的象牙塔。

然而决策对研究成果的需求必然会寻求相应的供给，有人退，就有人进。政学沟通的纽带上开始出现各种各样的价值观和自研究者捍卫的话语。研究者很容易为自己的研究影响政策或者不影响政策找到光冕堂皇的理由。要剖析这些心理背景，我们我们需要对整个群体进行分类，按照学术群体和决策群体对彼此的重视程度来进行划分，按照轻重的维度可以有以下四个维度；如表 5-3

表5-3　政学关系图

		决策群体的重视程度	
		轻	重
学术 群体 重视 程度	轻	1. 双轻 （人微言轻）	2. 公众、媒体知识分子 （学术轻）
	重	3. 学术专家 （政策轻）	4. 双重 （士以弘道）

第一象限，双轻是一个过程。任何一个成长都需要积累，学术成长的初期，双轻是必然的开端。这是研究发挥政策影响的起点，处在这个阶段的政策研究者把自己的研究影响政策的结果视作是不可能实现的目标，在双轻的

---

25 梁启超著.朱维铮校注.中国近三百年学术史[M].上海：复旦大学出版社.1985:39.

社会期待下，这种对政策影响的轻视很容易就找到了扎根土壤。这种轻视源于对自研究者能力清醒的认识，但是却忽略了研究的价值，如果自己的研究真付出了艰辛的努力并对一个问题有专业化的理解，为什么要放弃把它传递给可能需要它的决策群体手中呢？再细微的研究也能覆盖一个点，如果这个点自身不主动出现，至少会带来智识的浪费。这里需要把"我存在，但是我小"的心态转变为"我小，但是我存在"。

第二象限，事实上是现在学界批判的重灾区。除去酸葡萄心理的因素，这里所指的决策者重，学术界轻是指某类知识分子专业能力比较差，在专业领域内并没有杰出的研究成果，然而很重视也很擅长以专家身份交际和传播信息，从而在信息不对称的条件引起公众和决策者的重视。这些人要不将自己的生产屈从于商业目的，在追求成功的过程中做出更微妙的牺牲，要不就是利用自己同外部势力（比如国家、政党，）的有利关系来加强对本学科的支配。正是由于他们的活动，外部的规范才取代了文化生产场域的特殊规范。这种异质性借以入侵文化生产场域的特洛伊木马，往往是这么一些人布下的，这些人，根据该文化生产场域的既定标准，是最被看不起的生产者，他们经常受到诱惑在本场域外结盟，意图颠倒场域内部的权力关系，这些人还最易受世俗诱惑，因为他们最没有前途。[26]

北大历史系教授罗志田批评道"今日一些'公共知识分子'渐有变成'公众知识分子'的倾向，凡是媒体有兴趣的都愿'参与'，而不管自己是否具有特定的知识背景。我想，个人力量总是有限的，现代社会也要求细密的分工，如果每个人都能在自己所属的领域中尽心努力，倒也不失为合理的安排。然而，那些'知识分子'固然不太喜欢专业学者，却又始终要维持'学者'的认同。我倒希望他们能撑起鲜明的旗帜，清晰地划分出知识分子与专业学者之间的区隔，不要让年轻人造成认知上的混淆。"[27]

北大社会学系教授应星则为公共知识分子与媒体知识分子做了一个社会学的区分，借此来捍卫公共知识分子的尊严。他认为二者的差别主要表现在四个方面：在发言立场上，媒体知识分子表面上采取的是独立的学者立场、批判的姿态，实际上却是意在取悦官方或迎合市场，或者说是对宣传要点或

---

26 布迪厄.现代世界知识分子的角色[J]. 赵晓力译.《学术思想评论》.2005（5）.

27 罗志田.两岸史学的现况与展望 [EB/OL].http://www.douban.com/group/topic/2049437/? from=mb-29418742.

市场口味的知识包装；而公共知识分子是真正地从自己的独立思考出发，敏锐地抓住重大的社会问题来推动社会进步。在发言基础上，媒体知识分子的发言根本没有任何专业基础，并因此敢于在一切时政和社会问题上发言；公共知识分子的发言则是以自己扎实的专业研究和深厚的思想底蕴为基础的。在发言选择的媒体上，媒体知识分子热衷于在受众面最广泛的电视上发言，而公共知识分子大多拒绝电视文化的宰制与操控。在发言旨趣上，媒体知识分子热衷于为社会问题提供简明的答案，对未来作出清晰的预测，告诉人们应该去做什么，而公共知识分子则重在引导人们思考各种行动的可能性及其限度，力图使理性摆脱冷漠、使热情避免亢奋[28]。

社会学家刘小枫则对中国知识分子的尴尬境遇做了一个非常有挑衅意味的比喻，他认为中国当代的知识分子实际上在走猫步，意思是当代中国的知识分子在思想与实践中总想到左右脚下之间恰好有条直线，脚步当然不能自自然然迈出去，必须轮番踩在直线上，最后就是左右摇摆的故作姿态，而丧失了知识与道德的诚实。在他看来，"热衷表演的知识分子还为'猫步'提供了悲壮而崇高的理由：关注现实当下问题——不晓得'泛泛之词和无谓的激情都是缺乏专业素质的表现'[29]。

第三象限决策者轻，然而学术界重。意指一批专业能力强，然而并不热衷于影响政策的学者。他们对改革以及用自己的研究成果影响改革大都抱持一个谨慎甚至谦卑的态度。这类学者主张学者本位意识，主张学术与政治之间必要的距离，主张首先从知识界内部重建理性的知识生产体制与诚信体系，并且确认坚守书斋埋头学问的价值。对政治的拒斥并不是什么新现象。这是一种所有可能的步骤都已经玩过了的残局状态，然而这种拒斥也许会导致一种冷漠的怀疑主义。即对一切政治行为抱有一种冷漠和嘲讽的态度，怀疑，远观而不介入。事实上正如王绍光所言"独立性本身并没有任何的道德优势，如果故意要装出独立的姿态，这还是知识分子自恋的表现。如果研究者的研究有助于政府决策，对这个国家，对人民有好处，为什么不做？"[30]

---

28 应星.公共知识分子——面对什么样的公众？如何面对？[J].香港：二十一世纪.2005（4）.

29 刘小枫.这一代人的怕和爱[M].北京：华夏出版社.2007:58.

30 王绍光.中国公共政策议程设置的模式[J].开放时代.2008（6）.

第四象限不仅得到了学术界的认同，也得到了决策者的认同。这一象限的人虽然是少数，然而他们却彰显了政治和学术相依相生的内在联系。研究者的自主并不等于拒绝政治，自主行动者是带着一种权威进入政治的，这种权威深深地扎根在其学科的自主性里面，源于学科核心的价值，如伦理上的诚实和专业能力。如果没有这样一批有坚实专业知识背景的研究者去影响政策，研究者都闭门做学问，巨大的决策咨询空间将会留给那些"披着学皮"的狼。

学者们会发现，他们越来越被排除在公共论辩之外，特别是在这种公共论辩涉及他们管辖范围内的事务时，这些问题就更显得尤为关系重大。而与此同时，越来越多的人（技术官僚、新闻记者、负责公众意见调查的人、营销顾问，等等）却赋予自己一种知识分子权威，以行使政治权力。这一象限中，强调有资质的研究者必须投入到对政策的影响中去，最重要不是为了设计出最好的政策方案，而是要去避免产生最坏的政策方案。因此，研究者对政策的影响责无旁贷。

通过上述分析，我们可以看出，中国特有的政策风格、行政风格以及独有的价值和和文化传统，产生了这样一种状况，那就是所有寻求强化其政治效果的政治活动，都不得不遵循明显是自相矛盾的路线。一方面，尤其要通过斗争确立知识分子的自主性，保证文化生产者有一个保持自主性（首先体现在知识活动成果的发表和评价形式中）的经济和社会条件，强化每一领域里最自主的生产者的位置；另一方面，要创造适宜的制度，让最自主的文化生产者不受象牙塔的诱惑，以使他们能够使用特定权威集体干预政治，为保障他们自己控制文化生产方式和知识合法性的最低目标而奋斗。

第三节　本章小结

高等学校内涵式发展案例具有以下几个特征。第一、研究完全是研究者自主发动的行为，没有委托、没有课题也没有资助。研究者及其团队常年跟踪这个课题，以实际数据形成了方案坚实的实证基础，成为当时国内高校规模效益方面最具竞争力的研究方案。这种"先闷头苦干"的独立研究行为是其后影响政策的重要原因。事实上，大多数影响政策的研究都要经过一段"闷头苦干"的先期准备，并且大多数"闷头苦干"的成果如果没有遇到合适的政策企业家的推广，最终也只会是"墙内开花"。社会学界推行先干出成果，再事后奖励的原则。第二、研究成果跃入政策制定者的视野，并被决策者所接纳很大程度上归功于国家教育发展研究中心，作为政府内部的咨询机构，它同时承担着政策企业家的责任。因为研究者本身并没有强烈的政策目标，认为"好的研究成果不需要'出售'，其学术影响力自然会带来政策影响力。所以尽管他们很清楚研究的政策价值，然而却并没有传递研究成果强烈的传递动机和向上传递的渠道。而国家发展研究中心通过召开专家会议接受、接纳、理解、传递，并促进政策运用了研究成果。因此，内涵式发展案例的影响路径是一种自下而上的影响路径。第三、内涵式发展案例在研究利用的模式上，不同于4%研究，前者所解决的问题是清晰的，决策者和政策都清楚且都迫切需要解决的，因此提供答案是研究最大的贡献。而在内涵式案例中，问题是不清晰的，界定中国的高校存在规模效益的问题本身就是研究的重大贡献，研究不但要发现问题，还要提出解决问题的方案，这就意味者研究需要同时发挥启蒙功能和工具性利用功能。内涵式研究不但影响了中国高校扩张的模式，也具有分析研究至上而下，提供整体改革思路独一无二的分析价值。

第六章 "退役军人教育资助"上下互动影响政策

　　为何有的经过充分论证的政策研究在转变为政策时"胎死腹中"，而有的却"横空出世"？不同的政策参与者在政策过程中扮演了何种角色？政策研究究竟是如何转变成政策的？退役军人教育资助政策就充斥着这些谜团。

　　下文试图用中国 2000-2010 年间的退役军人安置政策来探索研究影响政策的过程。此间与退役军人直接相关的政策主要有两个，即 2007 年提出的《退役士兵安置改革条例》（未出台）和 2010 年的《国务院、中央军委关于加强退役士兵职业教育和技能培训工作的通知》（也称国发 42 号文）。前者经过反复多次提案和修改，迄今仍未出台；后者则在数月时间就顺利发布并引发了退役士兵安置问题的新一轮议论热潮。两部文件的政策过程对比耐人寻味。

第一节 政策出台背景：最可爱的和最可怜的

　　"随着社会主义市场经济体制的建立完善和劳动用工制度改革的深入，退役士兵安置工作遇到了新的情况和困难。"[1]。第一个困难是不能安置的人员增多。2005 年据国家有关部门抽样调查统计，全国每年约有 10 多万城镇退役士兵因安排不了工作滞留社会，成为待业青年，且逐年累积增多。城镇退役士兵实际得到政府安排工作上岗的比例，大中城市约为 30%-40%，农业县市一般在 15%-20%，而且这个比例还呈逐年下降趋势。二是安置周期长。能

1　深化退役士兵安置改革协调小组.关于征求对《退役士兵安置改革方案》（征求意见稿）意见的通知.（鉴于军队政策问题的敏感性，以及相关档案的保密原则，在相关方的要求下，所有保密材料均不标明时间和档案号）.

得到安置上岗的退役士兵从离队到安排上岗工作，快的一年左右，慢的需要三至五年，还有的近十年都上不了岗。许多退役士兵因安排不了工作，失去经济来源，家庭生活十分困难。退役士兵心酸地说，当年参军是最可爱的人，现在退役回家变成了最可怜的人。三是安排工作质量差。不少退役士兵被安排在经济效益不好或者即将倒闭的企业，虽然分配了单位，但上不了岗、拿不到工资，有的刚上岗就下岗，还有的被分配到没有任何社会保障的民营企业。退役士兵因安置问题上访的越来越多。据总政信访局统计，2002 年退役士兵因政府安排工作问题到总政信访局上访的有 30 批 630 人；2003 年上升到 53 批 825 人；2004 年达到 142 批 2098 人；2005 年截止 5 月底，又有 56 批 1051 人。无论人数还是事件数，都超过了同期企业军转干部的上访数量。退役士兵年纪轻、易冲动，个别地区已经引发群体事件。如 2003 年 7 月，河南省 32 名退役女士兵因为没有得到安置，多次进京上访，情绪激动，行为过激，长时间封堵国家职能机关大门[2]。

退役士兵安置难最根本的矛盾在于指令性安置办法与劳动力市场配置不相适应。改革开放以前，《关于人民解放军 1950 年复员工作的决定》、《复员退伍军人安置暂行办法》、我国第一部《兵役法》、《关于处理义务兵退伍的暂行规定》等系列文件，确立了复员退伍士兵"从哪里来，回哪里去"的安置原则，奠定了复员退伍士兵安置的政策基础，即主要以指令性安置为主。[3]在改革开放以后，退役士兵的安置政策主要依据以下几个文件："一是 1984 年颁布施行的《中华人民共和国兵役法》；二是 1987 年国务院发布的《退伍义务兵安置条例》以及历年来国务院、中央军委调整安置政策的文件；三是 1983 年国务院、中央军委制定的《中国人民解放军志愿兵退出现役安置暂行办法》（国发【1983116 号文件】）及国务院、中央军委批转的国务院退伍军人和军队离休退休干部安置领导小组、民政部、总参谋部《关于志愿兵转业实行集中交接意见》（国发【199416 号】）"[4]1994 年，国务院、中央军委在年度士兵退出现役工作的通知中首次提出，要采取'供需见面、双向选择、包底安置'

---

2 李良辉.政协第十届全国委员会常务委员会第十次会议. 大会发言[R].人民网.中国政协新闻.热点关注. 2005 年 07 月 14 日 09:38.

3 云南省民政厅、云南省人民政府复员退伍军人安置办公室编. 新时期退役士兵暨军休服务管理社会化改革理论研讨会论文集[C].王建军.在新时期退役士兵安置暨军休服务管理社会化改革理论研讨会上的讲话[R].北京:中国社会出版社.2004:3.

4 罗平飞.安置管理[M].北京:中国社会科学出版社.1996:78.

的办法，拓宽安置渠道；并且要求引导和鼓励退役士兵自谋职业。这一政策的重大调整，可以说是吹响了安置改革号角，拉开了全国退役士兵安置改革的序幕。"[5]过去，指令性安置办法与社会主义计划经济体制相适应，以计划为基础，以保障退役士兵被安置的权利为目标追求；而劳动力市场配置与社会主义市场经济体制相适应，企事业单位在劳动力资源调配上以市场为基础，单位用人公开招聘、竞争上岗；劳动者自主择业，基本上实现了劳动力资源配置市场化。因此，当退役士兵安置制度不能随着经济体制的发展变化，及时做出调整改革时，就不可避免地发生政府安排就业的行政权与用人单位用工自主权之间的冲突和碰撞，"政府失灵"现象就被暴露出来，安置难的问题也就凸显出来[6]。

其次，部分退役士兵素质较低，择业观念陈旧，缺乏就业竞争力。在市场竞争日趋激烈的情况下，用人单位对员工素质要求不断提高，普遍要求具有一定职业技能、综合素质较高的劳动力。而退役士兵的专业知识、年龄结构无法与大中专学生相比，其基本专业技能与社会知识并不比下岗职工占优势。除汽车驾驶这一越来越不被社会视为专业技能的"专业"外，退役士兵所具备的其它专业技能，因等级、层次较低，基本上不被当今社会认可，因而退役士兵面向市场就业竞争起点就低，无形中加大了安置工作的难度。

退役士兵安置难引起了中央领导同志的高度关注。2004 年 4 月 7 日，胡锦涛总书记作出重要批示："退役士兵安置面临新的情况和问题，军地双方要在调查研究的基础上提出解决的办法，以利于国防建设。"4 月 8 日，回良玉副总理批示："退役士兵安置是关系国防建设和改革发展稳定全局的大事。请民政部主动商军队有关方面，按照锦涛同志的批示要求，针对新情况、新问题深入调研并提出意见。"同日，中央军委副主席郭伯雄通知批示："总书记的批示很重要，我们要坚决贯彻落实。请总参商有关总部和国务院有关部门，尽快组织调研，提出解决方法。"[7]（内部档案）

5　云南省民政厅、云南省人民政府复员退伍军人安置办公室编. 新时期退役士兵暨军休服务管理社会化改革理论研讨会论文集[C].何松青.退役士兵安置改革及保障体制初探.北京:中国社会出版社 2004:105.

6　荀恒栋.士兵优抚与退役安置[M].北京：法律出版社.2005.87.

7　内部档案（鉴于军队政策问题的敏感性，以及相关档案的保密原则，在相关方的要求下，所有保密材料均已内部档案命名）。

第二节　案例比较

一、"退役士兵安置条例"——完备性与矛盾性

2004 年，根据胡锦涛等中央领导同志就退役士兵安置改革做出的重要批示。民政部优抚安置局与总参有关部门一起研究提出了落实胡总书记重要批示，研究退役士兵安置改革的总体安排，并得到了民政部、总参谋部批准。2004 年 6 月 30 日，安置局负责召开了军地 18 个部门参加的"深化退役士兵安置改革协调小组"第一次全体会议。会议主要目的是传达学习领导同志关于退役士兵安置改革的重要批示，统一思想认识，进行动员部署，启动改革研究工作。会议确定，退役士兵安置改革研究论证工作分四个阶段进行：2004 年 7 月起至 2004 年 8 月为第一阶段，主要是进行调查，切实摸清退役士兵安置存在的主要问题和原因，明确改革重点；2004 年 9 月至 2005 年 5 月为第二阶段，主要是进行系统研究论证，形成《退役士兵安置改革方案》，报国务院、中央军委审批；2005 年 6 月至 2005 年 8 月为第三阶段，草拟、修改相关法律法规和文件，提请全国人大、国务院、中央军委审议；2005 年 9 月至年底为第四阶段，相关法律法规和文件呈报批准后，结合年度士兵退役工作贯彻实施。这次会议的成功召开，标志着退役士兵安置改革方案研究论证工作顺利启动。其基本的政策过程如图 6-1：

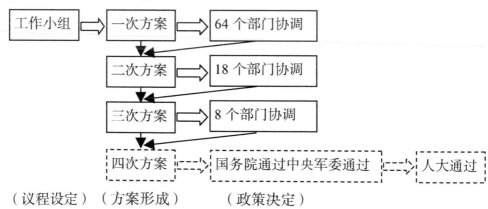

（议程设定）（方案形成）　　　（政策决定）

注：实线表示实际工作进展，虚线表示尚未实现

图 6-1 退役士兵安置条例政策过程

2005 年 10 月 28 日，由"深化退役士兵安置改革协调小组"（简称退改组）认真研究论证，反复修改，形成的一次方案《退役士兵安置改革方案》（征求意见稿）发放给 64 个部门征求意见。除国土资源部、农业部、工商总局 3 个部门外，其他 61 个单位都提出了修改意见。总共收集意见 236 条，涉及 12 条方案条款，其中的矛盾焦点在三个方面：工作（安排工作和自主择业，共计 84 条意见），钱（退役金，共计 49 条意见）和教育（培训，共计 39 条意见）。由于分歧较大，退改组于 2006 年 5 月 19 日在对《退役士兵安置改革方案（征求意见稿）》做了进一步修改后，形成了二次方案《退役士兵安置改革方案（送审稿）》，将"送审稿"发给 18 个部门，其中国务院 13 个部门，军队共 5 个，增加了军委法制局。与第一次征求意见相比，第二次方案中 2 个部委（监察部和国资委），31 个省级人民政府和 14 个军队大单位及武警部队，均没有参加对送审稿的再次修订。

二次方案即《退役士兵安置改革方案（送审稿）》寄达 18 个部门后，有 7 个部门表示无不同意见，在 11 个部门不同意见当中，矛盾最为集中的问题是安排工作的问题和退役金问题。而 11 个部门中又以财政部的意见最为集中和激烈。在对二次方案进行解释的《说明》中，退改组提出"由政府安排工作"一条仍有继续保留的需要，其原因是军队建设确实需要，目前政府尚有一定调控能力，世界发达国家也有类似做法，并且多数单位赞成这一意见。在第一次征求意见的 64 个军地单位和部门中，有 32 个赞成，25 个没有提出不同意见，还有一些单位提出应扩大范围，增加安排工作的硬性措施。在第二次征求意见时，协调组 18 个成员单位，除财政部外，其他单位均表示赞成。因此，《方案》采纳了绝大多数单位的意见。"财政部提出《说明》中关于"世界发达国家也有类似做法"的内容不够准确，建议修改。主要理由是，"从列举的和我们了解的部分国家对退役士兵的就业扶持政策看，普遍采取的是录用制而不是由政府直接安排工作。应该进一步缩小政府安排工作的退役士兵范围"且"由于《方案》中涉及财政政策较多，因此，建议上报国务院、中央军委时会签财政部。"关于退役金问题，退改组在说明中提出，"退役士兵安置经费保证以中央财政为主，地方财政为辅。每年中央财政实际增加支出约 63 亿元，中央虽然增加了投入，但是能够基本解决退役士兵安置难的困难。退役士兵安置改革主要改在建立退役金上，理清地是中央与地方在退役士兵安置经费保障方面的关系，所需经费不属于军费开支范围。中央财政确定的"十一五"时期军费总盘子，没有包括退役士兵安置改革经费。因此，退役士兵安置改革经费应由中央财政专项安排。"财政部核心的意见是："第一，退役金应当从军费总盘子中解决，不应单独列支。第二，所涉及的退役金标准过高，容易引发攀比，应该在《方案》基础上适当降低。第三，退役士兵教育培训费用主要由地方政府列入财政预算，中央财政只是对安置任务中和经济欠发达地区退役士兵培训给予适当补助。"（内部档案）

2006年11月6日，在对二次方案即《退役士兵安置改革方案（送审稿）》进行了进一步的修改后，并经过国务院办公室2006年10月30日的协调会议讨论，形成了三次方案，在本次方案中，对二次方案中各个部门提出的建议进行一定程度的整合，送到八个部门进行协商。本次协商中，仍然不能达成共识的问题是。第一，管理工作机构的问题。民政部认为各地应建立专门机构，负责退役军人事务。而中央机构编制委员会认为，不应新增机构，具体工作由民政部门承担。第二，退役金的问题。首先是退役金的标准。方案提出退役并每满一年，发给4000元。而财政部认为应该修改为2000元。且一次性发放，不宜随军队工资调整而调整。其次是退役金发放单位问题。方案提出由军队发放。而总后勤认为退役金发放不仅仅是业务问题，而且涉及工作职责与职能，所以建议按照"供管统一"原则，退役金由民政或财政部门发放。尽管经过了三轮广泛的意见征求，召开了多次协调会议，但是由于内部核心矛盾没有达成共识，致使《退役士兵安置条例》迟迟不能出台。

2007年4月3日，民政部部长李学举接受《瞭望》采访时，明确表达：2007年将以深化退役士兵安置改革为重点，完善和落实拥军优抚安置政策，依法保障优抚群体权益。国务院和中央军委力争在年内出台《退役士兵安置改革方案》，完善相关配套法规政策，大力推广退役士兵职业技能培训、促进退役士兵就业方面的先进经验，不断深化退役士兵安置改革。但是2007年5月上报国务院的《方案》并没有得到通过。

2008年12月25日，民政部部长李学举在广州召开的2009年全国民政工作会议上表示，2009年是新中国成立60周年，退役士兵安置改革方案和条例有望2009年出台。各地要抓紧完善相应政策法规，研究配套措施，积极引导和创造条件，推广退役士兵职业技能培训办法，帮助退役士兵就业创业，保证退役士兵安置改革方案和条例的顺利实施。把立法工作进一步推到了2009年。

2009 年，民政部发布的"民政部 2009 年立法工作计划"第二项规定"继续配合全国人大、国务院法制办，对我部已经上报的 3 件法律草案和 6 件行政法规草案进一步修改完善"中明确列出了"12、修订《退役士兵安置条例》（优抚安置局）"；在第四项"配合相关部门做好与我部业务密切相关的 1 件法律、2 件行政法规的起草工作"中列出了"配合修订《中华人民共和国兵役法》（已列入国务院 2009 年立法工作计划一类项目）（优抚安置局）"表明，修订工作直到 2009 年也没有最终完成，共识还是没有达成。

2010 年 1 月 7 日上午，全国民政工作会议暨全国民政法制工作会议在湖南省长沙市开幕，主要工作是总结 2009，规划 2010，在报告中李学举指出，要推动《退役士兵安置条例》等法规的修订工作，他在总结法规出台的困难时提到：我国经济社会还处于社会深刻变化，多种矛盾多发期，依法调整利益关系难度很大，加上民政法律法规确定的利益主体大都是困难群体和特殊群体，制约因素多，协调任务重，法制工作的推进面临巨大压力和挑战。这一段话深刻地表明了《退役士兵安置条例》达成共识的困难和障碍。所以，至今，新的《退役士兵安置条例》仍然没有出台。

二、"退役军人教育资助"研究出台政策过程

（一）退役军人研究被采纳的主要过程及核心事件

2007 年 6 月，北京大学教育学院博士研究生王书峰撰写的论文《美国退役军人教育资助政策形成与变迁研究》进行了公开答辩。论文政策价值受到了学术专家的肯定。2007 年 6 月 4 日，外请专家清华大学史教授在王博士博士论文正式答辩会的现场发言时明确指出：鉴于论文研究问题重大，当前中国退役军人安置工作的改革创新，对社会稳定和国家长远发展都有非常重要的参考借鉴价值，且研究分析严谨可信，在对个别地方稍做修改完善后，应尽快将整篇论文呈报中央领导和相关决策部门，力争通过人大立法等方式变为国家的意志和行动。

2008 年 10 月，财政部教科文司副司长孙司长率领工作组到北京大学教育学院检查工作，期间发现了王博士撰写的博士论文《美国退役军人教育资助政策形成与变迁研究》，并对其产生了强烈的兴趣。作为我国高等职业教育财政主管部门的领导，孙司长在仔细阅读该论文后认为，开展对中国退役军人教育资助政策的研究十分必要。在他的建议下，2008 年 12 月，北京大学教育

学院成立"退役军人教育资助政策课题组",教育学院院长闵维方教授担任课题组长,课题组成员有教育学院的陈学飞、文东茅、陈晓宇、郭建如、杨钋等教师,博士后王书峰以及多位研究生,财政部教科文司孙司长、张处长也作为课题组成员参与了研讨。在此后一年半多的时间里,课题组先后起草了6份研究报告,对改革我国退役军人安置模式、出台退役军人教育资助政策的可行性、必要性、方案选择、潜在矛盾困难与风险规避等进行了分析论证。

2008年11月2日至3日,中国高等教育学会在哈尔滨市举行了"2008年高等教育国际论坛",宣布并表彰了获得第四届"高等教育学优秀博士学位论文"的博士生及其导师。北京大学陈学飞教授指导的王书峰的博士论文《美国退役军人教育资助政策形成与变迁研究》获奖。高教协会将论文主要内容作为内部参考上呈教育部,论文由广东高等教育出版社作为专著出版。

2009年3月9日,时值十一届全国人大二次会议、全国政协十一届二次会议举行期间,《解放军报》以一版导读提示、二版整版专题的形式,介绍了北京大学退役军人教育资助研究情况,并以引用文东茅教授话语的方式,公开报道了"全国统一的退役军人教育资助政策可采取自愿选择、契约管理的方式,分步实施、稳妥推进。第一步,在退役士兵安置方式中增设教育资助选项。提供中等职业培训、高等职业教育、普通高等教育等多种方案,让不同文化基础的士兵自愿选择……"的具体政策建议。

2009年12月,由财政部教科文司和北京大学教育学院论证的《退役军人教育资助政策简要预研报告》呈交中央军委相关领导人员,领导进行了批示。

2010年7月29日,《国家中长期教育改革和发展规划纲要(2010-2020年)》(简称2010-2020教育规划)正式公布,与此前的公开征求意见稿相比,在并不算多的变动内容里,新增了一项重要政策议程,即"制定退役士兵接受职业教育培训的办法"。

2010年12月11。中央军委徐副主席在《退役军人教育资助政策研究报告》上批示:北京大学闵书记和几位教授主动研究论证退役军人教育培训问题,体现了落实国家人才战略的重视和对国防及军队建设的关系。在胡主席亲自推动下,退役士兵职业技能培训工作取得重要进展,正在建设和完善有关法规制度,转业干部的培训也在探索推进之中,请批示有关部门认真阅研,参酌闵书记等专家的有益意见,并继续加强与地方密切配合,做好退役军人的培训工作。"

2010 年 12 月 9 日，国务院，中央军委联合发布了《**国务院　中央军委关于加强退役士兵职业教育和技能培训工作的通知**》又称国发〔2010〕42 号文。退役士兵教育政策取得重大突破。

2011 年 2 月 21 日，在《关于实施退役士兵教育资助政策的建议》文件上，国务委员刘延东批示提出：建设退役士兵教育资助政策，对于提高退役士兵素质和就业技能，对于吸引优秀高中毕业生参军入伍、加强国防和军队建设影响深远。此方案论证充分，操作职责明确，措施可行，建议同意。"胡锦涛总书记、温家宝总理、李克强副总理对此方案都进行了阅示和批复。

其基本政策过程如图 6-2：

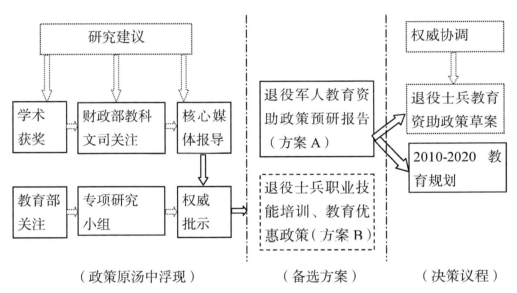

注：箭头表明事件发展方向，虚线表明隐性存在，以及弱关系。

图 6-2《退役军人教育资助》政策过程

（二）研究进入决策议程的机会和过程

美国政治学家托马斯·戴伊（Tomas Dye）认为，设定议事日程，是政策制定过程中"最重要的阶段"，"那些不被界定为问题的社会状况永远不会成为政策问题，永远个会成为新闻，永远不会引起政府官员的关注。确定问题是什么比认定解决问题的答案是什么甚至更为重要[8]。因此，如果

8　托马斯·R.戴伊.自上而下的政策制定[M]. 鞠方安等译.北京：中国人民大学出版社.2002:6.

能够影响政策的议程，知识利用的程度就非常之高。研究传媒议程设置的鼻祖之一科恩（Bernard Cohen）有句话说得很到位：传媒如果对受众"怎么想问题"指手画脚，恐怕很难成功，但它对受众"想什么问题"的控制却易如反掌[9]。同样的道理也适用与学者对议程的影响。学者要想影响政策议程，等待决策者的关注是被动的，但是通过媒体发挥影响是学者可以主动获取的。

纵观退役军人教育资助研究影响政策的整体过程，在三个阶段都有机会之窗的开启。这些机会偶然且零散地分布在各个空间。研究者在政策企业家的推动下，识别并充分利用了这些机会。使得研究从最初的学术文本，发展成为预研报告，最后进入决策议程成为重要的备选方案。其间经历了辩论、论证，艰难的协调以及政策企业家坚持不懈地推动。

1、退役军人教育资助在政策原汤中的浮现

退役军人的安置问题并不是一个新问题。它归属于特定的政策领域，有专门的管理机构并存在一群专业人员构成的政策共同体。这个共同体包括研究人员、国务院办事人员、民政部优抚局的办公室人员、各部委相关人员、利益集团的分析人员、学者等。他们拥有自己对这个问题的经验、见解和建议。在这个共同体中，有关退役军人安置问题的备选方案和政策建议的浮现过程就如生命诞生之前分子在"原汤"中四处漂浮的过程，一些分子浮现出来，进入决策者的眼帘，而大多数都消失不见。如果缺乏足够的动力和机遇，大多数研究成果都会成为沾满灰尘的桌子上沾满灰尘的文件。研究者对于研究可能的政策影响力也有一种比较消极但符合实际的预期。

> 作为一名研究者，同时也作为一名军人和机关的干部，工作中也接触了解到一些情况，知道这个事情不是几篇论文、几个专家的意见就能改变的。所以论文写完了，就搁置下来，没有再看，就这样，一年多的时间过去了。（访谈9号）

如果没有机会，这种"搁置"将会持续很长的时间，那么是什么机会使得静止的研究成果开始运动，开始浮现？在这个浮现的过程中，谁提供了推力？研究的何种特征使得它异军突起？在政策原汤中，打破"搁置"，使得研究跃入决策者视野的机会有五个：

9 Bernard C. Cohen. The Press and Foreign Policy. Princeton: Princeton University Press, 1963:13.

机会一：中国高教学会将论文评为年度优秀博士论文

2008 年 11 月 2 日至 3 日，中国高等教育学会在哈尔滨市举行了"2008 高等教育国际论坛"，宣布并表彰了获得第四届"高等教育学优秀博士学位论文"的博士生及其导师。王博士的博士论文《美国退役军人教育资助政策形成与变迁研究》获奖。王博士在大会上作了 20 分钟的发言，介绍了论文的主要研究内容，并根据中国高等教育学会有关规定与广东高等教育出版社签订了论文公开出版的意向协议。这次获奖距离王书锋博士论文答辩已经两年半之久，评选的过程和获奖的结果使得图书馆中的论文开始活动起来，不论是大众还是研究者自己，都开始把焦点投注研究身上。这种聚焦对于启动研究的运动非常重要。

正如研究者所言：

> 评选过程本身就是对这项研究的一个宣传和推广。因为每年只有五篇优秀博士论文，所以评选过程非常严格，而这种严格使得很多很有学术地位的老师可以很认真的阅读我这篇文章，这样的机会是很难得的。当然这种宣传的效果也是出于我意料的好。出乎意料的结果有两个。一是高教协会每年都会将优秀博士论文编辑成册，交给教育部的相关领导。当时正逢国务院征求大家关于退役士兵改革方案意见，各个部委也都在收集相关资料，进行研究。教育部作为改革的相关方也在征求意见的序列，而那时研究成果适时出现在教育部部长的视域内，为教育部的相关决策者提供了信息支持，直接影响到了后续的决策。二是获奖后，书稿要交予高等教育出版社出版，但是由于"论文大篇幅引用贺卫方、曹瑞林关于"复转军人进法院"争论的论述，并将数万字的相关材料作为附件收录，因此在公开出版之前，我分别给两位当事人邮寄了博士论文，征求意见。两人很快给予了回复，对引用和分析给予肯定，表示论文的有关论述忠于原意，特别是使用"专业主义"理论对当年的争论事件进行的解读合-理确切，同意相关内容公开出版。时任《解放军报》政工部副主任、主任编辑的曹瑞林是国内知名记者，在回复同意出版意见并得知北京大学将开展专题研究后，他认为有必要将相关情况以内参的形式向军委领导报告。（访谈 9 号）

在上述过程中，高教学会的评选启动了对研究的关注。而研究者自身的严谨学术态度和积极的沟通能力使得研究进入了媒体议程。获奖——出版——邮寄论文使得研究走出了封闭的学术内循环，开始进入外部流通。

机会二：媒体关注这个成果，进行了整版的报道

2008 年 12 月 26 日上午，曹瑞林记者到北京大学拜访了陈学飞教授，并向侯华伟、李春萍等老师采访了解情况。2009 年 1 月 13 日，《解放军报》第 1305 号内参刊载了曹瑞林撰写的一篇 3000 字左右的关于"退役军人教育资助问题"的解放军报内参（供军级以上领导阅读的）。这个内参的题目是《北大课题组建议以教育资助方式缓解退役军人安置难题》，内参受到不少领导干部的好评，部分领导阅后认为这一问题应公开报道，为相关政策的制定出台做好先期舆论引导工作。

2009 年 3 月 9 日，《解放军报》发表了曹瑞林、董强、丁增义撰写的长篇专题《教育资助：退役军人就业安置新探索》。这次的报导有三个特征尤其值得注意。第一，解放军报是中央军委的机关报。和面向大众的平面媒体不同，它的政治性和在军队中的权威性都非常高。解放军报任何一整版版面的选题，都需要分管社长和总政领导以至军委最高领导的签字同意才能通过。所以这就意味着退役军人教育资助的方向和主题内容受到了军委决策者的肯定和认同。第二，这次是整版的报导，标题是主题策划，意义重大。在此之前，解放军报没有整版报导一个主题的先例，这是首次用整版来报导一个主题。并且引用了北京大学大量的数据、表格，用深刻的论证来对这个主题进行特别策划和编辑。第三，当时正值十一届全国人大二次会议、全国政协十一届二次两会会议举行期间，时间非常特殊。解放军报用整版版面、并注明"特别策划"来宣传退役军人教育资助，特别是以引用北京大学专家教授的话语，将具体的政策建议进行公开报道，立即引起很大的关注。

随后，2010 年 2 月 11 日新华社发表了《人民日报》记者苏银成，新华社记者曹智、黄明，解放军报记者曹瑞林、欧灿共同撰写的《利国利军利民的时代创举——全国各地探索开展退役士兵职业教育和技能培训纪实》此后《解放军报》又于 2010 年 6 月 3 日、5 日先后刊发的《退役士兵培训能否得到法律保证》、《如何做好退役士兵培训这篇大文章》整版新闻调查，在一年多的时间里，中央新闻媒体对退役军人教育培训工作如此大篇幅的宣传报道，在凝聚共识、推进决策过程中起到了重要作用。此外，曹瑞林还利用随同中央领导进行专项调研的机会，对北京大学有关研究情况作了专门的介绍，在学术成果扩散和政策影响上发挥了不可或缺的桥梁作用。

由于媒体的积极宣传，相关专业人员也开始积极关注这个主题。2010年3月11日，人大代表、兰州大学校长周绪红发言时建议："调整高等学校入学政策，利用高等教育资源，吸收复（退）转军人上大学，让他们接受以职业培训和技能提升为主要内容的高等教育。这样，既可避开就业高峰期和困难期、缓解复（退）转军人安置难的问题，又可腾出更多的岗位解决大学生就业。同时，还可解决相当一部分学校特别是中、高等职业技术学院生源不足、招生困难的问题"。同年，由广州军区参谋长贾晓炜牵头、31名军队人大代表签名的《关于在兵役法中增加对退役士兵实行免费教育培训内容的议案》由解放军代表团递交全国人大议案组。

机会三：财政部孙司长副司长来调研，陈学飞老师介绍了退役军人教育资助研究。

2008年10月，财政部教科文司孙司长副司长率领工作组到几个社科研究基地检查工作，当时也选择了北京大学教育学院。陈学飞教授在汇报学院的课题和研究成果时，选择了对王博士撰写的《美国退役军人教育资助政策形成与变迁研究》进行介绍，立即引起了孙司长的强烈兴趣，当即请学院把整本书复印一份给他。论文带回财政部之后，孙司长及分管职业教育财政工作的其他几位同志将论文从头到尾看了几遍，认为论文主题重大、研究有深度，有较高的政策借鉴价值。如果把相关研究再深入一步，特别是系统论证一下在中国制定出台退役军人教育资助政策的必要性、可行性，提出一个大致的政策方案，应该会对解决当前的现实问题有很大的帮助。此后的两个多月时间里，孙司长副司长、该司教育二处张禹钦处长等同志对退役军人教育资助问题反复讨论，并专题研究了广东省退役士兵免费职业技能培训情况，多次与北京大学的专家教授交流沟通，最终作出决定：依托北京大学教育学院展开专题研究。2008年12月23日，教育学院党委书记陈晓宇与王博士一起到财政部参加了孙司长副司长召集的课题布置会议。孙司长认为："虽然也有顾虑，但这个事情实在太重要了，相关研究应尽快展开，拿出一个论证意见和大致方案"。由此，北京大学教育学院建立专门的项目研究组，研究成果开始进入实质转换阶段。

机会四：北京大学项目研究小组的成立

北京大学教育学院先后由常务副院长陈学飞、副院长文东茅两次主持召开会议，对退役军人教育资助研究进行了立项论证。2008 年 12 月 31 日下午，北京大学党委书记、时任教育学院院长闵维方教授召集会议，正式成立课题组，并对课题研究进行了安排部署，相关研究全面展开。并且聘请王书锋为这个项目的博士后。2009 年 2 月，北京大学教育学院杨钋老师使用退役军人数量、高等教育学费水平的历史数据和发展目标，对方案的经费需求进行了测算，从经费需求的绝对水平和相对水平两个角度进行研究，最终得到退役军人教育资助方案的经费需求属于较为合理的范围，论证了政府对退役军人进行教育资助的财政的可能性；2009 年 3 月，课题组多名老师、同学对北京、广东、青海、上海、云南、江苏、湖北、河南、山东、内蒙古等省市关于"退役军人教育培训"的地方政策汇总分析，对当前我国退役军人安置和教育资助相关实践的经验和问题进行了概括分析，并从意义目的、基本原则、资助方案、具体操作、配套措施等方面提出了一整套新的政策方案。新的方案把博士论文文本转化为具有操作性的政策文本，这也是研究能够从政策原汤中存活下来的重要因素。

由于社会科学的事后奖励原则（即先做研究，研究完成后被证明对社会有益再予以资金支持和奖励），退役军人教育资助项目研究所需的所有经费均来自于北大教育学院自身。中途没有任何部门给予经费资助。在这个过程中，如果研究团体不认可研究成果，不认为这个研究具有发展的潜能，也不投入相应的人力和物力，那么这个转化过程也无法完成。同时，在项目组成立以后，所有方案的写作和汇报，都是以北京大学集体的名义，这种称谓的赋予，也大大增强了政策文本的渗透力。正如研究者所言：需要考虑北京大学对中国的影响。北京大学的人写得，人家就是要骂你，也会先看一看。首先他会看完你写的东西，不好再骂你。现在，很多决策者根本不看社会科学研究人员的成果，他认为你都是抄的，理解还不如他深刻，所以有一种对社会科学家的轻视在里面。如果不是北大的，也不会产生这么大的效果。（访谈 9 号）

机会五：恰逢其时：退役士兵条例征求各部委意见

正如前文所述，自 2004 年开始，退役士兵安置条例改革方案就开始长达四轮的意见征集过程，由于所涉及的部委众多，利益涉及面大，长久难以达成共识。为了促进共识的形成，国务院不间断地征求各部委的意见。由于国务院多次下达通知，并发文征求建议，各个部委都比较重视，相关负责人员都在积极进行政策学习并开展这方面的政策研究，试图尽可能掌握相关专业信息和知识。如财政部当时就指出西方安置退役军人的不同做法。这些知识都是政策共同体的人员主动收集和整理的。他们在几轮意见中深刻而全面的回复与建议也充分体现了决策人员的严谨性和对待政策条文文字表达严格乃至挑剔的态度。从这一点看，中国的官僚机构工作人员实际上善于学习，并且对专业知识有很高的需求。"他们遇到问题并不是想当然的回复，而是去查资料，去了解信息。"（访谈9号）。需要做出决策的政策制定者自己会走出来，寻找以前相关的研究以缩小问题的范围并明确可能的政策选择。这种路径上，有可能是他们的助理、职员中的分析人员，同事或者智囊团或者社会科学研究者提供的信息吸引了他们的注意，也有可能恰好是看到了刊登在专业杂志，机构简报，报纸，其他杂志或者会议刊物上某类信息[10]。问题是即使我们我们有复杂的计算机系统，也不能又快又准的聚焦到那些合适的研究，尤其是在研究很多的时候。在这种情况下，决策者是否能够找到最好的，最相关的研究，取决于有效的沟通机制。所以一个决策者开放的，积极学习的态度和空间为研究进入决策者视野带来了极佳的机会，而研究者也必须积极沟通去抓住这种机会。

在本案例中，由于研究者的博士论文是近年来首次全面论述退役军人教育问题的论文，且由于他身份的特殊性，使得这个研究深入且具有很强的说服力。并且这类研究相对稀缺，容易搜寻。一般而言，涉及军队政策的论文大都做了涉密处理，但是鉴于相关研究的稀缺性和内心深处对改革的追求，研究者没有对论文进行涉密处理。他不仅免费将论文授权给中国知网，还送给国家图书馆公开阅览。这就为国家各部委查询相关资料带来了极大的便利。七八个部委都在国家图书馆复印了研究者的博士论文。

> 我所了解的就是国务院军转办，他们在中国知网搜寻到我的研究后，就到国家图书馆复印。国务院军转办的人告诉我，各部委的相关司司长都让他们去复印，由于比较厚，复印之后就装订成上下册，在国务院里面，七八个部委都是这样，都有论文的上下册。如

---

10 C.H.Weiss.The ManyMeanings ofResearchUtilization[J].SocialScience and SocialPolicy. Lodon: Allen&Unwin, 1986:8.

果我当时特别重视版权，那这个东西就很难搜索到。但是我说，你们自己弄吧。没细想，就交上去了。因此不到两年，好多人在我的论文基础上又派生了学位论文。（访谈9号）

在研究建议从政策原汤中浮现的过程中，极大的动力是来自于政策企业家

　　由于孙司长对这个问题非常重视，也感到实施起来非常困难，多次邀陈学飞老师和我去座谈。由于财政部教科文司分管这类工作，又与教育部、民政部有很多业务往来，所以通过这种途径，我的研究也得以进入了决策者的视野。（访谈9号）

机会六：创造机会的政策企业家孙司长

政策企业家即那些使得政策建议或某一思想从政策原汤中浮现出来，进入决策视野的人。他们未必在政策共同体的任何一个地方都可以找到，也未必每个政策建议都能有机会遇上政策企业家。他们可能是官员，也可能是研究者。但是他们的明显特征就像一个工商企业家一样：怀着未来会有所回报的希望而愿意投入自己的资源——时间、精力、声誉，而且有时还愿意投入资金。这样的人一般具有以下三种素质：第一，具有某种听证权。第二，因为他的政治关系或者谈判技能而闻名。第三，也可能是最重要的品质，及成功的政策企业家具有坚忍不拔的意志。金登提出"一个强有力的参议员是一个在场的参议员，而一个强有力的办事人员则是一个能够把他的参议员拉到会上的办事人员。

中国，在行政体系中占有职位的学术型官员作为政策企业家具有更大的优势。所谓学术型官员，即他们不仅仅有着丰富的决策经验，同时也具有较深的学术素养。他们对学术成果和科研建议持更为开放，更为接纳的态度。在遇到决策问题时，他们更倾向于先进行科学的论证才做出决策。因此，如果特定的研究成果进入关注此问题的政策企业家视野，对于研究成果发挥政策影响是极为有利的。上文提到财政部教科文司孙司长，如果纵观整个政策建议浮现过程，会发现他的重要作用不是发现了机会，而是创造了机会。他的作用至少体现在以下几个方面。

第一，财政部的特殊性使他处于退役军人改革的突破处。财政部在整个退役军人安置改革中的地位非常特殊，上文对其特殊性已有论述。在所有部委对方案1的回复和建议中，财政部的建议最多，也最不可调和。任何一项改革，都会面临预算约束的问题，如果没有资金的支持，任何改革都无法进

行。资金问题解决了,其他部委就相对而言更容易协调。但是需要改革的项目成千上万,每项都声称其紧迫性,需要财政部的投入,"每个部门都向我要百分比,我给谁?"(访谈10号)。财政部关注哪个项目,投入哪个项目直接决定这个项目是否有生命力,所以财政部对改革的态度以及对改革的排序对于改革是否能够进行意义重大。孙司长的重要性不在于选择哪个方案,或者最后在退役军人教育政策文本中写上几条建议,几个字。他的重要性在于使得退役军人教育问题始终处于财政部领导者的议程前列。

> 他一直在提醒着领导,让领导重视这个问题。其实一个领导作出一个批示,底下的人迅速回应,这个事就成了。如果底下的部委拖上半年不回应,这个事就基本上黄了。如果拖上一年不回应,这个事情就过去了。他的作用是什么,就在于他一直在那里,特别是跟财政部的部领导像财政部部长,党委书记,特别是分管的副部长一直说这个事,他就是一直在这样。财政部专管的副部长好几次还找我们去讨论这个问题,所以他的协调作用是非常巨大的。(访谈9号)

第二,独特的职位属性,使他具有最强的决策资源动员能力。在中国并不是官员的行政级别越高,其动员决策资源的能力就越强。相反,动员决策资源能力最强的是那些处于中国政府科层结构中的司局级的官员。在中国的行政体系中,他们被称为"司长"。

> 咱们国家呢,看着像是领导人决策,但是呢,签署的时候,是部长一级的,各部委签署,但最关键作用的就是司长,副司长。特别是像孙司长这种司长,能够决定底下的处长,能够影响上面的部长,继而影响整个研究成果,他正好是那个关键环节。(访谈9号)

司长的动员能力强是源于以下几个原因。(1)由于政策的出台是非常频繁的,最高级领导阶层没有足够多的时间和精力去直接操作政策决策方面的事务。他们更加关心的是敏感的政治、意识形态或国家安全问题。而司局级干部则不同,他们将更多的时间用于考虑"政策决策"问题。司级干部的主要职责就是集中精力思考他所主管领域中的各项政策问题,他们在政策问题上分配的时间和精力最多,掌握的信息也最全面。(2)在中国的政府中,特别是中央部委,司级官员在中国政府的政策决策科层网络中处于上下和内外沟通的"结构洞"位置,能够良好地沟通部级和处级之间的关系,因此从决策资源中最重要的信息的获得角度来看，司级干部具有最有利的地位。另外，司级干部也是主要的政府内官员与政府外专家的内外联系人。他们指定邀请政府外专家的人选，主持各种国家政策的研讨会。很多政策思想的决定都是在研讨会上提出的，甚至都是主持研讨会的司长拍板的。（3）从中国政府运作程序的特点的角度来讲，由主管领导参加的政策工作汇报会是政策决策的阶段性成果或最终出台的最主要标志。而中国政府的司级干部是这些政策会议的实际操作者。一般情况下，部级以上官员参加的政策工作汇报会，都是在下级司级官员认为已经取得阶段性成果或已经基本酝酿成熟，并已由司级干部单独向部长汇报完毕的情况下召开的。司级干部直接参与各种政策制定过程，最后司级官员将政策文件成文稿交给部级官员和部务会审议。如果是相对重要的政策，需要上报给国务院，由国务院转发[11]。综上所述，作为主管副司长的孙司长实际上是发挥了核心作用。

第三，政策企业家的坚持，提供了动力，推动了浪潮。正如金登所言，政策企业家最优秀的品质就是坚持。成功的政策企业家都具有坚忍不拔的意志。他们都会花大量的时间作报告、撰写阐明自己对某一问题立场的论文，给重要人士写信、起草议案，参加工作午餐会，所有这一切都是为了以任何有助于促进事业发展的方式并且在任何可能有助于视野发展的场所竭力宣传他们的思想[12]。孙司长的坚持给了研究者信心，使得他们对研究的政策影响充满期待并有动力付出持续的努力。

> 他的坚持带动了大家坚持这个，孙司长还鼓舞了我们，北大这些老师，包括我，做完了就结束了。我们就没想过，一直到了现在，我们有时候比较现实，也比较悲观。我们知道国家有的部委本身就很难达到一致，我们有的时候，北大包括老师，包括我在内，一看这个，脑袋就大，就觉得这样就行，就不搞了。但是人家一个司长，人家有这股热情，这两年他一直都在，没有一刻不在想这个问题，想想如果没有他的话，虽然我们在政策文本看不到他的身影，但是其实他在其中做了大量的协调，有些协调是通过各种场合做的，他

---

11 朱旭峰."司长策国论"：中国政策决策过程的科层结构与政策专家参与[J].公共管理评论.2008（7）.

12 约翰.W.金登著. 丁煌，方兴译.议程、备选方案与公共政策（第二版）[M].北京：中国人民大学出版社.2003:228.

在里面对这种理念的传播，对这种沟通协调，发挥的作用有的时候看不见，但是非常重要，是幕后英雄。（访谈9号）

2、退役军人教育资助研究（方案A）成为备选方案的机会：比较与竞争

退役士兵安置改革条例研究方案（以下简称方案B）从2004年开始，至2010年，历时六年。它论证完备，意见征求全面而充分，依托于强大的行政体系和便捷的信息收集整理系统，多次进行修改和完善，仍然没有被决策部门所接纳。但是它推动了政治流和问题流的汇聚，使得政策之窗向退役军人教育资助研究（以下简称方案A）打开。这股东风为何吹向了方案A？以至于主管方案B的某位副部长不无感慨地说道："我们做了这么久的研究，你就几页纸，把我们全部的心血都白费了。"（访谈9号）

是什么因素使得方案A得以继续进入下一轮决策议程，而方案B则悄然搁置？金登认为有机会存活下来的备选方案一般具有三个要素：技术可行性，价值可接受性以及符合对未来约束条件的预期，

第一，技术可行性

很多好的政策建议又被送回到制图版上，其原因不在于它们不是好主意，而在于它们没有"准备好"或者没有"完全拟定好"。一项方案技术的可行性就是指在实际工作中它能符合决策者预期目标。人们常常会问的一个问题是"它实际上会达到我们我们所希望达到的目标吗？"[13]。一项重要的政策建议最终会受到对细节强烈的关注，知道它明显的缺陷被消除后才能得到政策制定者的认可，如果不相信其技术可行性，该政策建议就不可能幸存下来并受到重视。"最后出文件，就是不成熟的不出，成熟了的先出，所以伤残军人和教育资助就出来了。"（访谈9号）

对比两套方案，我们我们可以看出

《退役士兵安置条例》（方案B），改革主要包括八条。（一）实行士兵退役金制度。（二）缩小由政府安排工作退役士兵的范围。（三）完善士官退休和国家供养残疾士兵退役移交安置政策。（四）完善扶持退役士兵就业的优惠政策。（五）完善退役士兵职业技能培训、教育优惠政策。（六）完善退役士兵社会保险政策。（七）放宽退役士兵安置落户政策。（八）调整退役士兵安

---

13 约翰.W.金登著. 丁煌，方兴译.议程、备选方案与公共政策（第二版）[M].北京：中国人民大学出版社.2003:32.

置经费保障办法。其中最核心的内容就是增发退役金、缩小但保证政府安排工作范围，争议最大的也是这两条。

（一）退役金。按《方案》实施后，士兵退役每满一年，发给 4000 元，中央财政每年需支出经费约 93 亿元（退役金约 87 亿元，职业技能培训补助费约 5.9 亿元，残疾士兵建买房补助费约 0.27 亿元），所增退役士兵安置改革经费由中央财政专项安排。（内部资料 5）针对这一项内容，财政部认为：退役金标准的制定应注意各方面的平衡，不仅要考虑同一类人员前后政策的平衡，军队内部政策的平衡，还要考虑军队与地方政策的衔接。如果待遇差距过大，就会出现攀比问题，进而影响社会稳定，改革也难以推进。退役金标准应适当降低，基本标准应为士兵退役每满一年，发给 2000 元。关于退役金的来源问题，考虑到军费总盘子里包含了不可预见的增支因素，所增经费应从"军费总盘子"里解决，不应单独立项。

（二）安排工作。《方案》对海军、空军、二炮和 7 个军区的 100 多个师级单位进行了调查，部队各级和绝大多数官兵都强烈要求保留安排工作的政策。还有一些单位提出不应缩小安排工作的范围，而应扩大范围，并增加安排工作的硬性措施。经过大量调研《方案》提出缩小而不是取消安排工作范围。考虑到实际运行的困难，《方案》将退役士兵由政府安排工作的范围和对象做了大幅度压减，把现行城镇退役士兵和专业士官全部由政府安排工作，调整为服役满 12 年以上的士官，或个人二等功、战士三等功以上奖励的士兵，因战致残的五级至八级残疾士兵，烈士子女士兵退出现役时，可选择由政府安排工作。在缩小政府安排工作的范围的同时，《方案》也强调必须保障缩小范围后的退役士兵的就业并提出各类企事业单位录用人员时应按一定的比例录用退役士兵。针对这条建议，人事部提出：应该删除"各类企事业单位录用人员时应按一定的比例录用退役士兵。"主要理由是，一是按照国家有关政策，事业单位新进人员实行公开招聘；二是学校、医院、科研单位等事业单位都有专业技术方面的要求，无法保证按照一定的比例录用退役士兵。劳动和社会保障部提出：建议将"各类事业单位录用人员时应按一定的比例录用退役士兵。"修改为"对符合退役士兵就业特点的国有企、事业单位在录用人员时必须按一定的录用比例招收需要政府安排工作的退役士兵"。理由是：从军队的长期稳定和不破坏市场就业机制的角度，以及从政府的可控制力和适合退役士兵工作特点的角度出发，缩小用人单位和需安排工作退役士

兵的范围，在实际中更具有可操作性，能够使退役士兵的就业权益切实落到实处。（内部档案）

（三）退役士兵的教育培训。作为改革的八条方案中的一条，《方案》中教育培训并无特别重要的地位。《方案》提出（1）士兵退役一年内，政府应组织职业技能培训。具体培训方法由民政部、财政部会同有关部门制定，地方县级以上人民政府制定具体落实措施。（2）入伍前是全日制普通高校在校学生的士兵，退役后复学享受优惠政策。（3）退役士兵可免试进入中等或高等职业学校学习；报考全日制普通高校，参加成人高等教育考试，享受加分优惠。这些内容和退役军人教育资助的内容并不一致，两套方案中教育在整体退役士兵安置中的地位完全不一样。

《退役军人教育资助》（方案 A）所提出的核心改革只有一条：即对所有退役军人进行教育资助。依据必要性、可行性、政策框架、风险分析的充分论证，《方案 A》提出

1、必要性。适时制定出台教育资助政策是缓解当前中国退役军人安置难题的治本之策，是提升社会整合水平的有效举措，是推动高等教育科学发展的重要契机，也是加速军地人力体系融合式发展、巩固"大规模征集高校毕业生服兵役"战略决策后续成果的现实需要。

2、可行性。从我国现有情况来看，退役军人的学历层次、高等教育的规模容量以及政府的财政能力，已不再是以教育资助方式安置退役军人的制约因素；国家相关政策和法规体系，为退役军人教育资助政策提供了很好的前提条件和制度环境；部分行业和地区的自主探索，为制定出台全国统一的退役军人教育资助政策既提供了经验借鉴，也提出了规范需求。

3、操作性政策框架。中国特色的退役军人教育资助政策要把握和体现统一性、发展性、自愿性原则。国防是国家层次的公共产品，退役军人教育资助政策应由中央政府制定颁发，相关经费的主体部分应由中央财政承担，各省、自治区、直辖市主要负责组织实施。对退役军人进行教育资助，不单是对其服兵役的一种补偿和回报，还是国家人力资源开发的重要组成部分。退役军人教育资助的主要目的是进行人力资源开发，帮助退役军人实现"第二次专业化"，增强他们的创业和就业能力，进而也在一定程度上提高整个国家和社会的创业和就业水平。因此，该政策将致力于为尽可能多的退役军人接受教育培训提供支持，所有符合条件的退役军人，不分城乡来源、士兵或

军官，均可申请教育资助。同时对退役军人的教育资助并不排斥原有的安置方式，且为非强制性选择。在规定的时限内，退役军人自愿决定是否申请教育资助以及申请何时、何地、何种类型的教育培训；高等学校和教育培训机构也可以根据相关政策自主决定退役军人的招收、培养和管理。接受教育资助的退役军人如无特殊情况，应该通过在劳动力市场的竞争实现就业，同时应该将他们纳入社会就业保障体系。退役军人教育资助政策应总体设计、分步实施、稳妥推进。

4、风险分析。退役军人教育资助政策虽然没有特别突出的矛盾，绝对是利大于弊，可行性非常高。然而政策自身也有一些不可预期的矛盾和困难。最重要的就是财政压力问题。按照北京地区 4200-5500 元/学年，再考虑生活费，给予每名退役士兵每年 1.5 万元的资助，即可帮助他们完成一年的大学学习，以每年 40 万退役军人、每名退役军人连续资助 4 年来计算，该政策实施的第一年中央财政大约需要增加支出约 60 亿，第二年约 120 亿，第三年约 180 亿，从第四年起每年在 240 亿元左右。虽然出台退役军人教育资助政策之后，以往的部分安置费用随之取消或降低，整体来看，中央财政的压力不会显著增加，但是毕竟还是存在财政压力。

与方案 B 相比，方案 A 主要解决的是退役士兵教育培训的内容，其研究结果涉及改革的层面小、成本低，通过部分改革，推动整体改革，从而避免全面改革带来的动荡，及因其全面性的巨大障碍而无法达成共识的结局。方案 A 最终被决策者采纳。而方案 B，尽管论证更为全面，征求了更为广泛的意见，过程更为民主，结果仍然是悬置空中。

第二，价值可接受性

在政策共同体中幸存下来的政策建议往往都符合那些专业人员的价值观。并非所有的专业人员都具有同样的价值观，当专业人员的价值观发生激烈冲突时，政策建议很难被采纳。但是，在某些方面，大部分专业人员实际上最终还是以一些类似的方式来看待世界，关键在于政策建议要以具有说服力的方式证明自身的价值，如效率，公平等。

方案 B 基本思路是货币补助逐步取代政府指令性安置。而方案 A 转换了整个退役军人安置改革的思路，从给钱转换为给教育。

> 退改组的改革主要是退役金改革，给钱不给工作。当时主流的改革思路是，市场经济带来的安置问题，就得用市场经济的方式来

解决，就得给钱。而我这个是彻底推翻了这种改革思路。别人当时看我的论文，说没什么好看的，都是美国问题，等到看完了，才发现写得全是中国问题。我们改的是政策的整体思路。我的论文提出，给钱，钱给完了，还得找领导要，给钱是个无底洞。我们不能走美国失败的老路，美国一战后就提出退役金改革，但是失败了，所以，改革的思路转变到两个方面。第一，安置伤残士兵；第二，给广大的退役军人以教育。为什么不能用给钱来改革？市场经济带来的是用钱解决一切困难的思路，以为就是政府给钱，政府退出来。但是我在吃饭的时候，和那几个司长交流时我也说，就比如退役士兵是你儿子，你儿子长大了，你是给他钱，还是给他进行教育？退役士兵为国家流血流汗，到了20，30岁的时候，把他们推向社会。他再怎么着不争气，也是你的儿子吧，你得管他吧。要是给钱，钱用完了，又得找老子要，用钱，你推不出去，是个无底洞。但是给教育就不一样，反正，你不是建学校，就是建监狱，你自己选吧。再说，给钱也很影响军人的形象。今天的军人就是明天的退役军人，他们是一个光荣的群体，如果最可爱的人变成最可怜的人，甚至变成政策上可恶的人，那整个国家就完了。所以，我说，我的这个研究最大的功能就是改变了原有的政策方向。简而言之，使决策者改变了观念。转变了政策共识的理念，形成了新的政策共识。（访谈9号）

第三，未来约束条件的预期

任何一项改革，一旦开始以后，都会被施加一些约束条件。在每一个阶段，决策者都需要相信该项目的预算成本是可以接受的，需要相信政治家完全有可能会赞成，并且需要相信公众在其他各个方面都会默认。在一个政策共同体内对这些约束条件的预期构成了思想和政策建议据以选择的最后一套标准。能够存活下来的思想，其原因在于专业人员预测他们能够符合这些未来的检验标准[14]。

预算约束是一个重要的检验标准。如果提不出一个在财政上可以接受的政策建议，那么这种思想就可能会被淘汰掉。"钱的事是绕不过去得。所有

---

14 约翰.W.金登著. 丁煌，方兴译.议程、备选方案与公共政策（第二版）[M].北京：中国人民大学出版社.2003:176.

部委里的回复，给他回的最多是就是财政部，财政部说怎么算。财政部它有钱了，那其他部委，那些都好办。孙司长在这里发挥的作用是什么？协调。不同的部门有不同的认识差距，这是正常的，但是大家一定要达成一个共识，为了达成这个共识，他在里面发挥了重要的作用。"（访谈9号）

方案 A 虽然也会带来较大的财政压力，但首先它是一个递进、小步子改革的过程。允许先投一小部分作为试点。其次，对于为什么要花这笔钱，花在哪儿，意义有多重大，财政部内部是了解的，他们深入了解这一过程，这也就大大缓解了预算约束带来的阻力。事实上，《国务院中央军委关于加强退役士兵职业教育和技能培训工作的通知》（国发〔2010〕42号，以下简称《通知》）2010 年 12 月 10 日印发之后。民政部就于 2010 年 12 月 20 日发出关于贯彻落实《国务院中央军委关于加强退役士兵职业教育和技能培训工作的通知》的通知，2010 年 12 月 30，中央财政下拨退役士兵职业教育和技能培训专项补助资金 4.45 亿元，主要用于补助地方开展退役士兵教育培训所需的学杂费、住宿费、技能鉴定费、生活补助费等，这为各地开展这项工作提供有力支持。这是首次财政部投入如此巨额的经费来支持退役士兵职业教育和技能培训事业，是一种突破。从这里也可以看出财政部事实上是赞同改革的，也非常希望妥善地解决退役士兵问题，方案 B 没有通过，很大程度上是因为没有和财政部达成投入的目标、意义和可行性方面的共识。

公众默认是第二个重要的检验标准。除了决策者对这种退役军人接受高等教育价值观的认同，民众的对高等教育的认识也很重要。民族文化或主导的意识形态，对政策建议的实施也有很重要的影响。退役军人教育资助，不仅是关涉军队利益的问题，也是关涉高等教育的重大问题。如果大众对军人接受高等教育不理解和接纳，这一政策建议也很难实施。

98 年前，上大学只是非常少数的人。98 年扩招，一下子把高等教育毛入学率的比例，显著提上去了。社会上形成了这种风尚，就是接受高等教育已经成为这个时代的社会青年一个普遍的权利和义务，不再是非常稀缺的了。如果没有 98 年的扩招，那后面退役军人教育资助，也不会的。只有到这个时候，这个问题才浮现出来。到了现在，大家都感觉这个东西是个基本的，形成了社会风尚。但是当时的时候，改革的时候，民政部改革的时候，就没有注意这个教育大发展。我考虑是这个原因。（访谈9号）

3、决策议程：机会之窗的打开

政府议程就是政府内部及其周围的人们在任何时刻对所认真关注的问题进行编目。而在政府议程中，人们只是就更小的一组项目进行决策，这就是决策议程。进入决策议程的项目，要么正在被转入立法通过的状态，要么正在接受审查，亟待国家领导人或部长做出决策。进入决策议程并不能保证政策建议就一定可以获得通过，不过它是一种比政府议程更为主动的状态[15]。通常都有一长列的项目等待轮到自己被提上政策议程，这些项目都必须按照顺序排队，而政策之窗的开启可以确立该队列的先后顺序。参与者之所以把一些项目置于其他项目之前，基本原因是因为他们相信这些政策建议获得通过的可能性很大。

在这个阶段，决策者核心的考虑是政治利益。政策采纳主要是一个政治行为，是获得合法授权的首长或领导集体的意志决定。在这个阶段政治利益的考虑往往发挥主要作用，如迪安·艾奇逊（Deon.Atkinsom）所言"比真理更真实的东西"[16]。

退役军人教育资助方案前后共接受了党和国家以及军队领导人 5 次批示。其中胡锦涛主席 2009 年 4 月 5 日就退役军人安置所作的"要总结各地经验，逐步推广，并研究制定相关政策和制度"的重要批示，为整个政策指明了方向。胡主席的批示下达后，各部委，总政，总参都纷纷对批示进行了回应。总参谋部、总政治部联合下发《关于认真贯彻落实胡主席重要批示积极配合地方政府做好退役士兵职业教育和技能培训工作的通知》。同时中央领导还在《教育规划纲要》画脸稿上作出"要研究制定退役士兵免费职业培训后就业办法"的修改意见。在党和国家领导人的大力推动下，2010 年 7 月 29 日，《国家中长期教育改革和发展规划纲要（2010-2020 年）》（简称 2010-2020 教育规划）正式公布，与此前的公开征求意见稿相比，在并不算多的变动内容里，新增了一项重要政策议程，即"制定退役士兵接受职业教育培训的办法"。2010 年 12 月 9 日，《国务院　中央军委关于加强退役士兵职业教育和技能培训工作的通知》又称国发〔2010〕42 号文出台，退役士兵教育政策取

---

15 约翰.W.金登著. 丁煌，方兴译.议程、备选方案与公共政策（第二版）[M].北京：中国人民大学出版社.2003:210.

16 Atkinsom, E.In defense of ideas, or why'what works' is not enough'[J].British Journal of the Sociology of Education. South Western. 2000（6）.

得重大突破。政策之窗全面打开，这些都说明退役军人教育资助政策在决策议程中的重要地位。

三源流理论认为政策之窗的开启，在于政治流、问题流以及政策流的汇聚。而从根本上看，又在于政治溪流的变化（如，行政当局的变更、政党或意识形态在国会席位分布上的改变、或者国民情绪的变化）。而政治溪流中又属行政当局的变更为最明显的政策之窗。金登认为，一届新的新政当局来到镇上，他们会问："我们我们首先应当做些什么？"这届新的行政当局于是就为某些群体、议员以及机构提供一扇打开的政策之窗，即为他（它）们提供了提出一些他们在前一届行政当局那儿没有机会提出的见解和政策建议的机会。西方行政当局变更之所以是最明显的政策之窗，与西方国家民主选举制度有关。在选举前后寻求权力的个体或者像个体一样行为的机构，都会为争夺资源以及选民的支持而展开竞争。所以执政者会在选举前后通过扩张性政策创造出经济繁荣，进而争取胜选连任机会的现象。在选举前和后一两年中，改革成为核心主题，为新的政策建议进入政府议程大开方便之门。

但是在本案例中，政策之窗向退役军人教育资助方案打开的根本原因恰恰是行为行政当局的稳定性，以及中央领导对这个问题持续地关注。

> 中国领导人执政届期一届为 5 年，两届为 10 年。接任后的前三年一般都是稳定地执行上一届的方针，路线，制定的政策不会和前界领导制定的政策大相径庭，毕竟交班子的时候就考虑下一任对已有政策的执行能力。人走茶凉主要是个体，事实上也是极少数不会处关系的个体，从大方向上，稳定地发展、平稳地过渡是中国政治的核心宗旨。等体制都平稳了，前一届的问题都解决得差不多了，下面主要的办事人员都换成了自己的人，再过几年就要退休了，这时这些领导人就开始敢于说话，想做一些事情，并且也有能力来做一些事情。如果是一届，那这个时间一般是第 4 年，如果是两届，这个时间一般是第 7 年，这两个时间点是改革开始酝酿的最佳机会。（访谈 4 号）

因此我们我们可以看出，中国的政策之窗的开启和西方有着巨大区别，行政当局的变更之际并不是中国政策之窗打开的良机，反而是行政当局即将退出的前几年是改革良机。从本案例来看，2004 年 9 月，退役军人安置改革的问题就在胡主席的批示下展开了调研，说明早在 2004 年，问题就已进入了国家领导人的政治议程并引起了他们的关注。此后长达六年的时间，这个问题一再出现在领导人的议程名单之中，稳定的决策群体，给予问题持续的关注的机会，从而在条件成熟的时候，开始了改革。

问题之窗对于政策之窗的开启也很重要。如果决策者相信一个问题迫在眉睫或者给他们很大的压力，他们就会进入政策溪流中寻找可以被合理地视为解决办法的备选方案。虽然退役士兵安置条例（方案B）最终没有被采纳，但是退役士兵的安置问题一直都存在，方案B多次的调研、征求意见，使得这个问题能够持续地进入决策者的政治议程，问题之窗始终在开启。当备选方案退役军人教育资助（方案A）出现在进入政策河流寻找解决方法的决策者们眼前的时候，这个不仅在政策溪流中存活，也符合政治可接受性检验标准的方案最终打开的政策之窗，被决策者所采纳。

（三）案例分析

纵观整个研究影响政策的过程，我们即可以看到中国政策制定过程中的制度性约束，也可以看到偶然性的机会。如前文所述方案B意见论证完备，征求全面而充分，依托于强大的行政体系和便捷的信息收集整理系统，多次进行修改和完善，最后仍然未能达成共识。原因在于：第一，方案B通过公开征求意见的方式难以在分散且强势的各部门之间达成共识。方案改革面广，涉的部门众多。多方征求意见，虽然有利于完善方案，然而对立的利益不会因为表达而消失，反而是各方在这个过程中极力要求扩大自己的利益。各个部门实力相当，立场相互对立，碰撞，其中某一个环节不通畅，共识难以建立，政策方案无法通过。相比而言，方案A走的是最短的路径，从财政部到军委到国务院到中央领导，单一的信息传递渠道，使得方案以最快捷，最有效，最少歧义的方式传递到决策者的决策议程内。

第二，方案B没有和改革的核心利益团体取得共识。仅以财政部为例，在第一轮征求意见过程中，财政部并没有标明其巨大的分歧和意见。然而在第二轮意见中，财政部开始标明自己的立场，并提出方案的出台涉及财政部部分众多，要求此后方案的修订必须会签财政部。在第三轮意见中，财政部仍然在某些问题上毫不妥协自己的立场，致使关键的"退役金"等问题无法解决，这也成为方案出台的重大障碍。而方案A则起点就在改革的薄弱环节，一开始就充分地考虑了预算约束的重要性。并通过财政部的相关政策企业家，成功地就改革的意义和所需的成本达成了共识，以渐进但成效深远的方式取得了利益群体的支持和配合。即符合中国小步子前进的政策改革现实，也以牵一发而动全身的改革取向撬动了改革的基石。

第三，机会在整个过程中随处可见。前文中已对方案从政策原汤中浮起的机会以及在决策议程中三条溪流汇合而打开的机会之窗进行了描述。有时，政策溪流的汇合在某种程度上纯属偶然。"这个研究成果再过几年，也许有些人会比我们做的还好，但是它恰恰没在这个时候出来，没在政策需要的时候出来。应该说我们正好赶上了。这里，有个机遇的问题。"（访谈 9号）。然而，这种偶然性并不意味着整个过程就只是掷骰子。各种约束条件——预算、公众的接受、资源的分配——都可以以一些可以预测的方式建构政策制定系统。政策之窗打开之后很快就会关闭，尽管机会降临，如果研究者没有做好准备，它也会流失。如果错过了一次机会，那么就必须等待另一次机会的到来。

第三节　本章小结

本章最大的特色在于选择了两个彼此竞争的研究案例来对研究利用过程进行分析。这种对比的思路源于本书渴望作出回答的一个问题：政策机会在研究发挥政策影响中到底起到了什么作用？两个研究质量不相上下的研究方案为什么一个最后发挥了政策影响，而另一个没有？为何看似更具优势的研究方案最终败北，而人力、物力、财力都相对弱小的方案却异军突起，成为最后的赢家？因此本章选择了退役军人教育资助案例和作为竞争方案的退役士兵安置改革研究方案为研究考察对象。退役军人教育资助案例具有资料的宝贵性、发生进程的可追踪性以及对高等教育政策影响的深远性，是非常具有研究价值的的案例。

本章首先介绍了退役士兵安置改革条例的研究和相应政策的出台过程，对其竞争性、完备性和影响层面的丰富性进行了充分的解析和肯定，同时也对其无法突破政策的障碍和矛盾进行的分析。虽然它具备在政策原汤中生存下来的基本条件，然而其改革涉及面太广、影响利益层面太宽太深，核心的预算和财政问题没有得到协调和解决，不符合中国渐进式改革的行政风格，因此难以达致政策共识。随后，本章以事件而非时间的角度对退役军人教育资助被政策采纳的关键点进行一一描述和分析，重点对研究进入政策机会进行了探讨。通过案例我们可以看出，在政策进程中，至少在三个层面上存在着机会：第一，在政策原汤中存在着研究浮现出来的机会。第二，在备选方案层面，存在通过研究达致共识的机会。第三，在决策议程，存在决策者稳定关注的机会。同时，本章还特别指出了政策企业家在创造机会、实现机会方面的意义和作用。对研究利用过程中机会的意义、存在的空间、实现的策略、和抓住机会的人都作了充分的阐释。退役军人教育资助影响政策最特殊的路径在于，不仅靠建立课题，通过正式渠道来传递研究成果，还通过非正式的渠道，个人书信等来传递研究成果。研究从中间向两端扩散，速度之快，影响范围之广，是三个案例之最。仅仅用了不到一年的时间就完成从研究方案到决策方案的转变，并且直接得到了中央最高领导者的几次批示。研究者在这个案例中是积极主动的沟通者，不再是被动消极地等待采撷，而是主动去发挥研究的影响，这种主动性不仅推动了研究的深入，也推动了研究发挥政策影响的速度。不同于前两章对制度和正式渠道的关注，在本章中，我对人和机会两个偶然性和随机性的因素给予了重点关注。重点就在于描述了微小的事件对于整体进程的影响，机会虽然不可预测，但是不妨碍我们我们通过追溯的方式来剖析整个过程。

第七章　研究影响教育政策：
路径、机制与机会

　　研究对政策的影响，事实上已与其他影响因素密不可分地结合在一起，而变成只是经验的历史图像里的一个成分，这种往往已面目模糊、难以辨识的变形，也唯有在理论的观察下才可能解析出来。韦伯说"为了透见真实的因果关系，我们建构非真实的因果关系，科学不是，也不可能是真实的翻版，它只是由零碎的知识所支撑起来的一个概念的结合体。"[1]研究发生影响的情境都是独一无二的，使得我们针对每个案例归纳出来的路径都好似一条独特的路径，要想找出适合任何研究转化的路径是不可能也不真实得，正如弗莱夫伯格（Flyvberg）所说：在社会科学中，环境是算数的"[2]，规则不是游戏，语法不是语言。后两者远比理解规则和体系时所捕捉到的要复杂和微妙。因此本书选择依托具体环境讲案例，在完成案例之后找关系。试图对三种路径、三种机制和纵贯全程的机会进行抽象。

第一节　研究影响政策路径的抽象

　　在抽象研究对政策的影响时，如果从研究入手，勾画它影响政策的路线图，会很容易陷入一种闭门造车的幻想之中。通过前面二个路径各异的案例，我们可以清醒地看到政策制定的逻辑不是研究的逻辑，把研究作为政策制定

1　韦伯.学术与政治[M].桂林：广西师范大学出版社.2008:183.

2　Flyvberg.B. Making Social Science Matter: Why Social Inquiry Fails and How it Can Succeed Again[M]. Cambridge:Cambridge University Press. 2001:38.

过程唯一的康庄大道显然不符合事实。如果从政策人员的利用轨迹入手，寻找思想的源头，也并不能给我们多大的启发，因为思想可以来自许多地方，没有人能够垄断领导权或者说谁也不可能有先见之明，这种追索起源包含着一个无线的回归。

然而，尽管研究影响政策的路径千差万别，不能也不可以简约为一条固定的路径，却并不意味着不同的路径之间没有相同的路标、障碍和捷径。毕竟殊途同归，所有路径的起源不同、过程不同，然而终点都是一个地方，政策。因此，在路径的抽象分析中，本书所关注的是研究与政策结合的重要交叉口和坐标而不是单独的起源或路径本身，更为关注的是一种可以使思想的马车加速或减速的动力，以及路径下面深深奠基的机制之石。

一、结合路标与路径

在扩展政策议程，聚焦观察研究者和决策者两个群体关系的基础上，三个案例揭示出一种共同的现象。往往在政策制定时，最先出现的是一种**想法**或一种灵感，如4%政策中邓小平同志提出"教育投入太少，不成比例"的想法、退役军人政策中"让他们上大学"的想法以及"内涵式"发展政策中"高校规模效益太低"的想法等。这样的想法、灵感能否转化为**政策概念**取决于多种多样的因素，而权威和相关信息是其中两个重要参量。如果这个想法得到权威的认可或者这个想法本身就产生于权威之脑，就很有可能在相关信息的支持下转化为政策概念，其后的工作就是以这个政策概念为核心组织和论证政策原则，经过必要的法律或行政程序，使其上升为**政策**。然后把政策具体化为操作方案和**程序**，付诸实践和进行评价。简而言之，从三个案例中，可以抽象出这样一个研究干预的政策制定过程：

个人想法——工作概念——政策概念——政策项目

图 7-1 政策制定过程

进一步扩展，把研究在四个坐标中的作用融合进入政策制定的过程，则形成了图 7-2 研究与政策相结合的政策制定过程：

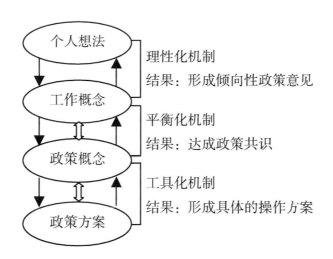

图 7-2　研究与政策相结合的政策制定过程

　　根据这 4 个路标，我们可以观察到以下三种影响路径，分别是从上至下的路径、从下至上的路径和从中间往两端的路径。同时，通过对路标设立的深层基石进行分析，可以发现，从个人想法到工作概念，研究发挥的作用的机制是理性化的演绎机制；从工作概念到政策概念，研究所遵循的是政治性的辩论机制，最后从政策概念到具体的政策项目，研究遵循的是工具式操作机制。下面，将结合具体的案例，按照四个坐标、三种方向、三种机制来对路径进行抽象。

（一）从上至下的路径

　　从上至下的路径，是指从决策者的个人想法发展到工作概念，然后发展到政策概念，最后成为具体的政策项目。这种结合按照决策者对问题认识程度和主动程度的高低，又分为主动型和呼应型。机会在两种类型里重要性大不相同，在主动型里，研究影响政策具有更大的可预测性和规律性；而在呼应型里，机会却是个特别重要的因素，只有合适的问题遇到合适的人，这种呼应才能产生，这时机会最明显的特征是研究和决策者的想法"求大同，存小异"。主动型是指决策者个人有了对一个问题的关注，并且自己意识到这个想法的价值，在公开的场合提出了问题，主动号召相关机构研究这个问题。相关机构接受到了来自决策者的信息，开始组织研究人员进行论证，通过科学的论证使这个想法或者有利于解决这个问题的想法变成大家都能接受的工作概念。然后把这个工作概念以征求意见、草案等文件的方式发给相关部门，相关部门围绕着这个经过科学论证的方案开始辩论或者寻找新的证据来说明或反驳这份方案。经过激烈的游说工作，工作概念变成大家的共识，从而转变成政策概念，得以通过。最后由研究者加以专业化加工，具体化为操作方案和程序。如在 4%研究中，邓小平同志最先提出"中国教育经费投入太少，不成比例"。然而教育投入多少合适？到底这个"成比例"的标准是什么？教育部规划司、财政司的技术专家和研究人员就开始研究，到底如何看这个比例。在研究人员的努力下，"国民教育经费占 GDP 的比例"概念开始形成。然后，为了达成共识，这个概念开始从教育部向外扩散，涉及到财政部、国家统计局等其它利益集团，各部门开始政治式的辩论，最终形成共识"接受用国民教育经费占 GDP 的比例为 4%作为衡量教育投入的标准，然而必须统计口径扩大"。在这个共识的基础上确立了"国家财政性教育经费支出占 GDP4%"的政策概念，并经过研究论证，形成了两个"不低于 15%"的具体方案。

呼应型是指决策者自己对某个问题很疑惑，没有答案。然而这种对一个问题没有答案的想法很多，决策者也不可能所有问题都号召相关组织机构进行追踪或研究，因此大多数想法都悄然沉寂。可是在某种条件下，决策者的这种个人想法被政策企业家或者学者所了解，研究者在行政体制外独立自主地进行研究，独立地把这样一个想法发展成工作概念，然后直接反馈到关心这个问题的决策者。这整个过程都是个人对个人的封闭的过程，由于正中下怀，决策者很容易接受研究者的这种工作概念。在决策者的推动下，这个工作概念开始介入行政体制，变成政策概念，继而继续由研究者具体化为操作方案和程序。这样的影响路径也很多，但是往往在这样的案例中，研究者本人也拥有较高的政治资本，和决策者关系密切，才能有机会接近核心决策者，了解到决策者最关心的问题。如国家教育发展研究中心原主任在接受访谈时所说

> 我最成功的决策研究是'高层次人才培养多样化'的研究。这是我无意在高教办公厅干部会上听到的一句话，当时教育部高教司一个司长说，我们高级人才特别奇缺，领军人员奇缺，这个模式怎么改，谁能解决这个问题，真是功德无量。当时我在会上什么也没说，回来以后，我就下决心来做这个课题。为什么做？奇缺，怎么做，实证。当时各个部门都有学校，我提出来的口号是"研究人才改革"一开始召集他们来，我就说了两条。第一：志同道合，大家愿意做就做，没有红头文件，科研没有红头文件。第二：没有钱。今天星期五，下个星期五，大家愿意来做的就来，不愿意做的就不来，结果，你说怎么

着，大家基本上都来了。为什么，因为我们这个研究是个平台，大家都对研究感兴趣。这个问题不是给我们的问题，我们不声不响地这么做，做完了给他们。后来，我们的研究成果成了专门的项目，这个项目是带着红头文件下去的，吴本厦牵头做的，吴本厦在教育部是很有名的，非常坚持自己的原则，研究生质量是他死守的标准，你要想改变他的思想和观点，没有充分的证据是不可能得。何东昌部长看了我们的研究以后很满意，为什么，我们用的是实证的研究方法，调查了很多地方，并且我们还做了实验，提出了具体的解决途径。我们的研究后来经过教育部交到了李鹏总理的手里，他给予这个研究极高的评价，他提到：这个研究很好，教育部应该做这件事。然后批示给中组部、人事部，要他们提供外部条件。后来李铁映同志负责教育的时候也提到"应该大力发展。（访谈 7 号）

事实上，决策者的个人想法就是他的议程名录。在这个议程名录里，排列了成千上万个议题，并且不断地有新的议题涌入。在中国的政治体制下，一个问题能够进入决策者的议程名单，能够在长长的序列队伍中有"涌出"的机会，对于这个议题能否继续，以多大的力量继续至关重要。而决定观点能否涌出的机会，就在于研究成果是否能与决策者的个人对具体问题的观点"求大同，存小异"。如果研究结果完全不符合决策者个人观点，非常难成为备选方案，因为违背了决策者的个人经验和所处的政策环境。但是如果完全符合，也不行，因为研究不能为决策者提供任何有价值的信息。所以大方向一致，而在具体某个问题，尤其是难题方面有自己独特见解和证据的研究最容易获得决策者的认可，也最容易影响政策。然而，尽管决策者的个人想法具有极强的推动力量，在民主、科学化的决策方向倡导下，它也不可能一意孤行。任何个人提出的议题都需要论证，需要从个体体验升华为工作概念，需要从个人话语转化为公共话语，即从"想法"发展为"倾向性的政策意见"。

（二）从下至上的路径

从下至上的结合路径是指研究者根据自己对问题的判断和掌握的资料，在没有立项，也没有相关资助的条件下独立进行研究。通过研究发现某个问题非常严重或某种解决方案非常适合解决相关问题，于是开始在公开的，能够接触到相关政策制定者的场合沟通自己的研究成果。在研究者的主动沟通的努力下，与问题相关的利益群体了解到了研究成果，并开始在公开的场合引用研究成果，依据研究成果进行论辩。继而，研究成果开始从最初的研究项目变成一种可供辩论的政策概念。随后，这种经过广泛辩论的政策概念被教育部所吸纳，转化为政策文本中的内容，成为一种工作概念。最后，包含这种工作概念的政策文本被送到决策者工作台上，等待审阅和批示，在成功的条件下，成为决策者的议案。在本书中，"内涵式发展"案例就属于从下至上的影响路径。首先是研究者根据自己所掌握的资料和对高校资源浪费问题关切来独立施行高校规模效益的研究，并发展出专门的团队来对高校规模效益问题进行跟踪研究，形成一系列有坚实基础的研究成果。随后，研究者在相关政策制定会议上，公开做出"高校内涵式发展"的研究报告，指出高校的运营应该注重规模效益，不应盲目建立新高校，而应走"内涵式"发展的道路，普遍提高现有高校的规模效益。负责制定93纲要的政策制定者了解到了相关研究成果，并在研究成果的基础进行了发展和扩充，把"内涵式"发展写入93年《教育改革与发展》纲要草案，送入决策议程，最终成为政策文本。

从下至上的结合路径，实际上是研究者一种"议程建构"的过程。这一过程远比从上至下的结合中，研究进入由决策者主动推行的"议程设置"要困难。研究者首先需要建构一个包含问题和方案的工具包，然后经历数个步骤，一步步把研究往上推进。然而，这个推进的过程并非是研究者一人在行动。从下至上的进程中具有推动力的不是研究者个人，而是了解研究，又接近政策制定者的政策企业家和研究组织与推广机构。政策企业家的出现具有一定的偶然性，然而研究组织和推广机构如全国教育科学规划领导小组办公室、国家教育发展研究中心、中国高等教育协会等对于鉴别研究成果的政策价值以及推广这种价值都有一整套流程和制度，有稳定传递渠道和文本规范，是研究从下至上流动的稳定形式。以全国教育规划科学规划领导小组办公室为例，它不仅是中国最大的教育科研组织管理机构，同时也是研究成果至下往上流通的主要渠道。

> 我们是科研管理者，科研成果的收集者和推广者。具体特色就是网上那是十六个字，历史悠久，平台权威，资源丰富，人才完备。我们的成果有两种传递方式，科研报告，给一般人，也就是所有人看的，就发在《科研要报》上，这个网上都有，以后4000多个都会上网，更好一点儿的，就发在《教育决策参考》上，这就是"干货"，

我们就通过《教育决策参考》往上递送，这是个规范通道。研究者分两种，胆子小的人就研究，然后层层传达上去。胆子大的就大段大段的写信往上递的。我们就很规范，简单扼要，交上去都有领导批示的，很多报告还发电子版给各个司长，他们都把这些专题存在自己电脑里，决策时备用。每个月两期，很多领导都给予批示，这是内部资料。我们还会专门开领导小组会议，评价这些研究可以怎么用。（访谈 1 号）

由此可知，从下至上的结合方式是一种已经初步制度化的稳定的研究成果转化方式，成果影响的可预测性较之其他两种方式要强，相应的机会在这种方式中的重要性也不如其他两种方式。在从下至上的结合路径中，研究者最关键在于到达第一个路标，即将自己的研究成果的政策价值向相关研究管理机构或政策企业家表达，说明其转化为政策概念的前景。这需要研究本身较高的质量和对问题的适切性。到达这个路标之后，向上传递的任务就转交给了相应的机构和个人。这种方式对于绝大多数研究者都是适用的，研究者并不需要在研究资本之外，附加更多的社会资本。因此，从下至上的传递方式是研究成果发挥政策影响制度化建设的主要着力点。

（三）中间扩散的路径

中间扩散的路径是指，研究的传播具有从中间扩散的特点，并不拘泥于上下的方向。一方面，研究成果走个体路线，以"上书"、"内参"等方式直接被传递到最高决策者的议程，影响决策者的个人想法。另一方面，研究也走组织路线。申请政策制定部门的研究立项，以机构内部的研究成果来进行信息传递，同时通过传媒来向大众传递。在中间扩散的结合中，很难辨清研究是否是源头，因为研究概念、工作概念、政策概念都在不停地交互、演化、转变，融合在一起，向决策者个人想法和最终政策项目扩散。在中间扩散的结合中，研究者传播研究成果的动机和动力较之前面两种方式程度都更深。只有足够积极的研究者，才能以这种方式来传播研究成果。如在"退役军人教育资助"中，研究一方面以"内参"、"直呈"的方式直接传递给中央军委的领导人；另一方面，又在财政部教科文司立项，以研究专项的方式来开展进一步研究，同时通过《解放军报》等媒体的方式向大众传播。两个方向的扩散加快了研究成果影响政策的速度，大大缩短了从研究话语转变为工作话语、公众话语和政策话语的时间。

中间扩散的方式实际上是在两条不同的渠道上前行。一条渠道是非制度化、非常规的信息流动渠道，另一条是制度化的、常规性的信息渠道。非制度化、非常规的信息流动渠道具有较大的随机性，机会在其中扮演重要的角色。研究信息传递的时机常常是研究者与决策者的某次偶遇、饭局、或者主题谈话之后的闲聊。在这种沟通中，一开始大家的目的性并不强，对于沟通的目标和方式都未提前进行计划，研究者作为主动方虽然有沟通的需求，但是对于在"这个时间、这个地点与这个人能聊上十分钟"是毫无预见的。本着"不说白不说，说了也白说，白说还得说"（访谈 4 号）的心理预期，研究人员会作出沟通的行动，然而究竟这种沟通能在多大程度上推动相关政策，是一个很难追溯的问题。

> 你让研究人员讲，他们的研究是怎么进入决策途径得，这里有很多举不胜举的故事，他们可能说在吃饭的时候，碰到决策者聊了几句，所以传递出去了，决策者了，他绝不可能听了研究者几句话就去做决策了，他一定是听了很多其他人的话，舆论已经这样了，领导实际要顾忌很多的利益，看到舆论到了，所以他这么做，你不能说这是因为研究，政治讲不清楚。（访谈 4 号）

非制度化的渠道虽然"讲不清楚"，然而真实存在且在研究与政策结合过程中发挥着重要的作用，不容忽视。制度化、常规化的渠道本质上还是依托组织和机构来传递研究成果。通过吸纳决策机构的工作人员进入研究项目组或依托决策机构成立联合项目组把研究从研究者个体行为或者研究方单方面的行为转变决策机构的组织行为，从而实现研究与政策的嫁接，实现理论和实践的结合。

二、研究与政策制定的交互机制

上文探讨了四个路标不同的演进方向，现在，我们需要思考的是四个路标底下连接的机制。"机制"一词，现在使用比较含混，指谓的对象包括关系、规律、组织规则等。事实上机制原指机器的构造和动作原理。如果要分析某件事物的机制，就需要了解它的内在工作方式，包括事物结构组成部分的相互关系，在本书中交互机制就是要素与要素之间相互作用的原理及运行关系。要回答的问题包括从个人想法——工作概念——政策概念——政策项目转变的原因、方式、目标和结果。

从信息流动的机理来看，这四个坐标之间信息的流动实际上是个信息不断加工的过程。在这个过程中流动不是消息，而是信息。消息，只是从消息发出者抵达消息接收者的单向的过程；而信息则是对一个信息刺激反应的再提取[3]。根据符号互动论的观点，信息的传播是主体与主体之间的"符号互动"。参与传播关系个体对"信息"的定义，一方面要遵从所在社会的共同定义，另一方面又包含主体对信息的创造性译解；同时正由于个体创造性译解与既定符号世界或社会共同定义之间本质上存在同构性，主体之间的沟通和理解才得以可能[4]。本书四个坐标一步步前进，实际上就是各个行动主体不断地对自己所接受的符号进行理解和加工，把原初的个体符号发展为公众的符号，在这个过程中，加工的机制主要有三种：理性化机制、平衡化机制和工具化机制。

（一）理性化机制

在尊崇理性的社会里，事物合法性的取得与其理性程度直接相关。无论专制或现代的国家都会借助于各种学术论说来论证制度及公共政策的正确合理性，并使其成员能够理解。曼海姆（Mannheim）对此有精辟的论述："专制国家将阐述自己对世界的看法作为它的天赋特权之一……这表明政治能够利用它的世界观作为武器。政治不仅是夺取政权的斗争，而且只有对其目标注入某种政治哲学、某种政治的世界观时，它才具有根本的重要性……作为政治与科学思想融合的结果，各类政治，至少在它表现得可以令人接受的那些形式之下，逐渐染上科学的色彩"[5]。意见要以一种客观的，不偏不倚的方式由局外人提出的。在这些人与政府的关系中，彼此之间保持一段距离，以保障提出建议的客观性。这就是社会科学研究的独特价值。人们相信（1）社会科学研究产生了关于人类和组织行为的"知识"。（2）基于知识的行动比基于经验、判断或直觉的行动更"理性"。"理性"意味着有效使用资源和恰当的手段，提高预测结果的能力。（3）政府的理性行为会导致"较佳"的结果。"较佳"意味着结果对社会有利。（4）社会中所有群体都能平等地分

3　Wiener, Nobert. The Human Use of Human Beings: Cybernetics and Society[M]. DaCaPoPress,1988.

4　W. I. 托马斯.F. 兹纳涅茨基.身处欧美的波兰农民[M].张友云译.南京:译林出版社. 2000.

5　Mannheim. Ideology and utopia: an introduction to the sociology of knowledge[M]. New York : Harcourt, Brace and company, 1936:36.

享政府因采取理性行为而带来的良好效应[6]。

因此，无论是个人想法或是机构的方案都会努力尝试使用研究，这一方面是因为个人清楚地了解人类智识的局限，"对于单个的、孤立的个体来说，寻找到完全理性的行为是不可能的。他必须探索的备选项的数量那么多，他需要用来评估这些备选项的信息如此巨大，甚至对于一个合适的目标来说，理性也很难达到。"[7]。所以要"通过系统的观察解决信息问题，通过发展精确的和逻辑的语言（通常包括数学语言）解决交流的问题，通过采用实验、量化、严密而系统的分析以及排除不易控制的现象的方法解决变量过多和变量之间过于复杂的关系的问题。"[8]。

另一方面是用研究来为自己谋取理性标志，进而谋求合法性。在本书中，决策者个人提出了一个想法，一般会让专门的行政机构如教育部或相关部门通过"研究讨论"出一个"倾向性政策意见"，论证个人观点的必要性和可行性。研究成果以工作简报的方式进行呈现。当个人想法从口头话语转变为工作简报上的工作概念时，研究成功地改变了"个人想法"的本质，塑造了关于这个问题正式的工作话语和集体话语。在对个人想法进行理性加工的过程中，难点在于加工部门现有的工作方案与决策者个人想法的融合性。如果决策者提出的想法很好，但是与部门年度工作规划冲突，这样的想法也常常不能被真正采纳，而是形成方案进行备份，等时机成熟再采取行动。另一个难点也在于个人想法变动快，等到倾向性意见生产出来后，想法已经变了。不管最终政策进程如何，研究在两个坐标之间深深奠基的根本原因还是在于其以理性谋求合法性的力量。

（二）平衡化机制

在政治和政策中，信息是一种资源。信息能够表征对一个事件所采取的行动。信息也可以表明，一个群体所倡导的政策比另一群体所倡导的更易于达到预期结果。由于信息是一种政治资源，对立的集团因而经常利用信息来进行论证以支持特定的政策选择。这类信息经常但不总是科学的信息。因为科学家们通常享有高度的声誉，科学的信息会受到广泛的重视。但在一个价

6　C.H.Weiss.The ManyMeanings ofResearchUtilization[J].SocialScience and SocialPolicy [M].Lodon: Allen&Unwin, 1986: 30-40.

7　赫伯特.西蒙著.詹正茂译.管理行为[M].北京：机械工业出版社.2004:223.

8　Dahl, Robert A; Lindblom, Charles E. Politics, Economics, and Welfare [M]. Transaction Publishers. 1992:78.

值冲突，不确定的世界中，总是存在将信息政治化的强烈动机。信息成为用以在价值辩论中获取胜利的工具，而非启示的源泉。

而对于研究者而言，由于不在行政体制内，受行政体制和纪律的约束比较少，也不负担政策的责任，在政策执行过程中的"自由裁量权"比较高，可以更加灵活地解读政策，便于沟通和交流。尤其是在官方外交关系比较紧张的情况下，学者的"二轨互动"可以绕开政策立场的约束，在紧张对立的各方利益关系之间发挥润滑剂的作用，发挥平衡化机制的作用。

平衡化机制，要平衡的是教育部和其他部委之间的利益冲突。教育政策涉及面非常广，涉及到的部门也很多，各个部门有自己的利益和观点。研究成果在协调这些部门之间的冲突并推动政策共识的达成方面具有不容忽视的力量。思想本身的内容不仅仅是烟幕或路旁的摆设，它们实际上就是政府内部及其周围决策的组成部分，当官员及其亲近人士遇到思想和政策建议时，他们就会对其进行评估，相互争论，仔细地整理支持或反对的证据和论据，相互说服对方，解决智力难题，并且陷入智力困境。那些最初持怀疑态度的决策者不是被利益集团说客的某种游说活动或对决策后果的某种期待所说服，他们是被那些论据和证据所说服[9]。

科研成果在达致共识的过程中发挥着战术性作用。这种战术性体现在三个方面：第一，体制外研究或者几个部委联合成立的项目组具备第三方的身份，给予了工作方案价值中立的性质。降低了方案过于偏重某个部门的风险。不管方案好坏与否，它是各个部委能够坐在一起讨论和修改的原始基础。第二，消弭了各部委之间直接的利益冲突。各个部委都可以拿本部门的方案，说明这是研究机构作出的方案，仅供参考。这种试探性的方案即使有其他部委强烈反对，也只会针对研究方，而不是引发直接的部门冲突，更不会影响下一步方案达致共识的进度。第三，为了降低达致共识后的风险，各部委可以利用研究及其成果来转移公众批评的方向。他们可以宣称他们的行动是根据某项社会科学研究的结论和建议，来逃避他们的责任，如果能够达致共识，却不用承担过多的责任，这样的共识自然更易达成。

平衡机制达成的方式主要是各个部门之间依据自己的研究成果，或者针对某个研究方案进行政治辩论。要想在辩论中占据有利的位置需要有足够的证据，

9　约翰.W.金登著. 丁煌，方兴译.议程、备选方案与公共政策（第二版）[M].北京：中国人民大学出版社.2003:214.

研究通过丰富的数据、详尽的分析、深刻的细节描述为辩论各方提供了论辩的素材和依据。政策辩论的目标是政策共识的达成，产出的成果就是达致共识后形成的政策文本。在这个阶段主要的困难在于各方的利益都有充足的证据说明其不可或缺，研究只能介入利益表达的阶段，无法处理具体利益之间的博弈。在政治辩论的现场，常常会是"公说公有理，婆说婆有理"，理可以通过研究得到更好的表达，但是如何处理不同的"理"就不是研究能解决的问题了。丹尼尔.萨拉韦奇（Daniel Sarewitz）提出：指望用科学解决政治冲突机会是达不到目标的，因为在支持一系列广泛的相冲突的主观立场时，科学提供了"过度的客观性"。与其说是科学解决了政治上的争论，不如说科学常常成为党派之间唇舌大战的导火线，争论双方常常有选择的动员来宣传他们各自的立场。科学被视作高度可靠的信息源泉，争论者都指望科学帮助实现他们利益的合理性。在上述情况下，争论双方的科学专家实际上相互抵消，争论中有着更强政治和经济利益的一方胜出，好像没有科学他们也会胜出一样。"[10]

（三）工具化机制

政策文本形成之后，必须具备具体的执行细则和实施方案。工具性机制实际上就是遵循一种工程模式。政府界定完某个社会问题，确定解决问题所需要的知识，决定实施某项政策，就开始寻找开展这项研究的承包商（如社会科学家）。然后社会科学家设计研究、收集数据、分析结果、最后提出一份与解决问题相关的报告。最后，政策制定者以此研究为基础得出行动方案。它要求的是线性的结果，社会科学家的特别技能就在于能设计和分析解决特殊问题的研究。它的特点是以问题为中心，以控制为导向，具有很强的工具性意义。社会科学家通过工程模式发挥的社会功能就是现实的社会功能。社会科学的应用研究，尤其是政策研究，往往采用工程模式对政府和社会的决策活动发挥直接的指导作用[11]。

工具化机制开展的主要方式是依据政策的宏观目标设立逐步实施的阶段目标、对具体项目进行试验、评估和反馈。研究人员在这个阶段的目标是把政策具体化和操作化，最后形成专业的政策方案。这种方案要求具体到成本的投入、效益的分析、人员的要求和实施过程中的风险预测等，是真实社会

10 Daniel Sarewitz's .Prediction: Science, Decision-Making, and the Future of Nature [M]. Island Press, 2000:65.

11 Bulmer .SocialScience and SocialPolicy[M].Lodon: Allen&Unwin, 1987:12-13.

的路线图。所有的政策只有具体到了政策项目的层次才具有了现实中的生命。工具化机制运行的困难在于研究者常常面临紧急的任务和稀缺的时间之间的冲突。研究机构或个人如同特别行动小组，必须在规定的且明显过短的时间内完成一整套行动方案。这就意味着可能没有时间试验也没有时间来反复论证。短、平、快是工具性机制的根本要求。短，要求时间短；平，要求预算和风险相对平均，不能过高；快，即要求产出快。研究人员在这个阶段承担最大的责任，但是也承担最大的压力。依据上述三种机制，我们我们可以看出五个维度的分析内容，如表7-3：

表 7-1 研究与政策的交互机制

机　制	方　式	目　标	结　果	困　难
理性化机制	知识演绎	形成政策意见	工作简报	匹配性（想法和真实问题的结合，一石二鸟）、时机（朝令夕改）
平衡化机制	政治辩论	达成共识	政策文本	利益的平衡、策略的使用
工具化机制	操作项目	政策具体、操作化	政策方案	短期时间任务

　　综上所述，在四个坐标之间，按照不同的机制，跑动着各种行动者，他们要在以知识为基础的社会中定位或者找到自己的位置，必须持续不断地获得知识和应用知识。这种知识化的过程实际上包含了行动者走出自身的过程，或者说是行动自研究者的脱身过程。无论是个人还是机构，无论是决策者还是研究者，都在通过不同的方式用对研究加工或者利用研究为他们自己加工，理性与政治之间的融合由此可现。

三、研究在达致政策共识中的作用

　　通往政策的信息流从四面八方涌来，各自有自己的路径，这些路径有的横亘在一起，阻碍其延伸；有的正好接壤，彼此补充。研究只是众多路径中的一种，并且在大多数时候，它通往政策的道路会障碍重重，中途而废。然而通过本书的案例我们发现有一类研究不仅走到了终点，还引导了整个信息路径汇聚的方向。简而言之通过案例可以发现，研究在信息汇录方面竞争劝说中主要发挥了三种功能：（1）提供关于政策问题的整合意见。（2）提供了关于政策问题较为中立的第三方意见，调和了各部门之间的矛盾。（3）发展一种长期的视角，使得各部门可以为了长期的利益而对眼前的利益进行妥协。

第一个功能是整合功能。研究可以通过建立联合研究项目组如国务院教育研讨小组等来发挥整合功能，通过把承担不同职责的机构，以及体制外的专家集合起来讨论某个政策问题和解决方案，创造了一种具有政策外部性和权衡的新信息，从而通过讨论达到共识。

第二个功能是调和功能。研究机构一直以自己的观点"毫无偏见"著称，一个部门要想反驳另一个部门的观点，就必须证明自己能通过更好的方法做出更公正的结论。这就鼓励各部门不仅增强自己的分析能力，也迫使他们去寻找有关研究机构得到更多的信息，证明自己的政策不仅利于自己，也有利于其他部门。因此研究机构会改变各部门寻找政策外部性信息的积极性，促使他们更多地考虑多方利益相关者的观点。这样出台的一份参考了多家机构达成共识的文件，肯定会比只考虑了一家的文件要更有说服力。也更容易达成某种程度的妥协，更容易达成共识。

第三个功能是舍近求远的功能。如果没有一个更为宏观、上层的研究方案来从长远的视角分析利益，那么眼前分立的利益就很难融合。可是研究从长远的角度来分析问题，为利益的调和预留了长时段的空间。各部委在"长远的利益"的观照下，会对眼前的利益作出让步，从而推动共识的达成。

研究的介入促进了各个机构之间的辩论——以相互劝说，和相互让步——的方式，而不是仅仅提供一个平台来让他们在这里讨论。研究从水平（跨部门或者跨系统）和垂直（长期规划）维度改变了不同部门之间讨论的本质。研究使得各部门的讨论把问题都粘连在一起。这就促进长远的共识，一段时间后，这种共识还能以制度化的方式建立。因此，我们可以说研究路径的介入有时甚至改变了整体信息流的汇聚方向。

研究可以通过多条路径影响教育政策，我们却不能忽视，在教育领域，研究无论是影响政策还是影响实践都有较之其他领域更大的困难。1965年利比特（Lippitt R）曾以教育实践为例，指出社会科学研究的利用与其他科学领域研究的利用之间的6点区别。（1）在作出重要决定进行新的教育实践或社会实践时，往往需要社会实践者的价值观、态度和技能发生重大改变。人们要比投入农业、工业或医学上的新实践更深地亲身投入这一新实践。人们还会遇到更多的抵制变革和重新学习的问题。（2）教育实践中的重要变化实际上往往是去适应别人的发明，而不是去采纳别人的发明。人们正在经历的不是一件器物（例如一粒新种子，一件新工具，一种新药或者一台新机器），而是一种将在新的社会条件下使用的新的行为模式。因此，各项采纳都必然带着值得注意的适应的特点。（3）"社会发明"的概念实际上并未得到充分发展。没有适当的程序来定义、用文件描述和证实新的实践。（4）为了进行某一实践而付出的努力的效果，实践者几乎得不到什么反馈。农民可以很快看到他的土地变得更肥沃了，可是教师通常却没有这类检查的标准和工具。（5）没有任何奖励去激励实践者去冒险寻找和利用新的资源。既没有竞争性的挑战，也没有畅通的交流渠道去促使人们分享和改进实践。（6）我们社会实践领域没有开发把基础研究和应用研究与操作实践联系起来所必需的网络系统、程序和人力资源[12]。

尽管存在着较其他政策更大的困难，学者们并没有放弃对加强研究与政策互动的推动。迈克·吉尼斯柏格和乔尔·格罗斯提格（Ginsburg and Gorostiaga）的研究证明研究者和决策者投入到这互动机制的资源越多，研究被利用的可能性就越大[13]。他们提出了全面而具体的提升交流与对话的模型。六种提升对话的方式是：转换和协调；促进教育，针对两者同时展开跨越领域的教育；角色扩张，即官员型学者或学者型官员；将研究变为取向决策的研究；合作研究，合作不仅局限在研究范畴，还深入到实践范畴。

总而言之，科学的政治化和政治的科学化是相互促进的。当政治家们指望科学家提供可以帮助他们克服或避开政治的信息时，结果不可避免地是对研究更多的资助和进行更多的科学研究。更多的科学导致更多的论文和报告，这些论文与报告又总是为那些乞求把科学当成为了想要的结果进行谈判而获取资源的人提供更多的素材[14]。

第二节 研究利用中政策机会的抽象

政策机会，是研究影响政策非常关键的因素。在对案例中的关键参与者进行访谈的过程中，"正好、恰好、赶上了、凑巧、无意中"等字眼反复出现在访谈资料中。在知识利用研究领域，一些学者提到了机会的作用，然而

---

12 Lippitt R. & White R.K. An experimental study of leadership and group life in Newcob[M]. Readings in Social Psychology, New York: Holt, Rinehart. Peacock, 1965:89.

13 Mark B. Ginsburg and Jorge M. Gorostiaga.Limitations and possibilities of dialogue among researchers, policy makers, and practitioners :international perspectives on the field of education [M].New York, NY :RoutledgeFalmer,2003:12-13.

14 小罗杰.皮尔克.诚实的代理人：科学在政策与政治中的意义[M].李正风缪航译.上海：上海交通大学出版社.2007:033.

都没有对此进行专门的分析。从政策制定过程的理论视角来看，政策学家金登所提出的"政策之窗"的概念分析机会很有解释效度。所谓政策之窗即根据给定的动议而采取行动的机会[15]。在金登的定义中，政策之窗等同于政策机会。然而，本书认为金登所提出机会并不能等同于政策之窗。政策之窗是政策机会实现的结果，而不是机会本身。政策机会实际上是政策之窗开启的必要非充分的条件，作为一个独立的介入变量，它有深入分析的价值。政策机会在政策过程中的位置可以用图 7-3 表示：

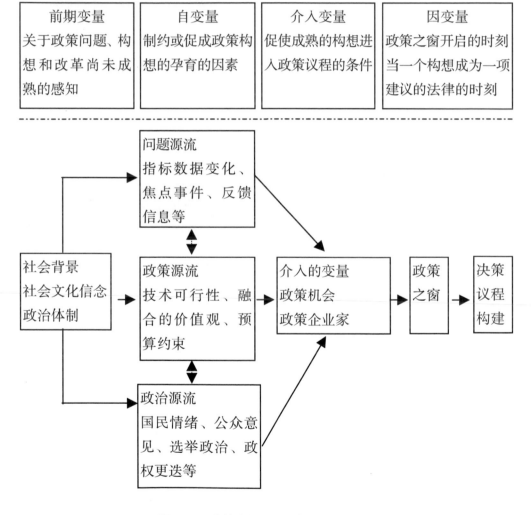

图 7-3　政策制定过程中的政策机会

---

15 约翰.W.金登著．丁煌，方兴译.议程、备选方案与公共政策（第二版）[M].北京：中国人民大学出版社.2003:209.

在金登的三源流模型中三条源流直接链接政策之窗，本书在二者之间增添了"政策机会"以及政策企业家（把握机会的人）作为介入变量，把政策之窗看作是政策企业家识别、把握机会的结果，从而试图从两个维度来修正和完善金登所提出的政策之窗概念。第一个维度是与金登所提出的"政策之窗"理论对接，对政策之窗进行本土化的理论修正。第二个维度是进一步拓展政策之窗的分析范围，针对机会生成过程作全面的论述，重点论述机会实现之前的机会生成阶段。

首先，从修正的角度而言，金登对机会的分析至少有两点值得修正。第一，金登提出政治溪流中的行政当局更替是最明显的政策之窗[16]。新的行政当局会为某些群体、议员以及机构提供一扇敞开的政策之窗，政策建议的倡导者可以利用这个机会宣扬他们自己的观点。通过本书的案例分析发现，行政当局的更替并非是推动政策议程最佳的机会。在中国的政治情境下，求稳是最明显的特征。当政时需要求稳，行政当局变更和过渡时更需要求稳，"稳中求变"，其中的"稳"就是指政策上不能有太大的变动，尤其是新任的行政人员不能轻易改变原有的政策方针和路线。因此，一届新的领导班子上台前几年政策重点都不会有大的改变，基本延续上一届领导班子的执政路线。而恰恰是在当局执政系统稳定以后，行政当局会在任期的最后几年开始大刀阔斧地改革，因此，在中国情境下，行政当局更替不是最明显的政策之窗。

第二，金登提出机会是一个整体的概念，是三条溪流汇聚时的结果。然而，实际上，在每条独立的溪流内部，机会都在发生的作用。比如研究要影响最后的决策，就意味着它必须首先在政策流中寻找机会脱颖而出，继而要在三流汇聚时再次找到机会成为备选方案。独立的政策流的机会和三流耦合的机会产生的条件及特征各不相同，时机也有先后之分。问题流中，问题纷繁复杂，永无止境。政策流中，各个方案摩拳擦掌，信誓旦旦。政治流中，波澜起伏，诡异莫辩。究竟什么样的问题会成为议程问题？什么样的方案会成为议程方案？什么样的政治条件会促进议程的建立？不是定出几个标准，然后按照标准选择的结果。问题、方案、完备的政治环境的出现充满了随机性和偶然性，因此，尽管三流汇合机会重大，但是对独立溪流中的机会的分析也不容忽视。

---

16 约翰.W.金登著. 丁煌，方兴译.议程、备选方案与公共政策（第二版）[M].北京：中国人民大学出版社.2003:168.

（1）**政策流中的机会**。金登提出了政策原汤的观点，在政策原汤中有许多思想四处漂浮。他认为能够在政策原汤中脱颖而出的方案至少具有三个特征，包括：（1）技术可行性。一项好的政策建议必须深入探究细节，逐渐消除不一致性，注意执行的可行性，以及阐明一种思想将会得以实际运用的现实机制。（2）价值可接受性。符合专业团体，政治家及公众的价值。（3）未来约束条件的预期。包括预算约束和公众接受程度。其中很重要的是预算约束。如果方案建议者提不出一个在财政上可以接受的政策建议，那么这种思想就有可能会被淘汰掉。这三个特征在本书的研究案例中都得到了印证，然而，真实的情况往往是，在政策原汤中符合这三个特征的方案并不止一个，而是同时存在几个或多个。几个同样具备竞争力的方案同时存在时，最后浮出原汤的却不一定是竞争力最强的方案，这里就是政策机会在起作用。

（2）**问题流中的机会**。金登指出数据指标的变动、焦点事件的发生都可能给予某些问题进入议程的机会。对于一个社会问题如何才能转变为政策问题已有相当多的学者进行了论述。综合来看，取决于问题的三个要素：范围、强度和触发时间。所谓范围是指受到问题影响的人的数量。如果一个事件对社会相当大的群体有普遍意义，那么采取行动的要求就会有广泛的基础。但是，如果问题改变的只是少数人的生活，那么对大众来说，要'有所例外'，则是困难的，因此要获得具有有效改变能力的从政者认可也是困难的。第二个因素，是公众感觉的事件的强度。第三个因素是问题展开的时间段。有的事件很快就广为人知，有的事件则要经历一个酝酿过程。机会在问题感知和政治行动之间构成联系。当"是什么"和"应该是什么"的心理弹性回复到其常态形状时，机会就在一个点上出现了。罗伯特·林伯雷（Robert Lineberry）把这种连接点称之为这样的"时刻"，这时足够多的人认识到执行的空白，并意识到"当前政策有些地方不对……随后的制度不能解决问题，或不能像应该的那样去改善问题"[17]，此时，范围、强度和触发时间就结合在一起，为改变的机会提供了必要的构成因素。

（3）**政治流的机会**。政治溪流的动态特性较之问题溪流和政策溪流更大，它包括国民情绪的变化、选举结果、政府的变更、意识形态、政党在国会中分布情况的变化以及利益集团压力活动等因素。这些因素出现的时间有

---

17 Lee, Robert, and Raymond Staffeldt. Executive and Legislative Use of Policy Analysis in the State .Oxford University Press, 1973:231.

些在预料之内，如选举、政府更替等，然而它们带来的影响却不能预料。如民意，在某种程度上，就像钟摆一样摆动，一会儿向左，一会儿向右。它对政党命运以及政策决策者对政府外的游说的接受性都具有一定的影响。民意的变化可以使原来不可行的政策建议变得可行，并且可以使其他的政策建议完全"死在水中"。政治流的政治变量变化莫测，通过对政治变量的序列分析可以发现，正是因为某些变量在特定时期内在某一地区的集结，从而构成了某种结构性的框架而决定着政治进程。但是在某一具体时段或时刻上，在某一地区内到底会集结哪些因素，却并不具有普遍的必然性。因此从机会的角度来分析和从理性角度分析很不同，分析除了对其所分析的现象具有适恰性之外，其研究结论不具有普遍的必然性也不可能被无限制地普遍推广。

总而言之，是 A 研究而非 B 研究影响政策，是在此时而非彼时产生影响，这并没有内在根本的必然性，也不是哪一方理性策划的结果。政策机会作为一种反面性的非常规现象，能够打破常规状态下问题不能进入制度化、日常化信息渠道的制约，以非正式的信息沟通方式快速完成从地方到中央、从大众到精英的知识传递，传递时间也可能相当短，并迅速使得其所选择的问题和方案成为议程上的重要问题和重要备选方案。机会不仅其发生难以预料，其对公共政策的影响也同样难以预料。政策机会尽管具有不确定性，但它应该得到正确的评价，因为它们的确起到了组织政策问题，使问题在公众议程中显现出来的作用，政策机会构成的触发机制是政策制定过程中的决定性前兆。如果缺少非常规的机会的激发器作用，问题和方案可能限于制度障碍和信息阻滞的约束而陷入长期的蛰伏状态，但机会巨大的发力使得原本存在的制度障碍很难再让相应的问题和方案远离媒介议程和政策议程。既然机会真实存在且如此重要，那么政策机会到底是什么？它包括哪些要素和特征？政策机会生成的条件和过程是什么？我们又应该如何识别政策机会并在发挥研究对政策影响过程中更好地利用政策机会呢？下文将一一对这些问题进行解答。

一、政策机会的概念和特征

机会[18]，是指获致某种结果的可能性或条件。政策机会是指研究影响政策

18　牛津英语词典定义：opportunity 是"A time ,juncture ,or condition of things favorable to an end or purpose, or admitting of something being done or effected."《辞海》(1999 年版)，关于"机会"的解释：机遇；时机。事物的关键。关于"机"的解释：时机、事物枢要、关键、危殆。"会"：事物发展的内部原因。其他解释略。

的可能性或条件。政策机会是政策企业家创造的结果，政策企业家主体本身的禀赋、能力以及行为等变量"嵌入"到影响政策机会产生的动态过程中去从而创造了机会本身。他们前一个阶段的行为是后一个阶段行为的原因或者输入变量。

政策机会并非虚无缥缈，它有自己的基本特征。（1）首先从可预测性而言：有时，政策机会有些是可以预测的，完全在意料之中，有些也完全在意料之外。可预测政策机会主要是指周期性的事件，如按时换届、选举等。不可预测的政策机会指的是突发事件引发的政策改革。（2）从时间长短而言，政策机会呈现并且只逗留很短暂的时间，如果参与者不能利用或者没有利用这些机会的话，那么他们就必须等待下一次机会的降临。（3）从重要性而言，尽管政策机会数量稀少，但是公共政策的重大变革常常是由于这些机会的出现而导致的。（4）最后就其属性而言，政策机会既有客观属性，也有主观属性。客观属性在于总有一些具体的政治事件，如政府的更替，行政领导的更替，一次重建或某个部门的紧急事件导致政策机会的产生。主观属性在于不存在一种必然性——凡是知觉到的机会就能够实现目标，机会仅仅是'某些人对通过某些手段达致目标'的知觉罢了。机会存在于参与者的知觉之中，他们可以觉察它存在或者不存在，他们会对这扇政策之窗在未来出现的可能性做出评估，并且有时会做出错误的评估或者产生错觉。政策机会的识别有赖于个体的认知结构。这种认知结构是参与者以往生活的体验，包括了概念、原型、样例以及其他形式的信息存储。这些结构作为一种基本框架促使个体将彼此无关的外界变化和发生的事件组合起来，并赋予它新的内涵，从而构建了对政策机会的知觉[19]。

二、政策机会生成的条件和过程

（一）政策机会生成的条件

种子可以来自任何地方，但是发芽和生长的关键在于它要掉到肥沃的土壤上。研究也一样，只有在合适的机会下进入政策环境才能生根发芽。那么什么条件下会产生政策机会呢？政策机会的产生有两种根源，第一种源自于政策决策环境的变化。这种环境变化可以是社会政治趋势的变化、统治政党

---

19 Baron, R·A·Opportunity recognition :a cognitive perspective[C]·2004, AOMENT AP.

的变化、也可以是微观情景中决策者偏好变化等等。一旦决策环境发生变化，就会产生决策信息的不平衡。简言之，在决策信息的供给和需求发生失衡时，政策机会就出现了。而政策企业家所扮演的角色就是借助不平衡，识别和掌握他人没有看到的机会，并加以利用。事实上大部分知识利用都是机会识别驱动的，而不是基于资源掌控的。第二种来源是决策信息的不完善性。哈耶克（Hayek）认为没有任何个人拥有他做最优决策的所有信息，信息也像其他任何资源一样，是稀缺的。交换市场是由拥有不同信息的人组合而成的，信息的特异性使部分人看到了他人看不到的东西——机会[20]。市场参与者并不能均等的获得市场信息。知识匮乏是不可避免的，没有什么办法能够消除知识匮乏，而且人们永远都不知道知识匮乏的程度和范围。这种广泛的知识匮乏情况将导致市场的非平衡，非平衡导致机会涌现。机会可能源于不能确切界定的市场需求，或者源于没有被利用或者没有被充分利用的资源或者能力。世界是开放的，正是由于现有的错误误差，才永远存在着介入的机会。试图发挥研究政策影响的人应该注意到、时刻准备着、和了解到这些机会，系统地追求这些机会就形成了市场过程，政策企业家应该充当非平衡状态的平衡力量，成为趋向平衡状态的、机敏的中间人。

（二）政策机会生成的过程

"生成（issue）"是指一事物源于某种东西而出现，但又不能通过还原方式化回该物的情况，它的具体结构是"生一成"，"生"是开端，"成"是结果。"生成"首先是个事实，既是事实就不可消除[21]。因此在看到果的时候，我们还需要探讨生这个过程。在金登的多源流中把"结果"称之为"耦合"，而对"生成过程"缺乏分析。实际上这个过程可以用混沌系统理论中的"涌现"过程来进行解释。所谓涌现（emergent）是指局部、微观层次的互动程序导致整体、宏观层次模式或结构的产生[22]。这是一种复杂系统所具有的、其低层次组分所不具有的、整体性的非线性特征。系统不断涌现出前所未有的新颖性，这种新颖性是不能从其组成部分及其局域

---

20 Hayek,F.A. The use of knowledge in society[J]. American Economic Review,1945:35（4）:519-530.

21 金吾伦.生成哲学[M].保定:河北大学出版社，2000:104.

22 Mihata, Kevin .The Persistence of 'Emergence'[A].Chaos, Complexity & Sociology: Myths, Models & Theories[M]. Thousand Oaks, Ca: Sage. 1997: 30-38.

性的相互作用中加以预测的，也不能演绎地还原为前者。一个具有涌现性质的系统是一个新的主体，它对其组成部分有向下的因果关系。系统局部、微观层次的互动过程导致系统整体、宏观层次上新的模式或结构的产生。"涌现机理"实质上就是实现"跨层级"，即从局域的、低层次的行为主体到更高层次的整体模式的跨越，"涌现机理"揭示了复杂系统层次之间的因果关系脉络[23]。在研究影响政策的过程中，常常是一件小事件触发了整个影响过程，且这件事造成的连锁反应只能向下追溯，不能提前预测。如在4%案例中，研究人员从散点图中看出规律，从而以发展中国家平均水平为标准，来提出中国的教育经费投入标准，最后为经费标准的建立奠定了基础。在"内涵式"发展中，同样是通过无意中对世行数据的分析，得出中国大学规模效益的问题，并在会上专门发言，而把这个概念送入了纲要。通过这些案例，可以看出，政策机会往往是在人们未警觉或没有太多警觉的情况下就突然产生了，但其突然出现为那些发现自己很难推进其意见的团体提供了最重要的动员机会。在很多情况下，机会的产生并不按照预料的路线进行。然而，尽管机会不一定按照预料的方式发展，但机会偶然产生的动力在一段延宕时期中扩大了主题的范围和强度，这样，上一个政策机会就成为后续事件的刺激，就好比地震引发余震一样。从机会的生成机制来看，我们可以看出两种机制。

（1）**涨落：机会内生机制**。在耗散系统中，涨落就是机会生成过程的内在机制。涨落是系统受外部或内部因素作用出现的，偏离宏观平均状态的某种偏差，它也被称作起伏，有时被称作噪声和干扰。涨落可以破坏系统的稳定性，也可以使系统经过失稳获得新的稳定性。在平衡态和近平衡态，涨落是一种破坏稳定有序的干扰，但在远离平衡态条件下，非线性作用使涨落放大而达到有序。在传统的思维中，人们更多地是看到某些涨落使得系统失稳的方面，而对某些涨落可能是使系统发展有序的建设性方面缺乏认识。如果系统内部没有涨落存在，那么无论在什么条件下系统也不会发生状态的改变[24]。而系统状态的改变实际正是系统的某种涨落被放大后的具体表现，如普里

---

23 颜泽贤，范冬萍，张华夏.系统科学导论——复杂性探索仁[M].北京:人民出版社，2006: 405-430.

24 刘文华.涌现视角的企业家机会的生成机理研究——基于房地产企业的实证分析[D].复旦大学，2009.

果金所言："耗散结构可以被认为是由于物质和能量交换而稳定化了的巨涨落。自组织的机制就是'通过涨落而有序'。"[25]。当组织在失衡的状态下竭力回复平衡时，机会就出现了。在复杂适应系统中，主体主动性、适应性行为是机会生成的内在机制。在"退役军人教育资助"案例中，正是因为退役士兵的整个系统出现了需求和供给的矛盾，导致一些群体性事件的发生，引发了人们对退役军人安置的思考，从而为关注这个问题的研究提供了进入的机会。

（2）政策学习：机会外生机制。根据耗散结构理论，涨落的作用之所以得到放大和发挥，是由于系统中存在非线性机制。系统中的非线性机制使系统具有了整体性行为，使微小的涨落形成的局部关联得以放大形成系统整体的关联。普里果金等人由于主要从事化学反应的研究，所以他们使用了化学反应术语"自催化"来表示非线性作用的特点。自催化指化学反应中某参加反应的物质，其生成物又成为反应物，且数量较反应前增加，这样反应将持续进行，并使这种反应物的浓度不断增加。系统具有自催化机制使得系统有可能把系统的微小涨落不断放大成为巨涨落，使系统发生状态的改变，而没有自催化机制，则系统将停留在一个稳定态上。"自催化"功能体现在政策过程实际上就是"政策学习"的功能。政策共同体的人们通过沟通政策建议，吸纳新的研究成果，从而在整体上达致了某种共识。这种政策学习的结果使得所有人对相关政策问题和解决方案的认识都到达了一种新的高度。在新高度上的认识继而又推进了人们对更新的方案的采纳。认识水平变了，新的方案或研究成果被接纳的机会也就变了。事实上，知识利用领域中所谓研究的"启蒙"功能就是指这种自催化的结果。

根据复杂系统理论，涌现还必须有一个保存与传播的机制，使适应环境的被选择的变异体或涌现体能保存下来，传播出去。这对于生物物种来说，是一个遗传机制；对于生命大分子来说，是一个复制机制；而对于社会系统来说，则通过人类的语言、学习过程、文化传统、科学规范等"文化基因"来实现。在本书中，涌现出来的政策机会要么被识别，要么被错过。作为一个因变量，它是一个结果。然而它同时又是一个介入变量，它的存在和延续在于恰当的行动得以实施。当机会被识别，行动开始时，机

---

25 伊利亚·普里戈金.确定性的终结：时间、浑沌与新自然法则[M].湛敏译.上海:上海科技教育出版社.2009:55.

会的意义就得以实现，转而下一个政策机会又开始产生。在失衡的状态中寻找政策机会，这是机会产生的条件；利用机会来寻求系统的平衡，这又是政策机会的意义。

三、政策机会的识别和利用策略

（一）政策机会识别

机会存在于行动者的外部，之所以被行动者识别，是因为各种机会都具有一种特定的模式。根据客体模式识别理论的界定，模式是某些特殊刺激的组合。劳尔森（Larsen）和邦德森（Bundesen）提出"特征分析模型"（feature analysis models）[26]，主张客观物体或者事件都是根据其特征进行识别的。这些特征储存在长期记忆中。当面对新刺激时，便与记忆特征进行对比，只有匹配（fit）才被认为是目标。前文已对研究发挥影响过程中机会的特征进行了较为详尽的描述，然而本书认为，归纳出适应于所有案例的机会特征是不可能完成的任务。之前也有很多学者从"特质论"出发，试图寻找某些稳定的特征来描述机会。比如说有焦点事件、政局变更等，但获得的证据争论性很大，效应并不明显。后来人们发现回答这个问题之前必须先解决"人们是如何是识别机会的？"——即研究政策企业家的认知过程和行动机理——于是特质论（trait theory）渐渐被取代[27]。这一转变预示着政策企业家的认知特征变得越来越重要。

政策企业家也是促使研究被采纳的重要介入变量。不管机会多么好，如果缺乏把握机会的人，机会也没有任何意义。而在研究发挥政策影响的过程中，政策企业家就是识别机会、把握机会的人。在本书的三个案例中，都能发现政策企业家的身影。到底什么样的人能够成为抓住机会的政策企业家？政策企业家可以通过什么方式来识别机会呢？通过研究，人们发现不同的政策企业家在机会识别的方式方面的确存在较大的差异。谢恩（Shane）和爱德华（Eckhardt）从信息获取和知识存贮视角提出了三种机制来解释这种差异现象。这三种机制包括知识走廊，搜索过程和社会联结[28]。（1）知识走廊反映了

26 Larsen,A.&Bundesen,C.A.Template-matching pandemonium recognizes unconstrained hand written characters with high accuracy[J].Memory and Cognition, 1996:24（2）.

27 苗青.基于规则聚焦的公司创业机会识别与决策机制研究[D].浙江大学，2006:67.

28 Shane,S.&Eckhardt, J.T. The individual-opportunity nexus. In z.j.ACS&D.B.Audretsch（EDs.）,Handbook of entrepreneurship research: An interdisciplinary survey and introduction:161-191.Boston, Dordrecht:Kluwer Academic Piblishers.2003a.

个体的特殊经历，包括职业、工作、社会关系和日常生活。由于这些经历反映了个体拥有信息的宽度和深度，有助于政策企业家识别影响政策的机会。这些知识走廊会成为这类政策企业家的竞争优势，因为这都是些异质性知识，很难被其他人模仿，即使被模仿，代价也是非常高的。这些知识走廊至少能部分解释为什么有些机会是被一些人感知而不是其他人。（2）信息搜索过程。一些人比另外一些人拥有更多信息是因为他们对信息进行了搜集。成功的政策企业家在非工作时间花费大量时间用于信息搜集，包括面谈、媒体资料、专业杂志等渠道。根据经济理论，人们只有在获得信息的边际收益大于搜集信息付出的边际成本时才会有动力去搜集信息。这样，有些人能搜集某些特定信息是因为他们的搜索成本比其他人低。事实上，从信息的渠道上讲政府内部人员优势更大。政府拥有持续的渠道去获得关于具体发展的信息，这是学者们无法比拟的。这种渠道尤其关注当下的、特定的信息，决策者们所需的帮助，是把这样的大量信息加工成在制定政策时有用的形式。这就是学者们所能做的重大贡献。从这个角度而言，这也是为什么政策企业家常常是在行政体系内占据一定位置的人员。（3）社会网络结构不仅能影响获得的信息量，而且能影响信息的品质。社会学家林南的社会资源理论认为社会资源呈金字塔形分布，在网络中地位越高的人，拥有的社会资源越丰富。根据社会资源理论，我们有理由相信，在中国的政府科层网络结构中，政府官员的行政地位越高，其就拥有越多的政策决策资源，其利用机会影响政策的可能性就越大[29]。

在分析了什么样的人更容易抓住机会之后，接下来一个重要的问题怎样才能更好的识别机会？信号觉察理论为我们提供了一种很有解释力的视角。信息觉察理论提出了一个非常基本的问题："我们如何确定外界是否真正存在值得注意的东西？"即政策企业家如何确定政策机会是否真实存在的问题[30]。巴龙（Baron）指出，在这种情况下（即政策企业家试图明确刺激是否存在时）存在四种可能性：（1）刺激存在而且觉察者认为它存在（可以称为命中）；（2）刺激存在但觉察者没有认识到（可以称为错过）；（3）刺激不存在但觉察者错误地认为它存在（即错误警觉）；（4）刺激不存在而且觉察者也正确地认为它不存在（正确拒绝），如表7-4所示：

---

29 林南.社会资本——关于社会结构与行动的理论[M].上海人民出版社.2005.

30 Swets, J.A. The science of choosing the right decision threshold in high-stakes diagnostics[J]. American Psychologist,1992:47.

表 7-3　机会判断矩阵[31]

判断机会是否存在		判断确实存在机会	
		是	否
	是	命中：机会存在，并且被识别出来	错误警觉：机会不存在，被认为存在
	否	错过：机会存在，没有被识别出来	正确拒绝：机会不存在，也判断不存在

巴龙（Baron）进一步解释了信号觉察理论与机会识别的关联性。人们都有强烈动机取得命中，识别出现存的机会，但他们也同时希望避免错误警觉——觉察到根本不存在的机会，如果追求这样的机会，会浪费他们的时间、努力和资源。更进一步讲，他们同样渴望避免错过——没有注意到实际存在的机会。因此，从某种意义上说，信号觉察理论为理解机会识别如何发生提供了非常有用的框架。

但行动者在决定机会是否存在时，是什么因素决定了他们去获得命中、避免错误警觉和避免错过呢？焦点调节理论有望回答这个问题。焦点调节理论指出，人们在调整自身行为以实现目标的结果时，往往采取两种截然相反的观点：以改进为中心的观点，主要目标是取得正面结果；或以预防为中心的观点，主要目标是避免负面结果。很多研究表明，不同的人对这两种观点有不同的偏好[32]。巴龙（Baron）和谢恩（shane）指出，当焦点调节理论同信号觉察理论联系在一起时，就产生了对机会识别过程饶有兴趣的见解。采用以改进为中心的观点（强调成就）的人更关注获得命中（识别真正存在的机会）而避免错过（没有识别出已存在的机会）；采用以预防为中心的观点的人主要关注避免错误警觉（追求实际不存在的机会），并关注正确拒绝（当机会不存在时能正确地识别）。事实上，几乎所有成功识别有价值机会的人，都采用这两种观点的混合策略；他们渴望识别真正的机会（命中），但同时也想避免错误警觉。这表明他们有很好的认知系统和结构，不仅能识别机会，而且能评价机会（评价机会的潜在价值）。相比较而言，那些没能够成功地识别有价值机会的人可能采取了单纯以改进为中心的观点：他们关注获得命中（识

31　Baron,R.A. Opportunity recognition: A cognitive perspective. American Management Review,2003b.

32　徐凤增.创业机会识别与杠杆资源利用研究[D] .山东大学，2008.

别出真正的机会），而不太关注错误警觉的危害[33]。巴龙和谢恩总结了成功与失败的创业者在命中、错过、错误警觉和正确拒绝方面的可预期动机如表 7-4 所示：

表 7-5 不同人识别机会的分别

成功率高的抓住机会的人 （以改进为中心和以预防为中心的融合）		失败率高的抓住机会的人 （单纯以改进为中心）	
拥有高度动机 以获得	命中	拥有高度动机 以获得	命中
	错误警觉的正确识别		避免错过
拥有中等动机以获得：正确拒绝		拥有低等动机 以获得	错误警觉的正确识别
拥有低等动机以获得：避免错过			正确拒绝

信号觉察理论和焦点调节理论共同解释了为什么某些人比其他人更善于识别可行机会的问题。本质上说，那些成功抓住机会的政策企业家也很想最大程度地取得命中——正确识别真正的机会，然而，他们与别人不同的是，他们也同样很想避免错误警觉，避免浪费时间、努力和资源去追求实际不存在的机会。事实上，识别研究影响政策的机会并不仅仅是政策企业家的职能，而应该是所有政策共同体中参与人员应该具备的能力。既然机会因素客观存在，那么识别它、利用它就是必然的选择。

（二）政策机会利用策略

政策之窗敞开的**时间**短暂，这就需要"趁热打铁"。安东尼.唐斯的**问题注意周期**（issue-attention cycle）理论要求机会降临的时候迅速采取行动。他认为，强烈的行动愿望往往会被一种对行动之金钱成本和社会成本的认识所消解[34]，那么如何才能"趁热打铁"呢？

首先，需要有长期等待的毅力。机会不是偶遇得，是创造的，这在前文已有阐述。成功的政策企业家都具有坚忍不拔的意志。在成功的企业家中间，多数人都会花费大量的时间来作报告、撰写阐明自己对某一问题立场的论

33 Baron R.A.& Shane S.A. Entrepreneurship. A process perspective[M]. NewYork: Thomsom South Western Press.2005:68.

34 约翰.W.金登著. 丁煌，方兴译.议程、备选方案与公共政策（第二版）[M].北京：中国人民大学出版社.2003: 214.

文、给重要人士写信、起草议案、在全国人大代表会议或全国政协会议上发言以及参加各种餐会，所有这一切活动都是为了以任何可能有助于促进事业发展的方式并且在任何可能有助于事业发展的场所竭力宣传他们的思想。"一个强有力的参议员是一个在场的参议员"[35]。毅力意味着一个人愿意投入大量的有时甚至是惊人的个人资源。但是金登也指出我们不应该把这些政策企业家描绘得聪明过人。他们可能的确聪明非凡——他们具有敏锐的触觉，能够极为准确地觉察政策之窗，并且可以在恰当的时机采取行动。但是，他们可能并不那么聪明。他们总是力图通过自己的政策建议；早在政策之窗打开之前，他们就一而再，再而三地尝试对溪流的链接；他们纯粹靠运气，碰巧在政策之窗打开之际出现在场。

其次，虽然机会转瞬即逝，然而利用机会确实一个阶段的行为。有学者将抓住机会分五个阶段[36]：（一）准备阶段：它包括两种状态，深思熟虑与无意识。不管是有意识地期待机会出现还是无意识的关注机会，可以明确的是此处的"准备"意指参与者的背景以及个人经历；（二）酝酿阶段：是指参与者的构思活动，比如构思一个政策设想或者一个具体的现实问题。它是一种非线性的、启发式的，以及非意向型的思考活动。（三）洞察阶段：是指机会判断的观点终于在瞬间突变或涌现出来。集中表现为发现时机、找到问题的解决方法等。（四）评价阶段：即对机会的生存性做出合理的评判，其结果将会作为反馈构成一个封闭回路。评价阶段是以往研究探讨较为广泛的领域。（五）经营阶段：是指影响机会得以实践化，包括采纳某个机会，以及正式着手开始沟通研究成果。

第三，根据上文的焦点理论，最佳利用机会的方式不是一味地"进攻"，而是需要避免错误的机会，并学会等待。政策企业家的作用不仅仅在于推出、推出、再推出他们的政策建议或他们对问题的认识，他们还暗暗地等待——等待机会的来临。利用机会需要正确地判断时机。研究应用的情境事实上也类似于市场，各种人持有不同的交换物品来换取自己想要的产品。韦伯在描述市场状态的属性时提出的四个概念对于我们辨别时机很有启发。韦伯提出机

---

35 约翰.W.金登著. 丁煌，方兴译.议程、备选方案与公共政策（第二版）[M].北京：中国人民大学出版社.2003: 228.

36 Hills.G.Shrader,R.C.Successful entrepreneurs' insights into opportunity recognition[J]. Frontiers of Entrepreneurship Research. Wellesley, MA: Babson College [DB/OL]. http://www.babson.edu/entrep/fer/paper98.

会整体可以称之为一种交换对象所能够认知到的、以金钱来换出与换入的的市场状态。市场性，是指任一物品成为市场中之交换对象的规律性程度。市场自由，是指个别的交换当事人在价格与竞争斗争中自主性的程度。市场规制，是指市场性（对可能的交换对象而言）或市场自由（对可能的交换当事人而言）实质上受到秩序之有限限制的情形。市场规制可于种种条件下成立：包括（1）传统的规制：习惯于接受前人传袭下来的交换限制或交换条件。（2）法律的规制：对于交换本身或对价格斗争与竞争斗争的自由，加以有效的法律限制。（3）自发的规制：借着利害状态的权衡，在形式的市场自由下进行实质的市场规制。

当我们在判断和利用机会发挥研究对政策的影响时，我们也需要判断机会的整体状态，这就类似于判断市场状态，这种状态之中包含了前文所讲的社会文化、政治体制、国民情绪等宏观因素。判断整体的状态，简而言之，是在"识时务"。良性的市场状态即较多的研究成果进入决策视野，决策科学化成为一种社会事实，基于研究的政策制定成为常规的决策模式。如在美国，存在许多商业性的智囊团，如布鲁金斯协会等，决策购买研究成果已经形成了专门的市场。在这样的市场中，研究发挥作用的机会是非常多的。相反，如果整体上，决策都没有采纳研究的风气，在这个交换市场中，研究并不被认可为有用的信息资源，那么在这种状况下寻找机会影响政策则困难很多。

而从市场性而言，在本书中实际上就是判断研究进入市场成为交换对象的规律性程度。目前，我国的研究的市场性还比较弱，这一方面是因为我们没有决策者向研究者购买知识的传统，另一方面也是因为目前我们的研究成果本身提供的信息并不具备稀缺性，因此也并不具备很强的交换价值。所以，如果能够发现那些具有较强的市场性的研究，那么把握机会去推广这些研究，成功率就比较高；反之，市场性较差的研究，就无需在上面投入时间和精力。

而从市场自由和规制来看，首先，政策企业家具有推广研究的自由，但是却没有决定其价值的自由。一个研究究竟在政策中的价值如何是由政策制定者决定得，而不是由研究者或者政策企业家决定得。在利用机会的过程中，政策企业家会受到传统的规制，如在政学相轻的氛围下，极力推广研究的人很可能面临"依附于势"的批判，人们会习惯于接受前人传袭下来的学与政，道不同，不与为谋的交换限制。同时，他们也会遇到法律的规制，在正式的制度内，没有为研究的推广提供渠道和保障，妄议政事在古代甚至是一条罪名。当代，提倡决策科学化，有了很大的改善，然而政策过程中很多问题事实上不允许体制外的人介入的，更谈不上用收集的信息来影响最终的结果。最后，是否利用机会去发挥研究对政策的影响，也有自发的规制，包含对自身利害状态的权衡。因此，总体而言，什么是机会，如何利用机会，要不要利用机会，都需要在具体情境下进一步思考。

第三节　本章小结

本章在前三章案例的基础上，对研究影响政策的路径和机会两个核心概念进行解析。值得注意的是对路径的抽象，不是把三条路径抽象为一条路径。因为研究影响政策的路径千差万别，不能也不可以简约为一条固定的路径。因此，在路径的抽象分析中，本书所关注的是研究与政策结合的重要交叉口和坐标而不是单独的起源或路径本身，更为关注的是一种可以使思想的马车加速或减速的动力，以及路径下面深深奠基的机制之石。在探讨路径的坐标、动力和机制的同时，本章重点关注了研究的卷入在引导众多信息之路汇合在同一个终点——政策共识中的作用。

首先从路径上抽象而言，本章提出了一个包括个人想法、工作概念、政策概念和政策方案四个坐标的政策制定过程框架。在这个理论框架中，首先依据案例资料，对研究路径的方向作出了从上至下、从下至上、和中间扩散三个维度的区分。然后，探讨了从个人想法到工作概念的理性化机制，从工作概念到政策概念的平衡化机制以及从政策概念到政策方案的工具化机制。最后，把研究路径单独分离出来，不再视作唯一的信息流，而将之与其他信息流进行对比，思考研究路径对整体决策信息流的影响，得出研究的进入可以促进整合意见的产生，同时促使各方利益从长远的角度来思考问题进而对眼前的利益进行妥协，最后还可以一种相对中立和公平的姿态缓和各方的矛盾，从而促进政策共识的达成。

其次，本章专门对前几个案例中所提出的机会概念作重点分析。本书认为政策机会不同于政策之窗的概念，政策之窗是机会生成的结果，而无法对机会生成的过程进行考察。政策机会，不是一个有待发现的客观存在，而是具有主观属性的构造。在机会生成的过程中，有两种机制在发挥作用。一种是内在机制，涨落。一个事件引起了另一个事件，微小的事件常常是引起系统巨大不平衡和变动的根源。一种是外生机制，政策学习。上一个机会是下一个事件的构成因素，机会有延宕的反应。微小的机会引起的变动，通过"政策学习"引发自催化，得到强化。不平衡中产生的研究利用的机会，通过研究利用的行为又进一步扩大了研究利用的机会，这就是研究利用机会的生成机制。本章认为不仅要了解机会的生成空间和条件，同时也需要识别机会和利用机会。能够有效识别和利用机会的人是那些能够正确识别机会，并能对错误的机会保持警惕的人。因此，对待机会不应该是只采取快速攫取的方式，同样重要的是要避免陷入错误的机会陷阱。

第八章 研究结论、贡献和反思

第一节 研究结论

　　能够影响政策的研究是有限的，并不是所有重要的研究都能吸引决策精英、大众或者媒体的注意。那么一个研究如何被政策采纳，研究要具有什么条件，通过什么机制才能被特定群体所选择，这正是本书所要回答的核心问题。本书以多源流理论和基于研究的政策理论为理论视角，抽象出一个特定的研究影响政策的分析框架，分析框架主要是从过程、路径和机制三个维度来构建。过程维度着眼于研究渗入决策系统的阶段来考察研究如何从充满竞争方案、惯例、先入之见以及经验的政策原汤中浮现出来，如何参与各方利益的争辩以及最后如何得到决策者的接纳和批示。路径主要是从决策者的个人想法、工作概念、政策概念和政策方案四个坐标来进行考察，通过研究信息在四个坐标之间流动的方向判断研究影响政策的路径。机制即探讨四个坐标之间结合的深层次原因，最后集中探讨了纵贯整个影响过程的政策机会。在分析框架中，核心要素有四：（1）行动者，主要是指决策者、研究者和连接二者的政策企业家，他们是研究与政策互动场域的主要参与者；（2）信息流动，它是追溯研究影响政策路径的主要切入点，通过观察研究在决策系统内外的流动，可以对二者之间相互渗透的关系进行呈现和分析。观察立足点是看研究如何从学术话语发展为工作话语，继而发展为公众话语，然后成为政策概念，最后成为政策项目。（3）互动，即在研究变成政策前后，研究人员和决策者对于信息的策略性沟通行为，包括关系的建立、维持、深化以及冲突和协调。（4）机会，即对是 A 研究而非 B 研究，是在此时而非彼时产生影响的随机性进分析。探讨关键点的关键机会，对研究利用过程中的偶然性特征、产生的机制、识别和利用的策略进行分析。

本书对相关政策文件及档案材料进行了文本分析，结合对研究和政策相关人士的访谈，通过对上述四个因素的考察，阐释了研究在决策过程中的流动、渗透、对整个决策信息流的影响，对达致政策共识的贡献等问题。作者分析时将研究局部的渗透和流动放在整体的、更广阔的社会情境之中，结合对历史的考察，从横向、纵向的维度来探讨研究影响政策偶然性背后的机制，探讨在当今社会情境下，充分利用政策机会发挥研究政策影响的可能。

一、三条路径，两种机制

通过上述案例，我们可以看出研究影响政策的三条不同的路径，分别是从上至下的路径、中间扩散的路径和从下至上的路径。不同路径的研究遇到的阻力也不同。（1）在从上至下的路径中，研究遇到的阻力最小，研究通常是通过制度化的渠道进入政策过程，机会的作用并不是非常大，决策者和研究者之间常常是通过项目而建立起来的委托——承包关系。研究的政策目标清晰，政策对研究成果的利用常常是工具性的问题解答式利用，决策场域有清晰的问题，决策者寻找更佳的答案。在一个研究影响路径制度化的政治体制下，从上至下的路径是研究利用最常见的方式。（2）在中间扩散的的路径中，研究一方面要通过非制度化的渠道如个人关系、午餐会等传递研究成果，另一方面又要通过制度化的渠道如课题等去进行集体层面的沟通，两头前进的阻力要大于从上至下的路径。在这种路径中，推动研究利用的常常是政策企业家，他们是一群即了解研究成果又熟悉政策流程的专家，他们被称之为学者型官员，或者官员型学者。他们的积极沟通常常能使研究成果迅速渗透入决策信息流。在三种路径中，中间扩散的路径传递研究成果的速度最快，效率最高。机会在这种路径中非常重要，如果政策共同体中缺乏对研究感兴趣的政策企业家，研究常常成为落满灰尘的书柜里落满灰尘的文件。在这一路径中，研究者本人政策目标并不清晰，然而政策企业家政策目标清晰，在政策企业家的推动下，研究者会意识到研究的政策价值，并会进一步发展研究的政策价值。政策对研究成果的利用模式很复杂，既有工具式也有战术式，这里研究利用的关键不在于决策者是为了什么利用研究，而在于研究是通过什么方式进入了决策流。（3）从下至上的路径。这一路径常常是研究者或者研究管理机构自己推动的过程，推动的方式可以是直接给决策者写信、建言、在内参上发表观点等，向上传递研究的政策价值。从下至上的传递需要研究者和研究管理机构对研究所体现出来的政策价值有极大的信心且自身有巨大的改革需求，否则难以在障碍重重的传递渠道中坚持"传递研究成果的义务行为"。事实上，研究者个人很少选择从下至上传递研究成果，极少选择这种方式的人也是以直接给决策者写信为主要方式，采用这种路径较多的是研究管理机构和研究中介组织。由于阻力比较大，所以机会也发挥了重要的作用。如果向上传递的过程中，问题、政治和政策情境都有利于研究成果发挥影响，从下至上的路径就反而是三条路径中改革政策最有力的方式。由于它的起点是研究者的思维，而不是出于决策者思维，所以它对决策者的冲击力更大，启蒙意义更深远。

尽管三条路径的方向不同，然而内在的运行机制却有相同之处。在政策过程中，从个人想法到工作概念，研究发挥的是理性化机制，即把个人的经验加以论证，用研究的论证来谋求个体经验的合理性。结果是制定出关于相关问题理性化的倾向性政策意见。从倾向性的政策意见继续发展，过渡到政策概念需要有研究的沟通和协调作用。政策概念是多方利益协调达成共识的结果。作为独立的第三方，研究以价值中立著称，因此研究在各方利益讨价还价的场所中，可以整合所有利益方的观点，并兼以长期规划的方式来平衡各方的利益，降低彼此的冲突，从而达成政策的共识而形成政策。最后，成为政策条文的政策还需要被具体化、操作化，因此研究在此时就充当了工具性的方案制定方，研究以自己的专业知识制定每一步政策方案，衡量其成本和利益，并对方案的实施进行评估和反馈，最后形成新的方案。研究在此阶段的作用最不可或缺、也最易观察，因此在知识利用领域讨论得也最多。然而事实上前两个阶段研究的影响也非常重要，不容忽略。因此在本书中对这两个阶段进行了着重阐述。

从整体看，研究路径只是政策信息流中千万条路径中的一条。然而由于研究路径的介入，决策系统中整体信息流的方向也可能会发生改变，研究会影响政策共识的达成。研究在达致共识的过程中主要发挥了三种功能：（1）提供关于政策问题的整合意见。（2）提供了关于政策问题较为中立的第三方意见，调和了各部门之间的矛盾。（3）发展一种长期的视角，使得各部门可以为了长期的利益而对眼前的利益进行妥协。研究对政策制定部门还有激励研究的反作用。当讨价还价中的一个部门利用研究成果来论证己方利益的合理性时，其他的部门也就被激励使用其他研究成果来与反方进行辩论。这就激励了各个部门从单独的利益方案转而关注具有更大合理性和利益协调性研究方案。事实上，一份综合考虑了各方成本和利益的整合方案更容易达成共识，而真正能够整合各方意见的机构常常是中立的研究机构。

二、政策机会的存在

本书还揭示出研究影响政策的一个共同因素：政策机会。机会是指获致某种结果的可能性或条件。机会作为一个偶然性的因素在以往的知识利用研究中并没有得到真正的重视。然而，在分析本书三个影响政策的研究案例时，机会是一个很关键的概念。一个研究要想最后进入决策议程，至少在三个阶段需要恰当的时机。首先在充满了竞争性方案的政策原汤中，研究需要机会浮出水面，同时具备技术可行性、价值可接受性和预算约束而生存下来的方案很多，然而真正能够抓住机会浮现出来进入下一个备选过程的方案却只有寥寥几个。进入备选方案之后，各方讨价还价，各有各的观点和利益。此时，研究需要能够拥有协调各方利益的机会。相反，尽管研究非常出色，然而其中的一些内容根本是激化而不是解决各方的利益冲突，即使是最合理的研究方案也会牺牲在政治博弈的舞台之上。最后，在备选方案中胜出的方案进入决策议程决策者的书桌上，如果决策者所持的观点和研究所持的观点具有一致性，研究影响政策的使命最终完成。如果恰逢熟悉研究思路或接受研究总体观点的决策者调离，政治氛围不利于研究方案的采纳，国民情绪的突然改变，研究就没有机会完成最后的使命。虽然机会的作用如此重要时，但很多研究者认为机会根本无法预测。事实上，即使是机会，也有它产生和预测的条件。如果将各个竞争的信息流构成的政策环境视作一个政策市场，研究影响政策的机会就产生于这个市场中政策信息的需求和供给之间的失衡。当政策对研究信息的需求没有得到满足时，研究影响政策的机会就来到了。

成功识别机会的人是能够正确地分析信息失衡的关键点，并能避免错误的判断的人。他们渴望识别真正的机会（命中），但同时也想避免错误警觉。这样的人有很好的认知系统和结构，不仅能识别机会，而且能评价机会（评价机会的潜在价值）。相比较而言，那些没能够成功地识别有价值机会的人可能采取了单纯以改进为中心的观点：他们关注获得命中（识别出真正的机会），而不太关注错误警觉的危害。既然机会客观存在，"投机"便是一种有效的策略，在我们强调建立制度化的渠道以保证研究成果发挥政策影响的常规性时，我们也不能轻视或者忽略"投机"的重要性。事实上，即使在教育决策咨询制度建立的条件下，研究要发挥政策影响，"投机"仍然是重要的一种手段。

三、研究利用的本土化特征

研究影响政策不是发生在真空之中，因此本书对每个案例应用的结构条件和历史轨道进行了铺垫和分析。在政治体制分析中，主要介绍了政治风格和行政风格与研究利用的关系。从政策风格的维度，总结出中国有三个特征有利于研究的利用。第一，中国的政治是奉行积极干预的政治，政府积极的改革为社会科学研究的应用创造了很大的需求空间。其次，政府层面的中长期规划取代了唯长官意志的改革思路，规划成为宏观调控的重要手段，是政府履行社会管理、公共服务职责的重要依据。在编制规划的过程中，研究发挥着重要的作用。第三，虽然处于追求'科学'决策模型的阶段，但同时也随着权威碎片化，而出现了党派争辩模型，在竞争争辩的共识达成过程中，研究机构作为相对中立的第三方发挥着重要的作用。而从行政风格而言，近年来中国政府越来越强调决策科学化的导向，倡导科学的行政。也已建立各种渠道的科学信息流入的机制，还建立了专门的内部咨询研究机构。并且也以专家咨询小组、特别项目组等外部咨询的方式来推动决策科学化的水平，这些都为研究的生根发芽提供了丰富的政治土壤。

从纵向的历史角度来看，根据"以事件观互动"的原则，本书将30余年的教育研究与教育政策的互动历程分为三个阶段：80年代的点式参政；90年代的线式参政以及进入2000年以后的面式参政。这三种参政方式并不是淘汰递进的关系，即使在面式参政已经成为主流的今天还是可以看到研究的点式参政和线式参政。面式参政也不是研究发挥作用的最佳阶段，这种参与方式仍然存在信息溢出、质量良莠难辨、不稳定非制度化的特征。整体的、运转良好的研究渗入系统仍有待建立。政治制度的、文化的、历史的背景整体构成了文中研究案例影响政策的宏观背景。

从文化传统的角度来看，中国的传统对于研究利用的态度是矛盾的。一方面政学相重，中国自古有学而优则仕，君子当弘道的传统，提倡学者进入庙堂之中，以所学齐家、治国、平天下。另一方面又存在政学相轻。政治家认为学者所学是纸上谈兵，而学者认为政治阴暗卑鄙，"求政治重"者，被认为是汲汲功名利禄之辈。甚至将退隐山野，不管朝堂作为学者的一种道德优势。这些文化心理都对当今中国的研究利用带来重大影响。研究者既有一种弘道的使命感"不说白不说"，又对研究的作用有一种悲观的预期"说了也白说"，但最深处都还是有一种士的情怀"白说还得说"，希望以毕生之学去造福人民。这种文化心态是中国的知识分子独有的心态，也是我们我们分析研究利用时不可忽略的重要背景。

最后从中国政策对研究的需求和供给而言，也有几点值得重视的地方。从需求的层面而言，中国当代，改革是主题。制定政策的需求使高层决策者应接不暇。体制顶端的政策需求是持续不断的。很多时候都是这样，早上才刚刚出现的问题，决策部门或者决策者下班前就必须得到解决。任何一个政府部门的政策制定者都面临着巨大时间压力之下做出决策的挑战。他们每天都必须要回复各种信息、每天都必须完成各种报告、必须取消既定会议以安排上级临时布置的会议、必须应付来自上级提出的各种指令、必须知会同僚最新的内部信息、以及必须赶着截止日期之前准备好某位领导的演讲稿[1]。中国的政策制定者即使是决策高层也概莫例外。譬如，周恩来总理就曾私下坦言："我一天到晚忙于处理日常工作，实在挤不出时间过细地考虑天下大事。"[2]。蜂拥而至的信息量和复杂的情境，使得决策者越来越不能仅仅靠自己或机构的常规经验来处理新问题和新冲突。他们需要大量的信息来帮助他们进行决策。

政府也拥有持续的渠道去获得关于问题的具体发展的信息，这种信息常常是当下的、特定的信息。在收集信息的渠道上，政府具有学者们无法比拟的优势。然而决策者们所需的帮助是把这样的大量信息加工成在制定政策时有用的形式。学者的确具有政策制定者所不具有的"奢侈的自由"，学者致力于发现真理，因创造性的研究赢得赞誉而不必顾忌政治考虑，可以按照自己的兴趣选择想研究的问题，按照自己的时间表来完成研究，论文提交的截止日期过了之后还可以要求再延长等等[3]。学者有足够的时间生产出真理，但是却必须注意决策者的时间是有限的。基辛格（Kissinger）对政治和研究之间

1　李侃如.弥合鸿沟的倡议[J].国际政治研究（季刊）.2009（3）.

2　熊向晖.历史的注脚:回忆毛泽东、周恩来及四老帅[M].北京:中共中央党校出版社.1995:177.

3　Ezra F. Voge. Some Reflections on Policy and Academics[J]. Asia Policy, 2006（1）.

差异的描述直指核心，他说"学者分析国际体系的运作，政治领袖则建立国际体系，分析者与从政者的观点大异其趣。分析者可自定研究主题，而政治人物所面对的却是客观环境塑造的问题。分析者可投入充分的时间追求确定的结论，但政治领袖最大的挑战却是时间压力。学者没有风险，如果结论错误，大可重新来过。政治领袖却只有一次选择，一旦出错，便覆水难收。学者可掌握所有相关事实，其成败取决于个人差异；政治人物却必须在眼前无法断定利弊得失的情况下当机立断，历史对他的评价将根据他如何明智地面对无可避免的变局，尤其是他如何维护和平而定。"[4]

在中国，决策部门也需要研究者在决策信息方面做出自己的贡献。决策部门提出了决策科学化的决策方向，就是在表达这样一种需求。虽然决策者有利用研究的需求，但是这种需求却并不是只有研究方能够满足。研究要发挥政策价值实际上是出于一种竞争的状态[5]。决策者有信息加工的需求，研究者可以满足这种需求，然而却不是满足这种需求的唯一渠道。研究发挥政策价值存在空间，并且是一种竞争的空间。

从供给的角度讲。整理和分析信息是学者们所能做的重大贡献。学术界有大量的知识和视角，而这些是政府内部本身不会产生的。并且，学术界在认识问题的方式上有自己的优势，他们会谨慎地分析各种问题，旨在理解影响结果的核心问题和力量。这类分析经常产生深刻的洞见，但这种研究方法需要一定的分析水平，而这种水平是政府决策者几乎从未企及的。并且术业有专攻，在学术界内即使最微小的问题也不乏专业的人员进行研究，决策者即使知识最广博，也不可能所有的问题都精通。因此，庞大的研究队伍，专业的研究能力，训练有素的研究方法，长期积淀的专业知识，为解决复杂的决策问题提供了坚定的保障。供给和需求之间的空间，为研究影响政策提供了理论上丰富的可能[6]。

4　亨利·基辛格.大外交[M].北京：人民出版社.2010.

5　正如决策者在讨论"决策科学化"的定义时所提到的："科学决策是指整个决策过程符合实际，听多方的意见，根据多方的情况来决策。科学决策是指整个决策过程，本着科学的方法，作风和态度，而不是指依靠科学研究来决策。我们会去调研，并且如果自己对某个问题很感兴趣，用 GOOGLE 一搜，现代社会获取知识的渠道很多，知识也不再是研究人员的专利，在互联网时代，知识很廉价，这完全依靠自己的感觉。"（访谈 4 号）.

6　余万里.学者参与决策的五种角色[J].国际政治研究（季刊）.2009（3）.

　　然而从中国真实的决策情境来看，决策者把大量的时间和精力用在理解上级的指示和部门的常规决策之上，用在以上级能够接受的方式提出解决问题的建议上，用在采取必要的措施为决策者希望提出的方案赢得必须的其他部委的共识上，最后用在为有效实施相关政策而必须做的各种事务性工作上（例如开始打电话和开会、起草报告、分派各种议题等等）。通常决策者无法悠闲地坐下来询问在未来的一段时间内应该如何最好地处理教育财政投入不足的问题或者如何有效解决高校规模效益低下的问题。他或她需要应付的是一系列具体事件——比如在政府内部进行磋商和达成共识、每一项活动的预案、参与、参加者的话题、提供给其他部门的相关信息、新闻界的接待及各种吹风会等[7]。这些步骤中的每一步都受制于一套确定的规则和规范、参与者、必须考虑在内的历史和其他特定的事件的影响。"我们国家是法律服从政策，政策服从文件，文件服从批示，批示服从电话。"（访谈 4 号）一个再完备的方案也比不上上级一个电话来得重要。因此，在看到研究发挥作用的需求——供给空间的同时，我们还需要对真实的决策情境有深入的理解，从而为研究发挥影响寻找合适的时机。

　　最后，我们还可以看出从政策对研究成果的利用，决定权在政府。"学者是追求真理，服务人民。研究是不是采纳，这不是研究人员的事情，是政府的事情。你不是因为要被政府采纳才来做研究得。专家不是专门做某个研究来等着决策者采纳，他们平时就在做自己的研究，等到哪天政策制定的时候，一搜，正好看到你的研究成果了，这是一个很长期的过程。"（访谈 4 号）尽管，真正对研究发挥政策影响起决定作用的是决策者，却不能得出结论研究者在此可以无所作为。事实上，研究者的行为反过来又会影响决策者对研究的采纳。前文对这种互动在案例中进行了深入的分析，再次必须强调的是研究者必须学会言简意赅地表达其核心观点，学会意识到问题在政策界的操作范围及其政治背景，并运用媒体作为重要工具吸引决策者的注意力。同时，决策者也需要做出努力，为学者参与对主要问题的讨论提供机会。只有当学者们能更好地理解决策者的需求，而决策者能致力于接近学术团体时，两者才能共同发挥作用。

7　李侃如.弥合鸿沟的倡议[J].国际政治研究（季刊）.2009（3）.

第二节　研究贡献

第一，教育政策领域研究利用问题实证研究的稀缺性

本书以我国政策制定过程中研究的作用问题为源起，以真实影响政策案例中的研究与决策之间的互动为研究对象，探讨研究影响政策的路径，这是我国当前教育政策知识利用研究领域较为薄弱的环节。目前学界较少对我国这 30 多年来教育政策及其实践中的研究利用问题进行细致深入的分析。已有的研究大都从思辨和价值判断的维度来对政策中研究之所以未能得到利用的事实进行评价，然而为什么研究未能影响政策是一个很难穷尽答案的问题，本书选择从正面来论述问题，选择了几个被证明对政策有较大影响的研究案例，探讨这些研究究竟具有什么特征、研究利用过程究竟如何以及深层的交互机制到底是什么，这就把教育政策中研究利用问题放入了一个具有行为调整结果的情境之中，便于分析。本书属于反思性、回溯性的实证研究，试图探究研究与政策互动的实际过程以及内在动力，这在选题上具有一定的新意。

第二，研究视角的独特性，注重了本土的政治系统、行政风格和历史背景，以事件观变迁

本书的研究视角不同于已有的相关研究。如前所述，也有不少学者关注到研究利用的问题。然而，在以下几个方面，本书作出了一定的尝试。首先，为了从宏观层面描述案例发生的历史和环境背景，本书不仅描述了中国教育政策研究利用的政治文化背景，而且对我国教育政策研究利用的整体历史变迁进行描述和分析。要分析历史变迁，必须选择一定的时间点和具体事件来划分分析的阶段，只有这样才能看出整个教育政策研究利用发展的过程和发展的趋势。如果按照时间要素排列，一方面无法找到公认的转折刻度，另一方面也不能说明发展的轨迹，只能是简单的"教育政策研究发展大事记"。单纯的时序性描述不足以解释研究与政策内在互动的演化轨迹。**养兵千日，用兵一时。只有在用兵的时刻才能看出用兵的方式、策略和行为**。因此，本书选择了教育政策中三个影响深远的教育规划来探讨研究在其中发挥的作用，这种选择不仅帮助研究者对过程有更深入的动态分析，同时也有助与分辨互动行为的演化轨迹。这种以"事件观变迁"的分析视角是本书的一种突破。

第三，抽象出研究影响政策的坐标、方向、机制和动力

不同于以往这个主题的思辨性和评述性分析，本书在对研究者是什么、能够做什么，实际上做了什么进行最大可能的现实主义分析的基础上，解析了教育政策领域内研究者与决策者集体行动的坐标、方式以及互动的机制。多案例的分析策略从三个不同的维度对三种不同的路径进行了描述和抽象，案例本身具有资料的独特性和分析的巨大的价值，而从这些案例中对整个教育政策中研究影响政策的路径进行抽象则更具有价值。值得注意的是，案例对路径的抽象，采用的并不是化约原则，把三条路径集合成一条适用于所有情境的研究影响政策的路径。路径的抽象并不是从路径决定论的角度出发，而是从路径中的因素出发，提出了坐标、机制、动力三个微观因素，同时从宏观层面强调路径与其他因素的共同作用和研究路径对整体政策共识流的影响。环境变量包括路径之外更为广泛的社会、经济和政治背景，路径一方面置于这些背景因素之中，是一个被塑造的对象，但是同时路径也具有结构性的功能，对这些环境因素可以进行加工，可以引导整体的决策信息流的流动。

第四，本书还扩展了政策议程的讨论维度

在限定分析范围的条件下，把议程的设立向前推到了个人想法和工作概念的维度。这种扩展可以为我们我们**认识研究人员对政策的启蒙影响**提供切入的角度。事实上，在研究影响政策的路径中，从个人想法到政策概念，即使发挥作用，研究人员很多时候都是隐身的。研究人员没有版权，只有在最后政策概念变成政策项目时，我们才看到研究人员的身影。大多数知识利用的专著都是以研究人员对方案的介入为分析起点，对研究人员论证、支持或仪式化相关政策进行分析。然而这种视角使得我们我们只看到了研究人员是"匠"的部分，却忽略或者无法观察其为"师"的部分。因此，根据本书拓展了政策议程的讨论范围，确立了一个研究和决策互动的理想模型，为案例的分析和理论的抽象奠定了基础，这种处理方式也有一定的理论创新意义。

第五，实证研究资料的稀缺性

本书结合在教育部、总政治部档案馆查阅的一手文献资料共计 66 份（其中包含丰富翔实的个案资料和政策过程各个环节的政策文本，这些资料中很大一部分资料都是刚刚解密的绝密资料）、本人对教育部、财政部、中央军委总政治部相关决策者以及三个案例的所有研究负责人员和知情的政策企业家

进行了访谈，并整理了以规划研究人员的身份参与地方教育规划的制定，参与 12 次会议，记录 10 多万字的观察资料，对研究如何影响政策的过程进行实地体验和实证研究，这在同类研究中具有一定创新性。要分析政策黑箱，收集到一手资料是必须然而却是最为困难的。本书中无论是绝密的档案材料，还是对重要决策者的访谈资料，仅从资料本身而言就具有较高的价值。能够利用这些资料把三个案例演变为政策的逻辑和路径描述清楚，记录下来对于将来进一步分析很有意义。而能够在这些资料中对路径和机会进行抽象，则是本书在描述基础上，所能做出的较大的努力。

第六，本书在抽象研究影响政策的路径中提出了"政策机会"这个理论概念

在知识利用研究领域，机会一直是一种默会而无人言传的存在，由于机会的出现是一种偶然，不可预测，所以也缺乏对它价值的肯定和作用的分析。然而不可预测不代表我们不能精确地模拟机会参与的这些过程或者理解许多事件。已有的研究成果中金登的"政策之窗"对机会的存在和特征进行了描述，然而本书认为政策之窗是机会实现的结果，机会存在的空间和生成的过程在政策之窗的概念下都无法得到解释。因此，结合政策制定过程，研究涉入的机会，本书对研究影响政策的机会进行了重点分析，从机会产生的条件、机会实现的过程，机会的特征，识别机会的方式和利用机会的策略几个方面全面对"机会"进行理论抽象。对机会的分析不仅有利于发展金登的政策之窗的概念，而且也帮助我们我们正视研究发挥政策影响的随机性和偶然性，更有利于我们我们真正认识教育研究影响政策的真实路径。

第三节　研究反思

一、研究过程的反思

学术研究和政策制定的关系错综复杂。对这些复杂关系的把握，乃是政策研究的发展和突破。可是当我们探索二者之间关系时，看到的更多是对学理和政治之间的关系抽象地理解，是对普遍逻辑图示的一种勾画，是对现状一种平面的描述，找不出史深的内在机理，或进入的途径。本节的反思，不仅是一个研究者在学术上的反思，也是在政治上的反思，"我不仅要在知识生产的体系里穿行，更在政治决策意义上的体系上穿行"——当然事实证明，这纯属幻想。可是在重重阻碍中，我却意外得以更多元的方式来审视它们之间的关系。下文将以我的个人研究经历为主线，描述研究者究竟怎么做了这项研究，同时研究者个人的经历又如何反映了更大的制度性关系。

2007 年，我攻读博士，成为教育政策领域的一个研究新手，由于北京大学的宏大"身份"，较其他研究者而言，多少还是具有一定的研究资本。但是与将要研究的问题相比，我的那点儿研究资本实在是少得可怜。我研究的问题是研究对政策的影响问题，从一开始就将自己置于以下无法逃避的问题之中：要做实证研究，就需要进行调查，不仅调查研究者，还需调查决策者。首先，对于研究者而言，我的研究是对研究的研究，根据我的身份是否可以对本专业领域内的权威进行政策影响评估？事实上，这儿潜在的假设是只有研究权威才能对政策有点儿影响，一般的研究者很难进入到决策领域。那些本专业权威教育政策研究者，我能接触到吗？第二，决策者，中央和教育部的高级官员，这类真正制定政策的人，我能接触到吗？从选择这个研究问题开始，就面临着研究者个人的社会资本考量。因此，对这个困难克服过程的描述，不仅仅是在反思个人的经验，也是在反思这个研究领域内无法逃避的制度性约束。

一般来说，分析研究和决策之间的关系最常用的方法包括以下六种：第一，调查。研究利用最常用的研究方法是调查。邀请被访者自己提供个人报告说明他们接收到了哪些信息，他们如何使用；并且，让研究者说明他们因为什么使用信息或者不使用信息，如维斯的研究。调查是在政府的多个层面，多个权力等级层次，大量个体的基础上进行得，是目前最普遍使用的研究方法。与大规模调研相比，也有一些研究关注小型的，特定的精英团体，在一些研究中，访谈和案例结合起来了。第二，社会框架分析。关注'群体的思维'和'参照的框架'，是如何被确立为一种确定的方式来解决问题得，如芝加哥经济学派，莫顿的哥伦比亚学派，保罗·拉扎斯菲尔德的研究方法等。第三，案例分析。如霍尔茨的《Rise and Fall of Project Camelot》他回顾了 1965 年南美社会科学项目所有基本的文件和相关的社会研究，关注了社会科学研究使用和滥用的过程，使用案例研究能够从应用阶段开始就全面来描述一个事件，一个项目或者一个政策形式，但是缺乏普遍性。第四，政府委托研究。有一些政府委员会也会做类似的研究，在大多数情况下，这类研究无非说明政府和科学团体之间并没有紧密的联系。第五，引证分析。是用量化研究的方法来衡量知识的影响，这并不取决于被研究者的反应（当然还是有研究者选择的偏见）。这种方法最大的作用就是把利用类型的形式具体化。人们也可以解释复杂的交流网络。第六，实验设计。把信息、环境和利用都具体化，建立一个实验框架。实际上效度和信度没有保证。只有一些最初的尝试。

　　本书主要是采用的案例研究方法，因为通过个别案例的深入和小规模精英团体的访谈，能够实现本书对二者关系进行探讨的研究目的。同时为弥补信息的不足，本书还设计了相关的调查问卷，作为访谈的补充，并且辅助以现场观察，丰富了资料的来源。

　　在整个资料收集过程中，最有难度的是案例中核心人员的访谈，所以，在这里不会对案例研究方法的一般概念再进行叙述，只是将研究人员在摸黑箱过程中的阻碍，成功的经验，所使用的资源进行描述和反思，最后反思一个政策学习者的边缘地位和教育政策研究在这种资料阻碍下发展的局限。

（一）案例选择

　　在做研究和决策之间的关系的分析时，是无法在没有确定一个研究真的对政策有用的前提下就去分析研究为什么会对政策有影响的。所以，首先需要提供证据说明分析对象的确对政策有用，这是选择案例的第一步标准。对研究的政策影响进行评估是一个庞大的领域，其中最为困难地就是对其政策影响的评估的标准是什么？什么是政策影响？如何看待那些无法衡量的却是常态的政策影响？里奇（Robert F. Rich）认为要分析这个问题必须考虑以下因素：（1）什么构成成功？（2）用什么结果指标来衡量这些结果？或者说我们我们应该如何把"有用"这个独立变量具体化？（3）学者、实践者和使用者在评估"利用"时，主要会面对哪些问题？[8]

　　要解决这个问题，我们首先需要把'利用'这个概念具体化，也就是说，我们需要辨别利用在多大程度上可以视作是一个过程，在多大程度上是一种'产出'。正如邓恩指出，要提高知识利用的实际功效，我们需要审视整个知识利用的过程。从这个视角来看，整个知识利用就是一个过程，我们可能会问：这个过程最终会引发什么改变？是导致几种工具的改变，是计划，是服务，或者仅仅是使问题解决更有效？我们我们需要弄清楚，哪种产品是主要产品。[9]

8　Caplan,N and Rich,R.F.Open and closed knowledge inquiry systems:the process and consequences of bureaucratization of information policy at the national economic and social development research results[M],Bogota：Colombia. 1976：234.

9　威廉·邓恩著.公共政策分析导论[M]. 谢明等译.北京:中国人民大学出版社. 2002: 14.

如果我们认为利用的结果是某个特殊的产品（如政策话语）或者一系列产品，那么我们就需要在产品和某些信息的利用之间建立确切的联系[10]。从评估的角度讲，很难把某个具体的产出（以原因/结果的方式，称为因果论）和具体的信息联系起来。如果从这个角度来衡量知识的利用，无论是对于学者还是实践者而言都是非常艰难得，因为这个维度上的定义相当狭窄。在上述归因下，研究者似乎在头脑中要有一个输入和输出系统。在这个框架内，人们认为：1、一个人能够追踪信息的流动，从信息流入组织到采纳行动（预测或者被信息影响），都能看到信息的流动。2、人们可以通过某个或一系列的信息来衡量影响。3、通过分析信息对于个人处理问题的过程来衡量某些信息的作用和影响是恰当得。简而言之，出于概念化和衡量的需要，研究者/分析人员需要对知识传播和利用的观点，持决定性的态度。

本书就是在这个基础上，初步选择了三个案例，标准就是政策话语和研究话语的可视性，从输入——输出的信息流动可以有证可循。尽管比较狭窄，但是当大规模的决策层无法进入的时候，从极个别的，输入输出相对清晰的案例入手，是现有情势下比较可行的选择。

（二）访谈

根据本书的研究目的，主要是分析研究者和政治制定者之间互动的关系。这个问题是一个非常微观的问题，且非常复杂。尽管研究比较引人入胜，但在中国要开展此项研究确实是非常困难的事情。在民主制度比较发达的国家，完善的程序法体系能够基本保证每一种公共政策或正式的制度安排在公开的过程中形成，各种听证形式为相关利益集团公开表达自身的意见和争取合法的权利提供了有效的机会，也使包括学者在内的社会各界有可能通过同样公开的证词（文字或口头）充分了解相关各方的利益要求及其实现利益目标的博弈过程。但在我国，由于各种行政立法或行政政策的制定都是在相对封闭的政治程序中完成的，是一个黑箱状态，因此我们在分析这二者之间的互动时，无法获得与实证研究至关重要的一手信息。如果有的话，无非来源于：第一，对研究团体部分成员的实际调查；第二，政府主管官员的慷慨帮助；提供某些不能公开引用的或许有领导批示的上报材料或"红头文件"；

---

10 Larsen,A.&Bundesen,C.A.Template-matching pandemonium recognizes unconstrained hand written characters with high accuracy[J].Memory and Cognition, 1996: 24（2）.

第三，各种已经颁布生效的政府法规、规章和通知；第四，散存于各种会议文件、书籍报刊甚至电视广播节目中的零星信息。

但是要分析研究对政策的影响及其影响的途径，对双方深入的访谈是一定要完成的工作。就访谈对象的选取而言，首先要包括那些研究已经被证明对政策有较大影响的研究者，同时也要有证明这个研究的确有影响的政策制定者（否则就只是研究者的个人感觉而已），由于要了解影响发生的真实途径和促进研究利用的因素，因此对一批高层政策制定者的访谈也是必须得，最后还包括促进研究转换的中间人，如全国规划办的官员。因此本书的主要访谈对象是：研究者、政策制定者（教育部官员和中央具体负责过教育政策制定的官员）、全国教育规划办和国家发展研究中心的专家等政策企业家。

1、访谈关系的建立

研究者自身的访谈条件：一个博士研究生，研究地位和社会地位都处在萌芽状态，从研究的资本来考虑，结合上述分析，要完成这样的访谈任务几乎是不可能得，所以可以理解，在以往对这个问题的研究中，几乎所有的研究者对这个难点的解决都是以"由于笔者研究资本有限，无法探访国家层面参与政策制定人员，没有能力获得国家层面的反馈资料，所以便尝试进入地方层面"为由绕道而行。对政策中研究的利用问题一直都是从研究者角度分析居多，而从决策者角度分析极少。所以，尽管很难，如果本书能在这个问题有所突破，那么收集的资料也将具有极高的价值。

访谈对象中研究者大多愿意提供帮助，真正难的是决策层的突破。作者尝试过给教育部官员发邮件，没有回应，然后作者假设，退休后的教育部官员，既有经验，又有闲暇，且比较乐意谈，所以按照出版的回忆录上的地址，给退休的教育部官员写信，还是没有回应，最后，总结出一条经验：个人的力量是有限的，集体的力量是无限的。要获得准入证，必须依赖于组织和机构。如果有课题，依赖课题，如果没有课题，自己去找有可能接触到这些人的研究，然后利用自己的研究能力，为组织工作，同时兼顾自己的研究。这一条路径有很大突破，可是研究实践和实际效果并不是很理想。最后，还是通过自己的私人关系，帮助做研究的承诺，真正开拓了决策层面的访谈资源。

首先遵循上述"集体"思路，我获得了中国高等教育协会的帮助。高教协会当时正在做福特基金会"中国高等教育十年跨越发展改革成效经验的纪实研究"，此项目是一项实证性研究，需收集大量的数据与一手资料，到高校、政府等相关部门展开调查。高教协会本身只是组织机关，需要具体的研究人员来实施研究，所以聘请了一批青年学者来分别做子课题，访谈资料的设计和实施需要一批博士生完成。研究者参与了设计访谈提纲，经过几轮访谈提纲的设计，获得了高教协会老师的认可和帮助，高教学会指出"青年学者们虽然已经具备一定的研究资源，但要做如此深入的实证调查，还是有一定难度的。对此，高教学会将尽量利用自身组织资源为专题调研提供方便"。到此，与访谈对象关系的建立，开始全都寄托在了机构层面，可是现实往往并非一帆风顺。

2、访谈中的问题

第一、计划拟定的访谈名单，大多数并没有接受访谈。让人兴奋不已的访谈名单，实际上只是剧场设计的豪华演出阵容，是一个梦之队，这45个人中能够联系到的只有二十多个，能够访谈到的只有几个，但是尽管如此，对于本书而言，还是很有价值，有胜于无，访谈的价值不在于数量的多少，而在于深度，所以，在限的条件下，深入的挖掘反而真正有益于研究。

第二、在约谈的过程中，也遇到了一些很难克服的困难。首先是访谈提纲的问题。基本上，所有收到访谈邀请信的受访者都会索要访谈提纲，有三个选择。第一，不给访谈提纲，只给研究主题和访谈目的说明。假设是，访谈提纲会局限访谈的进行，访谈对象都是教育界的资深人士，他们的经验可能远远超过研究者的提纲能涉及的范围，如果提纲过于简单，则难以使他们产生和研究者对话的兴趣，如果过于精细，则可能会限制他们的思路。所以，首先不给访谈提纲，如遇到索要提纲的情况下，再给。后来事实证明，不给是不行得。这是访谈过程的一个规则。第二，给一个简单的访谈提纲。原因是大多数访谈邀请信，都被被访谈者的秘书所截获，对于这类文件，秘书们都会先过滤，所以一般他们会索要访谈提纲。假设是，先给一个简单的提纲，使得访谈者认为所谈论的问题比较平常，无需特别准备，不消耗太多时间，所以接受访谈，然后，所有的问题在真实的访谈情境中再展开。这样做，是因为在实际邀谈过程中，有受访者本来接受访谈，但是过了几天，以访谈问题过于敏感为由，拒绝了访谈。这一点使得访谈者吸取教训，不能把敏感的问题放在提纲之中。第三，给一个精细的访谈提纲。假设是受访者中有一大部分人经验非常丰富，看到过于简单，没有太多内容的访谈提纲，基本上会觉得没有深入谈论的必要，实际情况也是如此，在受访者拒绝接受访谈时，他们拒绝的理由之一便是，这些问题，访谈者都可以从他们过去已经发表的文章、专著、讲话中找到答案，访谈毫无意义。虽然认为他们误解了访谈本身的意义，即访谈是一个在交流过程中，互动出意义的活动。但是，如果他们就是仅仅把访谈视作你问我答，记录答案的过程，研究者也毫无办法来告诉他们不是这样，也没有能力把他们带进访谈过程中来，帮他们发现访谈的意义。如果他们拒绝了，所有一切就没法开始。

综上所述，仅仅是一个访谈提纲的问题，就常常使人左右为难。在实际操作中，采取的策略是，首先，仍然是认真研究每个受访者的背景，收集他们所有公开发表非学术性的演讲和谈话资料，尤其是各个媒体对他们的专访，特别关注其中比较鲜明的，带有价值判断色彩的话语和行为，关注他们对问题的个性诠释，然后把他们在某个问题上独特的话语概念挑选出来，放在访谈提纲之中，请他们自己解释"##"概念到底指谓什么，为什么这么说。这样做，使得每一个访谈提纲聚焦在每一个独特的个体身上，把他们每个人都当成是独特的经验生命，这样会使受访者感到自己的特别，感到访谈者的确是对他有所了解，这样就可以深入一些问题。事实证明，这些访谈提纲尽管耗时耗力，工程巨大，但是其价值的确远优于概而化之的提纲。第二，邀请函的传递。电邮的方式，虽然成本低，速度快，但是不容易引起重视，很可能，都不曾被受访者打开，高教协会最开始发出的电邮长达三个月都没有回音，其中一些人遇到高教协会的人询问时，理由常常是没有收到电子邮件。所以，后来高教协会以高教协会的名义，准备有中国高教协会标志，章印，福特基金会授权标志的访谈邀请函，把访谈邀请函，访谈提纲和访谈礼物都放在一个大信封中，以纸版的方式寄出，这样的方式虽然费时一些，但是让人感觉比较正式，比较认真。通过这样的方式，我们我们收到了其中一些受访者的反馈。事实上，在这个电子信息充斥的年代，一些传统的联系方式，反而更加新颖和让人舒服。第三，对于拒绝接受访谈的人而言，现在有一个新的策略即是，根据受访者的提示和授权，找寻受访者已经发表的与本研究内容有关的资料，然后按照课题研究的要求，以问答题的形式找寻答案，当问题和答案整理出来后，把结果重新回馈给受访者，让受访者审查是否可以这么解释，在受访者检查修改完后，再授权我们我们以访谈的名义来公布这些资料。从本质上而言，这根本不是访谈，而是邮件解答。但是，目前很多访谈都在采用这样的方式，尤其是涉及高层人员的访谈中，原因是即可体现收集资料的层次高，又方便了高层人员不做访谈但可享受访谈成果的需要。事实上，这样的做法即无益于研究质量的提高，又伤害了研究伦理，但是这是事实。

3、访谈的反思

访谈不仅是一个学术的，技巧的问题，更是一个社会沟通和关系的问题。本书访谈了10多位核心人员，访谈的具体编码说明如表7-1：

表 7-1　访谈编码表

编号	职　位	被访者特征	访谈核心议题	访谈地点	访谈时间
1	全国教育规划办公室常务副主任	教育研究的规划者教育政策企业家	教育研究影响政策的正式渠道、制度保障、教育研究利用现状及原因	全国教育科学规划办公室330室	2009年11月17日下午2：30-3：30
2	大连市教育局计法处处长	政策方案的直接撰写者，地方一线的政策制定人员	政策方案写作的依据、花费的时间、对研究作用的评价、以及对我们规划方案的评价	教育局公车上（从市区开往瓦房店）	2009年11月26上午7：30-9：00
3	"教育经费小组"项目组分组长	"4%"是他们小组具体计算的结果。他能复述每一个研究的细节和具体数据	"4%"到底是怎么得出来的？依据是什么？如何影响政策？有何证据说明？	北京大学教育学院314室	2010年1月20日上午9：30-10：45
4	民建中央副主席，全国政协人口与资源委员会副主任，原湖北省副省长	国家层面的决策者，也是世界核物理专家，属于学者型高层官员	高层决策者如何看待专家的作用，在决策时是否使用研究成果，如何使用？如何看待？他如何定位自己？	北京万达广场"全国政协常务会议会场"	2010年6月22日19：00-21：15

5	1989年4月任国家教委财务司处长，1992年1月任政策法规司副司长，教育部副总督学，国务院参事	教育经费小组核心成员，4%政策的直接制定者，93纲要杰出贡献奖得主之一	4%政策是否是研究人员研究的结果？4%政策到底是怎么制定出来的？研究到底在其中发挥了什么作用？过程是什么？	富盛大厦教育职业研究所所长办公室	2010年7月2日上午10：00-11：45
6	国家教育发展研究中心助理研究员	一名刚走上工作岗位的教育政策研究者，处在研究转化制度环节内的新手	如何看待教育政策研究和现实政策制定需求之间的隔阂？如何反思原有的储备和当下的任务之间的匹配？	教育部2号楼220室	2010年8月23日上午11：00-12：00
7	中国教育发展战略学会会长，93教改纲要主要政策制定者	93纲要主要制定者，原国家教育发展研究中心主任，参与了纲要制定全过程，是宏观教育政策权威学者，也是重要的政策企业家	4%研究和内涵式研究是进入纲要的过程？研究在其中发挥了什么作用？93纲要制定过程为什么是科学化，民主化的典型？如何看待当前教育研究的政策影响？	教育部2号楼216室	2010年9月1日上午9：30-11：30
8	北京大学党委书记，高校规模效益项目组组长	"内涵式"发展的研究者和提出者，同时也属于学者型官员，既是研究的权威，也是具有重大影响力的政策企业家	具体"内涵式"研究是怎么得出来的？影响决策的核心环节是什么？如何看待教育研究的政策价值？	北京大学党委办公室	2010年4月20日下午13：00-14：00
9	中央军委总参谋部干部部副处长	退役军人教育资助方案的主要研究者和设计者	退役军人教育资助如何影响决策？有何证据？有何途径？哪些人和事件决定了	北京大学教育学院501室	2011年1月16日下午16：00-17：30

		其最终影响了最高决策者？		
10	财政部国库司副主任	了解 4%、退役军人教育资助的资金分配内幕，同时对于教育政策中"钱"的问题有充分的发言权	4%政策为何迟迟难以实施？退役军人教育资助研究为什么能够引起财政部的兴趣？哪些研究成果更容易获得财政部决策者的认可？	财政部国库司主任办公室	2011 年 1 月 21 日下午 16：00-18：30

访谈关系的建立大部分是依靠个人关系层层推荐完成，尽管访谈质量比较高，访谈时间在 60 分钟到 180 分钟之间，很多特别相关的问题都得到了证实，但是在层层社会关系网络攻关的过程中，在无数次受挫的邀谈后，我常常反思，如果教育政策研究只能通过这样的方式来收集资料，来打开黑箱，那这个学科岂不是一个有资本歧视的学科？学习做真实的政策研究岂不是一个学习如何公关的过程？从这个角度思考，我们我们就不难理解为什么每年那么多的教育政策论文倾向于思辨研究和价值分析，实证资料实在难以获得，如若获得，本身就是很大的贡献。

（三）参与式观察

研究人员本身缺乏实际的影响决策的经验，对于决策内在的过程和真实的画面没有贴身的体会。所以，从研究一开始，笔者就寻求真实地参与这样的情境之中，在微观上深入观察，从双方的互动层面上进行分析，他们到底是如何就具体的研究结果沟通，有什么动机，有什么潜在的假设？如果能对双方就某个具体主题的互动进行细致的描述，就能够从动态，微观的角度帮助我们我们理解研究者和决策人员之间的关系。能够借助人员互动的理论，对这一具体现象进行深入的探讨。"参与式观察"使身为学生的研究者有机会真切深入地观察研究者和决策者之间的互动过程。

为方便调查研究的展开，我参与了几个市级的中长期规划项目，在项目中申请到"规划研究员"的职位，以自己的研究特长来参与规划研究，具体负责一部分规划研究。这个职位赋予了我参与研究对象工作的合法地位，如参与规划会议讨论和规划工作会议。我一共参加了 12 次会议，会议记录都有录音，成为一手的互动资料。参与式观察不仅拉近了观察的距离，还有助于拉近研究者与研究对象的关系，使开放式的深度访谈成为可能。通过参加研究者的四次调研启动和总结会议，以及地方教育局八次调研讨论会议，我积累了十二场会议沟通录音资料和非结构访谈资料，并详细记录了每次会议的观察内容，为深入具体案例奠定了基础。

观察的问题是，场景太单一。我们可以深入的场景也许还只是表面的场景，内在的真正重要的沟通，我们无法参与，且即使参与了，也会慢慢局限在个人交际的层面，实在无法回答研究者互动的机制的疑惑，也上升不到两类文化的高度。但是参与式观察帮助我真正了解了这个互动过程的动态、复杂的特点，丰富了研究者的整个论文框架。

（四）问卷调查

设计问卷的理由是如果遭遇被访谈者以工作忙，急于"打发"访谈者的情境，用来救急。问卷力图实现最精简，以最简单的问题获得最大的信息量。在访谈时间不到 30 分钟，或者被访谈者临时有事不能全程访谈时，只有一次机会的研究者会拿出问卷，请他们花五分钟回答我的问卷。这些问卷通常是封闭性问卷，不是作为一种量化统计的资料，而是在最短的时间内竭力留下尽可能多的资料。由于问卷的发放和回收，都是研究者亲自操作，所以问卷的具有较高的分析价值，也是一次"出访"最底线的收集资料的方式。事实证明，这种临时的"救急"是需要的，但是在本书中绝大多数受访者如果接受了访谈，通常会保证至少一个小时的受访时间，很多受访者还常常会超过 2 个小时，甚至有个别受访者邀谈第二次，第三次。

"只凭企盼和等待，是不会有任何结果的，我们应走另一条路；我们要去做我们的工作，承担应付"眼下的要求"[11]。到处托人，费劲心机的访谈，如间谍般潜伏式的观察，精心设计且大都浮在空中的问卷，一个在边缘行走的政策研究者，观望着湖中央决策者和研究者热热闹闹的你来我往，总试图泅水而上，问问你们之间到底发生了什么？无奈力量太小，总是呛上几口凉水。不过，游着、游着，也开始暖和了，周边也有人看见你了，会帮助地呼喊几声，到后来，就不再觉得那湖中央是不可企及地了。

---

11 韦伯.学术与政治[M].桂林：广西师范大学出版社.2008:191.

时至今日，完成了 10 个关键人物的访谈，完成了三个案例的撰写，积累了十二次互动画面的现场录音，整理了十几万字的一手资料，为论文主题的进一步探索奠定了一定的基础，写这篇方法，更多得是在记录这个真实的研究过程，试图写研究者的方法，而不是书中所教的方法。在这个过程中，给下一个边缘的泅水者一些鼓励，一些启示：都是这么走来得，可以这么走，你不是唯一一个。

二、研究不足

关于研究内容。本书将整个政策制定过程视作研究者与决策者互动的过程，因此没有考虑政策制定过程中其他因素对于政策制定的影响。事实上，政策制定不可能是如此直线、封闭互动的过程，整个政策制定过程不一定是直线的，不一定有因果关系，甚至不一定有逻辑。可是，决策的信息来源千丝万缕，谁也无法说清在某一时刻到底是谁的思想影响了政策进程，面临这个混沌交叉且宏大的信息流，如果不能加以简化，塑造一个相对封闭、简洁且有解释力度的理想模型，我们无法拨理研究和决策之间互动的关系。这种封闭的理论模型虽然是出于理论精简的需要，然而还是可能损害本书分析框架的逻辑，把复杂的事实进行了过度的简化。因此，对政策制定过程中其他因素的考虑，把其他信息流对研究和决策二者之间信息流动的影响加以融合，从更整体的角度来考虑研究影响政策的路径，是研究者应该进行的后续研究。

关于案例的选择。研究者原本计划从全国教育规划办公室的研究成果入手，按历史时期整理出有领导批示或受到决策部门嘉奖的研究方案，然后选择几个案例，以全国教育规划办公室的研究影响评估为出发点来探讨中国的教育研究影响教育政策的整体情境。然而，首先通过检索，研究者发现公布的影响决策的研究很少，根本不构成整体说明的规模。其次缺乏必要的信息说明其到底影响了何种政策，仅仅从决策者的批示我们我们根本无法断定其发挥了政策影响。研究者不能在无法证明其发挥影响的条件下来分析其发挥影响的路径。所以，这一条涉及研究更为广泛的案例选择路径被研究者放弃了。相反，研究者选择了北京大学所做的，几个能够在政策文本中找到对应研究话语继而能够证明其政策影响的研究案例来进行分析。这几个案例唯一共同的特征是都对政策存在确证的影响，然而这三个案例本身的质量和特征并不一致，要从相同的理论视角来解析不同时期的不同案例，可能会漏掉有价值的发现，从而强求案例分析结果的一致性。因此，本书在案例的处理上采取了各个击破的原则，争取把每个案例自身发挥影响的逻辑说清楚，这样一来，在进行路径抽象和归纳的时候就遇到很大的困难。因此，本书的案例与理论的归纳之间结合并非紧密无间，后续的研究应该在二者之间的结合上做出更大的努力。

关于资料整理中的困境。在进行访谈和分析资料的过程，研究者都面临着对资料的"自研究者高估"原则。正如研究者在访谈中一位决策者对研究者说："你的问题，决策者不好回答，比如你问决策者是不是有研究，决策者说没有，方案没有论证，那决策者不是傻子嘛，如果说有，也不符合实际，决策者也不会说决策者的方案主要是受了研究的启发，更不会说是研究发挥了主要作用。决策者不会说。研究者也不会说。再说，即使回答了，是或不是又怎么样了。很多时候，决策者们借鉴的是国外的研究成果，而不是使用现有研究。现有研究只是个借口，你这个真做出来一个"某某政策出笼记"，大家就都不服了，凭什么说是你的功劳，其实关键不是教育研究本身，别人也没认为你有多么重要。"在整理资料的过程中，出于整体理论框架的需要，会对材料进行一定的剪裁，必须进行自己的价值判断，因此在某种程度上会使研究者收集的材料符合研究者的理论预设，这在一定程度上降低了资料的丰富性和多元性，把本来含混的信息清晰化了，不一定是最好的选择。在将来进一步的研究中，我希望能够在现有的基础上进一步把这些资料丰富，从清晰的意义重新走向含混的表达，赋予这些材料真正的生命。

在分析框架中，我总是强调研究者和决策者之间的互动，然而对互动的诸多形式并没有从理论上进行归纳，而是遵循了各个案例自身的逻辑，最后只是从整体上对路径和机会进行了抽象。用政策机会这个概念来概括研究影响政策的关键点，突出了机会的意义，然而却也忽视了其他制度性的约束。从客观因素上讲，由于中国的政策中研究利用只是出于起步阶段，其过程还没有充分展开，其经验也不完整，所以就很难在残缺的经验基础上建立抽象而完整的框架。从主观因素上讲，主要是对事物的体验还不够深刻，理论准备也不够充分。

从未来的研究空间而言，也还有一些问题值得进一步追问。如把知识和权力从概念上加以区分有何意义？把他们视为两个性质截然不同的独立领域，对社会科学研究有何影响？我们是不是应该对社会科学家和政策制定者的自我界定抱更大的怀疑态度？现在大多数论著都集中在重大的战略决策者和最高的决策层，这样一种角度会不会歪曲我们的观点，以致难以正确认识研究对政策产生的影响？现在有关文献一般都注重"学科带头人"或直接介入政策制定过程的社会科学家，这会不会歪曲我们关于知识分子对政治的影响的看法？一些社会科学家的研究对社会持激进批评态度，他们的研究成果往往难以被当权者接受，我们如何看待这一部分的社会科学家？突出社会科学中的"教权"的作用，而"先锋"的作用遭到贬低，是否有损于我们的研究？这些问题都有待将来进一步研究。

参考文献

中文文献

[1] （美）保罗·A·萨巴蒂尔编.彭宗超钟开斌等译.政策过程理论[M].北京：生活.读书.新知三联书店，2004.

[2] （美）M.布尔默著.黄育馥译.政府与社会科学：相互影响的模式.国外社会科学.1990（6）.

[3] 彼得.瓦格纳，赫尔墨特.沃尔曼.从事政策研究和咨询的社会科学家：几个方面的跨国比较.中国社会科学杂志社编，社会科学与公共政策[M].北京：社会科学文献出版社.1999.

[4] 布迪厄.现代世界知识分子的角色[J].赵晓力译《学术思想评论》.2005(5).

[5] 陈至立.教育科研要为教育决策当好参谋.全国教育科学十五规划课题评审会闭幕式讲话[R].2001.

[6] 蔡克勇.教育决策由经验走向科学的五十年[J].中国高等教育，1999.

[7] 陈红太.政治发展也要"五年规划"[J].人民论坛.2010（3）.

[8] 陈学军.教育政策研究的第三立场：面对政策利益相关者[J].清华大学教育研究.2007（3）.

[9] 陈振明.政策科学[M].北京：中国人民大学出版社.1998.

[10] 程介明.走向明天的教育学院[J].北京大学教育评论.2010（4）.

[11] 邓晓春.关于地方教育科研院（所）发展之路的探索[J].吉林教育科学·高教研究.1994（5）

[12] 丁小浩.中国高等院校规模效益研究——对有关研究结果的回顾[J].教育与经济.2003（3）.

[13] 弗雷德.卡登.怎样评估科研对政策的影响[J].国际社会科学杂志.2005.

[14] 郭苏热. 高校校、系、专业规模对内部效率的影响[D].高教所硕士毕业论文.北京大学，1994.

[15] 国家教育发展研究中心编.中国教育发展的宏观背景、现状及展望[M].北京：中国卓越出版公司.1990：219-236.

[16] 郭巍青.政策制定的方法论：理性主义与反理性主义[J].中山大学学报（社会科学版）.2003.

[17] 荀恒栋. 士兵优抚与退役安置[M].北京：法律出版社.2005.87.

[18] 韩进.两载寒暑，历经艰难，求取真经——《国家中长期教育改革和发展规划纲要（2010-2020年）》起草组10人谈[J].中国大学生就业.2010(17).

[19] 郝克明.教育重大决策科学化、民主化的范例——参加《中国教育改革和发展纲要》研讨和起草过程的体会.2007（10）.

[20] 何俊志.结构、历史与行为[M].上海：复旦大学出版社.2004.

[21] 亨利·基辛格.大外交[M].北京：人民出版社.2010.

[22] 洪绂曾.开创参政议政、社会服务工作的新局面——在九三学社中央参政议政和社会服务工作会议上的讲话》[R].2003年10月23日.http://www.93. gov. cn/ldyl/ldjh/ldjh9. htm。

[23] 胡启立.《中共中央关于教育体制改革的决定》出台前后.炎黄春秋.2008（12）.

[24] （美）赫伯特.西蒙著.詹正茂译.管理行为[M].北京：机械工业出版社.2004.

[25] 胡延品.两载寒暑，历经艰难，求取真经——《国家中长期教育改革和发展规划纲要（2010-2020年）》起草组10人谈.中国大学生就业.2010(17).

[26] 黄尧.寻求建立解决教育经费问题的新机制[J].中国教育报.1988年8月18日.

[27] 黄尧.中国教育宏观政策研究[M].北京：高等教育出版社.2002.

[28] 金吾伦.生成哲学[M].保定：河北大学出版社.2000.

[29] 李侃如.弥合鸿沟的倡议[J].国际政治研究（季刊）.2009（3）.

[30] 李良辉.政协第十届全国委员会常务委员会第十次会议.大会发言[R].人民网.中国政协新闻.热点关注.

[31] （美）罗伯特·F·里奇、尼尔·M·古德史密斯.政策研究的利用[A].（美）斯图亚特.那格尔.政策研究百科全书[Z].北京：科学技术文献出版社.1990.

[32] 李岚清.李岚清教育访谈录[M].北京：人民教育出版社.2004.

[33] 厉以宁、秦宛顺、陈良琨.教育经济学研究[M].上海：上海人民出版社，1988.

[34] 梁启超著.朱维铮校注.中国近三百年学术史[M].上海：复旦大学出版社.1985.

[35] 梁续军.中国高等院校规模效益 [D].高教所硕士毕业论文.北京大学，1990.

[36] 林南.社会资本——关于社会结构与行动的理论[M].上海人民出版社.2005.

[37] 林双川.中南海倾听"科学思想库"进言[J].半月谈.2004（20）.

[38] 刘海波.论科技政策决策过程的专家参与[J].自然辩证法研究.1998（7）.

[39] 刘师培.清儒得失论[M].北京：中国人民大学出版社.2004.

[40] 刘小枫.这一代人的怕和爱[M].北京：华夏出版社.2007.

[41] 刘文华.涌现视角的企业家机会的生成机理研究——基于房地产企业的实证分析[D].复旦大学，2009.

[42] 刘妍."4%"研究: 从研究到政策的漫漫长路[J].北京大学教育评论, 2011

[43] 鲁媛风，杨国锋，于洪博.中国高等教育规模扩展形式的比较研究[J].山东师大学报（社会科学版），1998（3）.

[44] 罗志田.两岸史学的现况与展望[EB/OL].http：//www.douban.com/group/topic/2049437/？from=mb-29418742.

[45] （法）米歇尔·福柯著.刘北成,杨远婴译.规训与惩罚：监狱的诞生[M].北京：生活.读书.新知三联书店.1999.

[46] M.特罗，政策分析.谢维和等译.袁振国主编.中国教育政策评论[M].北京：教育科学出版社，2000.

[47] 闵维方，丁小浩.中国高等院校规模效益：类型、质量的实证分析.教育经费筹措管理与效益研究[M].天津：天津大学出版社，1993.

[48] 闵维方，丁小浩.重视研究过程和方法的规范化[J].北京大学教育评论，2005（1）.

[49] 闵维方，文东茅.学术的力量[C].北京大学出版社，2010.

[50] 苗青.基于规则聚焦的公司创业机会识别与决策机制研究[D].浙江大学，2006

[51] 孟卫青.冲突与合作：教育研究与教育决策.天水师范学院学报[J]，2008.

[52] 潘国青.浅论教育科研成果的推广[A].国家教委"八五"重点课题"教育科研体制、规划与管理的研究"课题组.教育科研体制、规划与管理[C].上海：上海教育出版社，1995.

[53] （比）伊利亚·普里戈金著.湛敏译.确定性的终结：时间、浑沌与新自然法则[M].上海：上海科技教育出版社.2009.

[54] 云南省民政厅、云南省人民政府复员退伍军人安置办公室编. 新时期退役士兵暨军休服务管理社会化改革理论研讨会论文集[C].何松青.退役士兵安置改革及保障体制初探.北京：中国社会出版社2004.

[55] 云南省民政厅、云南省人民政府复员退伍军人安置办公室编. 新时期退役士兵暨军休服务管理社会化改革理论研讨会论文集[C].王建军.在新时期退役士兵安置暨军休服务管理社会化改革理论研讨会上的讲话[R].北京：中国社会出版社.2004.

[56] 全国教育科学规划办公室编.全国教育科学"十五"规划报告[C].北京：教育科学出版社.2008.

[57] 全国教育科学规划领导小组办公室主页 [EB/OL]. http://onsgep. moe.edu.cn.

[58] 汝鹏.科学、科学家与公共决策：研究综述.中国行政管理[J].2008（7）.

[59] 桑玉成.政治发展的规划与预期[J].探索与争鸣.2008（10）.

[60] 申培轩.高等教育规模扩展：内涵与外延并举[J].理工高教研究.2002（4）.

[61] 谈松华.世纪之交教育改革发展的纲领——教育回望：1993 年《中国教育改革和发展纲要》[N].中国教育报.2009-09-15.

[62] 〔美〕托马斯·R.戴伊.鞠方安等译.自上而下的政策制定.北京：中国人民大学出版社2002.

[63] （美） W.I. 托马斯，（波兰） F. 兹纳涅茨基著.张友云译.身处欧美的波兰农民.南京：译林出版社.2000.

[64] 〔美〕威廉·邓恩著.谢明等译.公共政策分析导论[M].北京：中国人民大学出版社.2002 年.

[65] 〔美〕沃尔特·艾萨克森，埃文·汤玛斯著.王观声等译.美国智囊六人传[M].北京：世界知识出版社.1991.

[66] 吴季松.自然科学技术与社会科学研究在中国决策中的作用.中国社会科学杂志社编，社会科学与公共政策[C].北京：社会科学文献出版社.1999.

[67] 汪大海等. 新中国慈善事业的制度结构与路径依赖——基于历史制度主义的分析范式. 中国行政管理[J].2010（5）.

[68] 王宏甲.闵维方的选择[J].北京文学.2001（2）.

[69] 王慧.公开决策问计于民——《国家中长期教育改革和发展规划纲要》起草历程回顾[J].教育.2010（13）.

[70] 王栋.双重超越的困境——中国国际关系理论与政策刍议[J].国际政治研究（季刊）.2009（3）.

[71] 王绍光.中国公共政策议程设置的模式[J].开放时代.2008

[72] （德）韦伯.学术与政治[M].桂林：广西师范大学出版社.2008.

[73] （德）尤尔根·哈贝马斯著.曹卫东译.交往行为理论[M].上海：上海人民出版社.2004.

[74] （德）韦伯.经济行动与社会团体.桂林：广西师范大学出版社.2008.

[75] 邬大光.我国高等教育应该走外延式的发展道路[J].求是.2003（10）.

[76] 吴定初.教育科学研究概论——理论与方法探析[M].成都：四川教育出版社，1992.

[77] [美]小罗杰.皮尔克著.李正风缪航译.诚实的代理人：科学在政策与政治中的意义.上海：上海交通大学出版社.2010.

[78] 熊向晖.历史的注脚：回忆毛泽东、周恩来及四老帅[M].北京：中共中央党校出版社.1995.

[79] 徐凤增.创业机会识别与杠杆资源利用研究[D].山东大学，2008.

[80] （美）约翰.W.金登著.丁煌，方兴译.议程、备选方案与公共政策（第二版）[M].北京：中国人民大学出版社.2003.

[81] [以]叶海卡·德罗尔著.王满传等译.逆境中的政策制定[M].上海：上海远东出版社 1996.

[82] 严耕望.严耕望史学论文选集[M].台北：联经出版事业公司.1991.

[83] 余万里.学者参与决策的五种角色[J].国际政治研究（季刊）.2009（3）

[84] 于铁军.有助于对外政策制定的几种知识类型[J].国际政治研究（季刊）.2009（3）

[85] 阎步克.察举制度变迁史稿[M].北京：中国人民大学出版社.2009.

[86] 颜泽贤，范冬萍，张华夏.系统科学导论—复杂性探索仁[M].北京：人民出版社.2006.

[87] 应星.公共知识分子——面对什么样的公众？如何面对？[J].二十一世纪.2005（4）.

[88] 叶海卡·德洛尔.逆境中的政策制定[M].王满船、尹宝虎、张萍译.上海：上海远东出版社.1996.

[89] 玉米.易纲入选中央直管专家[EB/OL].南方网.2005 年 3 月 15 日.http://www. southcn. com/finance/zhixing/200503150885. htm。

[90] 袁振国.袁振国主任在 2009 年全国教育科学规划工作年会暨全国教育科研管理专业委员成立大会上的讲话[R].2009 年 6 月 17 日.

[91] 袁振国.教育政策学[M].南京：江苏教育出版社.1996.

[92] 袁振国.中国教育政策评论[C].北京：教育科学出版社.2000.

[93] 余英时.士与中国文化[M].上海：上海人民出版社.2006.

[94] 岳经纶.公共政策的价值取向[J].中国审计.2003（10）.

[95] 曾荣光.理解教育政策的意义——质性取向在政策研究中的定位.北大教育评论[J].2011（1）.

[96] 曾天山、高宝立.我国教育科研成果现状及其影响力分析[J].教育研究.2009（8）.

[97] 曾毅.美国智库观察[J].决策.2008（5）.

[98] （美）詹姆斯.P.莱斯特,小约瑟夫.斯图尔特著.公共政策导论（第二版）.北京：中国人民大学出版社.2004.

[99] 翟博.两载寒暑, 历经艰难, 求取真经——《国家中长期教育改革和发展规划纲要(2010-2020 年)》起草组10人谈[J].中国大学生就业.2010(17).

[100] 张力.两载寒暑, 历经艰难, 求取真经——《国家中长期教育改革和发展规划纲要(2010-2020 年)》起草组10人谈[J], 中国大学生就业.2010(17).

[101] 张金马主编, 公共政策分析：概念、过程、方法[M].北京：人民出版社2004.

[102] 赵宁宁.寻找教育政策的研究基础[D].博士论文.北京师范大学.2007.

[103] 朱旭峰."司长策国论"：中国政策决策过程的科层结构与政策专家参与[J].公共管理评论.2008（7）.

[104] 朱旭峰.知识与中国公共政策的议程设置：一个实证研究[J].中国行政管理,2008（1）.

[105] 朱旭峰."思想库"研究：西方研究综述[J].国外社会科学, 2007（1）.

[106] 朱旭峰.中国思想库——政策过程中的影响力研究[M].北京：清华大学出版社.2009.

[107] 周洪宇.健全教育咨询制度推进决策科学化民主化[J]. 中国高等教育.2011（17）.

[108] 詹姆斯.E.安德森著，公共政策制定（第五版）[M].谢明等译，北京：中国人民大学出版社，2009.

英文文献

[1] Aaron Wildavsky.Doing more and using less[J]. In Dierkes er al.op.cit.1986.

[2] A.C. Keller.Good Science, Green Policy: The Role of Scientists in Environmental Policy in The United States[M].University ofCalifornia, Berkeley.2001.

[3] Alexander George and Richard Smoke. Deterrence in American Foreign Policy: Theory and Practice[M].,New York:Columbia University Press, 1974.

[4] Atkinsom, E.In defense of ideas, or why'what works' is not enough' [J]. British Journal of the Sociology of Education. South Western.2000.

[5] Baron, R.A. Opportunity recognition: A cognitive perspective[J]. American Management Review, 2003b.

[6] Baron R.A.& Shane S.A. Entrepreneurship. A process perspective[J]. Thomsom South Western. 2005.

[7] Bernard C. Cohen.The Press and Foreign Policy[M]. Princeton: Princeton University Press, 1963.

[8] Bulmer .SocialScience and SocialPolicy[M]. Lodon: Allen&Unwin, 1987: 12-13

[9] C.H.Weiss.The ManyMeaningsofResearchUtilization[J].SocialScience and SocialPolicy[M].Lodon: Allen&Unwin, 1986.

[10] CaplanN. The Use of Social Science Information by Federal Executives[J]. In Social Science and Public Policies, Hanover, NH: Dartmouth College, Public Affairs Center.1975.

[11] Caplan,N and Rich,R.F.Open and closed knowledge inquiry systems:the process and consequences of bureaucratization of information policy at the national economic and social development research results[M].Bogota,Colombia.1976.

[12] Caplan,N. Aminimal set of conditions necessary for the utilization of social science knowledge in policy formulation at the national level[J].In Using Social Research in Public Policy Making[M].Lexington books, Lexington, MA.1976.

[13] Caplan, N. The TwocommunitiesTheory and Knowledge Utilization [J]. American Behavioral Scientist,1979.

[14] Cohen et al. "A Garbage Can Model of Organizational Choice" [J]. Administrative Science.1972.

[15] Cohen,L.H.Factors affecting the utilization of mental health evaluation research findings[J].Professional Psychology,1977.

[16] Christine Moorman· Gerald Zaltman. Rohit Deshpande.Relationships Between Providers & Users of Market Research: The Dynamics of Trust Within and Between Organisations[J].Journal of Marketing Research.1992（8）.

[17] Dacvies Webb,H.T.O,Nutley.What works?Evidence-based Policy and Paratice in the Public Service[M]. Bristol:Policy Press.2000.

[18] Dahl, Robert A; Lindblom, Charles E. Politics, Economics, and Welfare[M]. Transaction Publishers.1992.

[19] Daniel Sarewitz's .Prediction: Science, Decision-Making, and the Future of Nature[M]. Island Press, 2000:65.

[20] Donnison D. Research for policy[J]. Minerva, 1972（4）.

[21] Ernest R. May," Lessons" of the Past: The Use and Misuse of History in American Foreign Policy[M].New York : Oxford University Press , c 1973.

[22] Ezra F. Voge.Some Reflections on Policy and Academics[J]. Asia Policy, 2006（1）.

[23] Flyvberg.B. Making Social Science Matter: Why Social Inquiry Fails and How it Can Succeed Again[M]. Cambrige:Cambridge University Press. 2001.

[24] Fred Carden. Knowledge to policy: making the most of development research [M].Sage publication.2010.

[25] Frederick M. Hess .When research matters:how scholarship influences educational policy[M]. Harvard Education Press,2008.

[26] George. Bridging the Gap, Theory and Practice in Foreign policy, Washington, D.C.: United States Institute of Peace Press, 1993.

[27] HALPERN, N. P. Policy Communities in a Leninist State: The Case of the Chinese Economic Policy Community and Governance[M], 1989.

[28] Hayek, F.A. The use of knowledge in society[J]. American Economic Review,1945（4）.

[29] Hill and Beshoff eds.Two Worlds of International Relations: Academics, Practitioners and the Trade in ideas[M].New York : Routledge,1994.

[30] Hills.G.Shrader,R.C.Successful entrepreneurs' insights into opportunity recognition. Frontiers of Entrepreneurship Research. Wellesley, MA: Babson College[DB/OL].http://www.babson.edu/entrep/fer/paper98.

[31] Howllet Michael and Ramesh, M ， Studying Public Policy: Policy Cycles and Policy Subsystems[M].Oxford University Press.1 995.

[32] Jeremy J·, Richardon, Gustafsson and Grant Jordan .The Concept of Policy Style[J]..Policy styles in Western Europe[M], London, Allen and Uniwin, 1982.

[33] Joseph S. Nye, J r. International Relations: The Relevance of Theory toPractice [J], , TheOxford Handbook ofInternational Relations[M]. New York: Oxford University Press, 2008.

[34] Karl Pearson,The Grammar of Science[M], London, J.M. Dent & Sons, Ltd. 1892.

[35] Kenneth Lieberathal."Initiatives to Bridge the Gap"[J], Asia Policy, 2006（1）.

[36] Knorr, Karen. Policymakers' Use of Social Science Knowledge: Symbolic or Instrumental?[J] In Using Social Research in Public Policy Making[M], MA: Lexington Books.1977.

[37] Knott, Jack, Aaron Wildavsky. If Dissemination is the Solution, What is the Problem?[J] Knowledge: Creation , Diffusion, Utilization.19801（4）.

[38] Landry, Réjean, Nabil Amara, and Moktar Lamari. Utilization of Social Science Research Knowledge in Canada[J].Research Policy.2001.30（2）: 333-49.

[39] Larsen,A.&Bundesen,C.A.Template-matchingpandemonium recognizes unconstrained hand written characters with high accuracy[J].Memory and Cognition, 1996. 24（2）.

[40] LeeC.Deighton. The encyclopedia of education[M]. New York : Macmillan Co., 1971.

[41] Lee, Robert, and Raymond Staffeldt. Executive and Legislative Use of Policy Analysis in the State[M].Oxford University Press, 1973.

[42] Lester, James and Leah Wilds. The Utilization of Public Policy Analysis: A Conceptual Framework[J] .Evaluation and Program Planning.1990:13（3）.

[43] Lester, James. The Utilization of Policy Analysis by State Agency Officials[J]. Knowledge: Creation, Diffusion, Utilization, 1993:14（3）.

[44] Lester Saunders. Educational Research and Policy-making[M]. New York and London:Routledge.

[45] Lippitt R. & White R.K. An experimental study of leadership and group life in Newcob[J]. Readings in Social Psychology[M], New York: Holt, Rinehart. Peacock, 1965.

[46] Lisel A.O'Dwyer.Deborah L. Burton.Potential meets reality: GIS and public health research in Australia[J]. DOI: 10.1111/j.1467-842X.1998.tb01500.x. 2008.13 MAY.

[47] Lomas, Jonathan. Diffusion, Dissemination, and Implementation: Who Should Do What?[J] In Doing More Good than Harm: The Evaluation of Health Care Intervention[M], New York: New York Academy of Science. 1993.

[48] Marc Bloch .The Historian's Craft : Reflections on the Nature and Uses of History[M]. Vintage Books. 1953.

[49] Majone, Giandomenico. Evidence, Argument, and Persuasion in the Policy Process[M]. New Haven: Yale University Press. 1989.

[50] Mannheim. Ideology and utopia: an introduction to the sociology of knowledge [M].New York : Harcourt, Brace and company, 1936.

[51] Mark B.Ginsburg and Jorge M.Gorostiaga. （ed）. Limitations and possibilities of dialogue among researchers, policy makers and practitioners: international perspectives on the field of education[M]. New York: RoutledgeFalmer.2003.

[52] Martyn Hammersley, John Scarth. Beware of wise men bearing gifts: a case study in the misuse of educational research[J]. British Educational Research Journal,1993.19（5）

[53] Michael D. Cohen, James G. March, and Johan P. Olsen. A Garbage Can Model of Organizational Choice[J], Administrative Science Quarterly,11972（17）.

[54] Michael Walzer. Thick and Thin: Moral Argument at Home and Abroad, University of Notre Dame Press, 1994.

[55] Mihata, Kevin "The Persistence of 'Emergence'" in Raymond A. Eve, Sara Horsfall & Mary E. Lee（eds）.Chaos, Complexity & Sociology: Myths, Models & Theories. pp 30-38. Thousand Oaks, Ca: Sage. 1997.

[56] Mulgan, R. Holding power to account. Accountability in modern democracies[M]. New York: MacMillan Palgrave. 2003.

[57] R. A. Jr. Pielke.Who Has The Ear of The President[J].Nature, 2007（450）.

[58] R. Landry, N. Amara, M. Lamar. Utilization of Social Science Research Knowledge in Canada .Research Policy[J], 2001.30（2）.

[59] Richard Jordan et a.l, One Discipline or Many?-TRIP Survey of International Relations of Faculty in Ten Countries, The College of William and Mary, February 2009.

[60] Sabatier, Paul. The Acquisition and Utilization of Technical Information by Administrative Agencies. Administrative Science Quarterly 23（3）: 396-417.1978.

[61] Sarie J. Berkhout, Willy Wielemans. Toward Understanding Education Policy: An Integrative Approach. Educational Policy.Vol.13 No.3. 1999.

[62] S.J.Ball. What is Policy? Texts, Trajectories and Toolboxes [A]. Stephen J. ball. Sociology of Education [M].Politics and Policies. Vol. Ⅳ.1830 – 1840.York: Columbia University Press, 1974.

[63] S.Neilson. Knowledge Utilization and Public Policy Processes: A Literature Review[J]. Evaluation Unit[R], IDRC, Ottawa, Canada, 2001:23-29.

[64] Shane, S.& Eckhardt,J.T. The individual-opportunity nexus. In Handbook of entrepreneurshipresearch: An interdisciplinary survey and introduction[M]. Boston, Dordrecht: Kluwer Academic Piblishers.2003:161-191.

[65] Stephen J.Ball. Education Policy and Social Class. The selected works of Stephen Ball.London ; New York, NY : RoutledgeFalmer, c2006.

[66] Steinmo, S.etc. Structuring politics：Historical Institutionalism in Comparative Analysis[M]. Cambridge：Cambridge University Press，1992

[67] Swets, J.A. The science of choosing the right decision threshold in high-stakes diagnostics[J]. American Psychologist,1992.

[68] Weimer, David L. and Aidan R. Vining , "Toward Professional Ethics," in Policy Analysis: Concepts and Practice[M], Prentice Hall, 1992.

[69] WernerJann. Staatliche Programmeund 'Verwaltungskultur.'[M],Opladen, Westdeutscher Verlag,1983:176.

[70] Wiener, Nobert. The Human Use of Human Beings: Cybernetics and Society[M].DaCaPoPress,1988.

[71] World bank. China : Management and Finance of Higher Education , Washington DC,1988.

[72] Yehezkel Dror.Ventures in Policy Sciences.New York:Elsevier Inc,1971.

后　记

　　对知识利用的路径和机制进行辨析在学术研究上非常困难，但是实践者大可不必被纷繁复杂的理论抽象吓倒，回到实践领域，很多源自实践者的经验和技巧可以帮助研究人员和决策人员更好的理解对方，更好地提高研究的使用价值。这一些技巧，有的未经证实，有的出自于个人的经验。本书之所以把这些技巧和经验在后记中单独列出并详细论述，目的在于从抽象回到现实，给未被抽象但实质重要的经验一席之地，给实践人员一些真正易于实践的指导，这也是本书最根本的目的：促进研究利用。

　　首先，试图影响政策的学者需要记住一点，政策不会主动来找你，而应该你主动去影响政策，需要你做出具体的努力以吸引决策者，而做这些需要花费时间并抓住（或创造）机会。要影响决策，通常需要从事一些公开和私下的说服工作，这样才能使严肃的学术研究在政策上取得相关成果。

　　一、研究人员需要重视多向的沟通渠道尤其是非正式渠道。（一）研究和评估成果是通过三条路径，多种渠道慢慢进入政策领域。通常，决策者不是通过阅读研究报告来获知研究证据。他们通过参加研讨会、与人交谈、从媒体报道、小道消息、非正式的政策研究和学术研究网络、个人与社会科学的接触、从培训课程或其他的渠道了解研究成果。所以研究人员要注意联系的层次和方式，联系越多越好。（二）由于个人想法转化为政策概念是非常有效的研究利用方式，研究者要试图把核心决策者纳入研究过程，促使他们产生或者理解一些"个人想法"。也可以在组建指导委员会时，把小规模的核心决策团体纳入进来。在项目研究团队中专门安排一个人作为"公共关系"全职人员，负责把所有相关信息反馈到决策群中去。研究体要尽量吸纳一线的，低级别的政策制定者，且努力尝试和核心决策者每三个月开一次会沟通。

二、重视时效和时机。政策制定者没有多少时间看学术书籍和文章，对于他们而言，时间就是全部。如果研究能够及时完成，即使质量只是良，也称得上是成功的；如果是错过最佳时间，那么哪怕是优等的质量，也是彻底的失败。

三、理解对方的问题、情境和局限。所有的决策都是政治过程，政策制定者不仅仅需要考虑研究发现，还需要考虑所需的资金以及内外压力团体的态度和期望。在很多决策中，政策制定者都是首先做出政治决策，然后才寻找证据来论证他们决策的合法性。最适宜研究利用的环境是研究的问题已经得到媒体极大的关注和压力集团的重视，各个层级的决策者都积极寻求研究结论。

四、研究者需要具备影响决策的素质。要试着去了解行政部门面临的关键的政策困境，也去了解推动决策的具体的即将发生的事件，把你的学术洞见与如何处理和那些具体事件相关的问题的具体建议联系起来。要意识到，为了成功，你必须提供积极的帮助来解决决策者面临的问题。最核心的原则是和决策者的个人想法"求大同，存小异"。要记住努力积极提供解决问题的正面协助，而不是一味地埋怨和批评，并且即便是忠言也不必逆耳。同时要保持低调。一方面总能提供有价值的建议，另一方面要在学术界和媒体那里保持低调；

总之，尽管学者和决策者都全心全意地从事着他们的工作，但这些工作却截然不同。影响政策需要学者们通过有意识的努力去理解政策领域，并采取新的举措以建立公开的（通过媒体和杂志）和私人的与政府部门沟通的纽带。良好的学术研究能提供有"附加值"的见解，学者们可以把这些见解带到政策日程上来，但学术研究的成果要能够对决策者发挥影响，就需要与具体问题相关联，并且具有解决问题的价值。希望影响政策的学者必须投入时间、并且学会所需的技巧，以便跨越政界与学术界之间的鸿沟，实现有效的沟通。反过来，决策者如果希望制定出更好的政策，也需要提供机会以便从感兴趣的学者提供的东西中获取教益。

好了，曾经认为写完博士论文，是干一切想干事情的开端，总之一切的美好，似乎都等着博士论文写完了，才能开始。可是，真得走过这个时间点，却发现博士论文是永远也不可能彻底划上句号了。这个研究前前后后经历了大约 10 年的时间。从最初反思自己研究的价值，到探讨研究利用和成果转化，到最后系统探讨政策研究的价值，随着我一步步深入，这个问题不再仅仅是个问题了，它成了一种习惯，潜移默化在血脉之中，总是让我在看到一个好的政策研究时，情不自禁地想要推动它的研究利用。

我感谢下面出场的人物，是他们让我在维持着现世的安稳，还能仰望天空。

本研究首先要感谢我的导师，北京大学教育学院的陈学飞教授。古语道"与善人居，如入芝兰之室，久而不闻其香，即与之化矣；"。学飞老师之于我，就是善人。他欣然接纳我这只微光萤火虫进入他强大的教育政策研究团队，给我一片坚定的学术成长土地，指着"理论导向的教育政策经验研究"方向，告诉我：走吧。然后真的就是在远处看着我，不催促、不着急、不干涉。他是如此笃定我的能力和价值，甚至在我自己都怀疑自己的时候。我觉得我的老师对人性有着美好的假设，他相信自己的眼光，他相信我们是好的，是对自己有要求的，是聪明的，是经得起等待和磨砺。在我焦虑时，他总说：慢慢来。在我迷茫时，他一针见血的提醒我"核心概念"和"点石成金"。在我告诉他我的惊奇发现时，他也不过淡淡一句：有点意思。当"有点意思"的东西多了，博士论文也写出来了。跟着我的导师，我对生命有了耐心，我也相信世间的美好，相信学术的美好，相信学术和生活都经得起等待，都可以慢慢来。

其次，要感谢接受我访谈的十位被访者，由于研究伦理，我不能一一致谢，只能从心里向他们致谢。他们身居高位，事物极度繁忙。然而却都欣然接受一个身无长物的学生的访谈，那样温和、谦逊和耐心。他们是我做教育政策的前辈，更是我人生的导师。他们教会我"处处平常，处处善意，能助人处皆助人"。

最后，还要感谢的人有很多，授业的老师，切磋的同窗、生养的父母、爱人和孩子，我都一一记在心里。我的研究探讨一个领域通往另一个领域的路，事实上，我的人生何尝不是如此，总是在路上，总是试图找寻安定的坐标，虽然有时错过、迷路。然而，身边有人一起走，抬头能看到星光，低头是扎实的黄土地，总是在行走罢了！

如果不出什么意外，我今后都将一直行进在教育政策研究的道路上。由于我能力和时间限制，本书可能还存在不足，提出的一些观点或有不成熟之处，欢迎读者的批评指正至我的邮箱 yliu@gsc.pku.edu.cn。谢谢！

刘妍

2016 年 3 月